España, terra incognita

JOSÉ MANUEL GARCÍA-MARGALLO
FERNANDO EGUIDAZU

España, terra incognita

El asedio a la democracia

Segunda edición

ALMUZARA

Primera reimpresión: mayo de 2024

EDITORIAL ALMUZARA • COLECCIÓN PENSAMIENTO POLÍTICO
Director editorial: ANTONIO CUESTA
Editor: JAVIER ORTEGA
Corrección: MIGUEL ÁNGEL ORDÓÑEZ
Maquetación: MIGUEL ANDRÉU

www.editorialalmuzara.com
pedidos@almuzaralibros.com - info@almuzaralibros.com

Editorial ALMUZARA
Parque Logístico de Córdoba. Ctra. Palma del Río, km 4
C/8, Nave L2, nº 3. 14005 - Córdoba

Imprime: BLACK PRINT
ISBN: 978-84-11318-47-1
Depósito legal: CO-190-2024
Hecho e impreso en España - *Made and printed in Spain*

A Maribel y a María.
A nuestros hijos y a nuestros nietos.
A todos aquellos que han hecho del amor
a España una pasión eterna.

Índice

Nota a la segunda edición

La excelente acogida que ha tenido *España, terra incognita* obliga a lanzar una segunda edición apenas dos meses después de su primera distribución en librerías. Hemos optado por no ampliar el texto y limitarnos a la corrección de alguna errata, pues los acontecimientos que se han sucedido a lo largo de 2024, lejos de enmendar lo que en él abordamos y preveíamos, no han hecho sino corroborarlo y dotarlo de extraordinaria vigencia. Por desgracia.

Sin duda, la insólita escenificación de amago de dimisión del presidente del Gobierno, a finales de abril de 2024, ha sido todo un hito, amén de una excusa para culminar la deriva populista, más allá de ahondar el frentismo, desviar la atención y cerrar filas entre los suyos.

Como vemos a lo largo de este libro, en la coalición de gobierno se acuñó un eufemismo para canonizar el asalto a la justicia y la prensa: «democratizarlos», lo que en su lenguaje significa someterlos a «la voluntad popular» traducida en una mayoría de diputados (porque, para ellos, la soberanía no reside en el pueblo ni en las Cortes, sino exclusivamente en el Congreso de los Diputados, ya que en el Senado no tienen mayoría). Hasta de «democratizar la economía» se llegó a hablar y hoy asistimos a la intervención en determinadas empresas del IBEX y a la colocación de afines en sus consejos de administración, más allá de la colonización de organismos públicos.

Solo el «clamor popular» de sus adeptos sirvió para que el líder como encarnación de la democracia se sobrepusiese a sus dudas y ahora quiera marcar «un punto y aparte» en la vida pública (y hasta renovar mandato en 2027, para gobernar hasta 2031). Ese mismo «clamor» apunta un riesgo de que se materialicen, por un lado, unilateralmente el cambio de la ley para renovar los miembros del Consejo General del Poder Judicial y que queden bajo el control del Gobierno y sus aliados. Por otro, aunque su tramitación sea muy complicada, el peligro de que se acelere la reforma de la Ley de Enjuiciamiento Criminal, para que la Fiscalía sea la encargada de instruir cualquier denuncia. Amén de buscar fórmulas para silenciar a los medios de comunicación que le perturben.

Con un Gobierno que tenga a su servicio todos los resortes del Estado, incluidos la Fiscalía, la Agencia Tributaria o el Poder Judicial, y escoja los medios de comunicación, en el futuro habrá elecciones libres, pero difícilmente podrá decirse que el partido gubernamental y la oposición saltan al ring en igualdad de condiciones.

Madrid, mayo de 2024

A modo de introducción: ranas y sapos

Si se sumerge una rana en un caldero de agua hirviendo, el animal saltará desesperado intentando huir. Pero si se le sumerge en un caldero de agua fría y esta se va calentando lentamente, la rana no advertirá el aumento de la temperatura y terminará hervida. Tal vez sea cierto. Nunca hemos hervido una rana, pero, en todo caso, este símil es útil para explicar cómo una democracia liberal se puede ir desvirtuando paso a paso sin que los ciudadanos lo perciban en toda su gravedad. Cuando el escándalo y la alarma ante cada atropello son rápidamente superados por uno nuevo, y estos se repiten cada semana o cada mes, casi cada día, la anormalidad y el deterioro institucional se pueden acabar convirtiendo en una rutina a la que los ciudadanos se acostumbran. Así, hasta que estos se despiertan un día y descubren que viven en un país distinto.

No es preciso llevar a cabo una insurrección armada para destruir una democracia. No es preciso asaltar el Palacio de Invierno o sacar los tanques a las calles. No se requiere dar un golpe de estado a la antigua usanza. Las democracias se pueden socavar desde dentro, desvirtuando las instituciones y dejando la Constitución sin contenido. Sucede cuando toman el poder grupos populistas cuyo propósito es demoler el orden constitucional propio de las democracias liberales y sustituirlo, bien por una democracia iliberal, bien por un régimen que solo conserve las apariencias de una democracia, pero sea en realidad un sistema caudillista, una autocracia, un régimen que ya no es un Estado de derecho tal y como se concibe en nuestras sociedades europeas.

Cuando no es posible alterar abiertamente el régimen constitucional porque el clima social hace imposible modificar la Constitución a través de las urnas, cuando no dan los números, la alternativa es irla modificando de facto, conservando la letra y la apariencia, pero socavándola hasta que tan solo quede eso: la letra y la apariencia. Es hacer con el régimen constitucional lo que un conocido politólogo explica que ha hecho su actual secretario general con el Partido Socialista Obrero Español, algo que bien podría calificarse como una operación de taxidermia: abrirlo en canal, vaciarlo de su contenido, rellenarlo de otro distinto y volverlo a coser. El resultado es algo que conserva la apariencia externa del viejo PSOE, pero que ya no es el PSOE de antes.

Es un fenómeno tan extendido que pareciera que estamos ante un nuevo *zeitgeist*, en términos hegelianos, todo «un espíritu del tiempo», un clima cultural o político casi generalizado. Lo han denunciado expertos como Anne Applebaum, autora de *El ocaso de la democracia,* los profesores de Harvard Steven Levitsky y Daniel Ziblatt, en *Cómo mueren las democracias* o *Tyranny of the Minority,* Yascha Mounk con su *El pueblo contra la democracia. Por qué nuestra libertad está en peligro y cómo salvarla,* así como Gideon Rachman, en *La era de los líderes autoritarios*[1], entre otros muchos. Todos advierten la fuerte recesión democrática en una época en que los advenedizos han tomado la escena política y se aprovechan del descrédito que experimentan unas democracias liberales cuando, en medio de una honda y larga precariedad económica, han dejado de garantizar el bienestar. Levitsky y Ziblatt dicen, en relación a su país, lo que podría ser aplicable a cualquier otro: «Nunca imaginamos que podríamos llegar a ver estas cosas aquí; tampoco que uno de los dos principales partidos de Estados Unidos se apartaría de la democracia y la Constitución en pleno siglo XXI».

---

1 APPLEBAUM, Anne, *El ocaso de la democracia. La seducción del autoritarismo,* Debate, 2021. LEVITSKY, Steven y ZIBLATT, Daniel, *Cómo mueren las democracias,* Ariel, 2018; *Tyranny of the Minority,* Crown, 2023; MOUNK, Yascha, *El pueblo contra la democracia. Por qué nuestra libertada está en peligro y cómo salvarla,* Paidós, 2018; RACHMAN, Gideon, *La era de los líderes autoritarios,* Crítica, 2023.

Tampoco es un fenómeno nuevo. A lo largo de la Historia, partidos o movimientos políticos que llegaron al Gobierno por procedimientos democráticos, a través de las urnas, una vez en el poder utilizaron este para ir desnaturalizando paso a paso la democracia hasta mutarla en un régimen autocrático. La singularidad del populismo no deriva del *origen*, sino del *uso* del poder —como imponer los votos para eliminar controles democráticos—, como bien señaló José María Maravall[2]. Así, y no de otra forma, por ejemplo, se implantó el fascismo en la Italia y el nazismo en la Alemania de los años veinte y treinta del pasado siglo, como analizamos en uno de los capítulos de este ensayo, el primero, en el que recordamos cómo la época que nos ha tocado vivir les suena a demasiados expertos a la agitación del periodo de entreguerras.

El citado Gideon Rachman, historiador y jefe de Internacional del diario *Financial Times*, afirma que «ahora nos hallamos en medio del ataque global más prolongado que han sufrido los valores democráticos liberales desde la década de 1930». Curiosamente, hoy día se resucitan los mismos argumentos demagógicos para justificar el irrespeto de facto a las constituciones, a su espíritu no escrito, así como a la separación de poderes. En una época de crispación como la que vivimos, nada mejor que centrarnos en el *qué* para calibrar en su justa medida la realidad y no tanto en el *quién*, dado que parece que el común de los ciudadanos tendemos a justificar a los nuestros y a demonizar a los contrarios (la ley del embudo, en términos pedestres). Desgraciadamente, la decadencia ética que atravesamos es tal que muchos, antes de opinar sobre algo, el *qué*, prefieren saber *quién* lo hizo, para decantarse solo entonces entre la condena indignada, cuando son los contrarios, o la indiferencia y hasta la justificación, si son de los nuestros. Nada mejor que tomar distancia y ver objetivamente las consecuencias de situaciones muy parecidas ya acontecidas. Así, volviendo a la Europa de hace un siglo veremos que en algo rima con el presente y creemos que a nadie en su sano juicio le cabría en la cabeza hoy día decir, por ejemplo, que las leyes nazis eran

---

2 MARAVALL, José María, *La Democracia y la izquierda*, Galaxia Gutenberg, Barcelona, 2021. Página 17.

legítimas, constitucionales, porque la Constitución de Weimar nunca fue derogada, o esgrimir la prelación de la mayoría parlamentaria del Partido Nazi y su apropiación de la voz del «pueblo» o la «gente» por encima de la Constitución para avalar aquellas leyes que desmantelaban en la práctica el Estado de derecho.

A fin de evitar aspavientos, dejemos claro que aquí no se pretende comparar a nadie con el fascismo (aunque este apelativo se use hoy en día con tanta profusión como ignorancia) ni sugerir que una situación como la que en Italia y Alemania desembocó en el fascismo y el nazismo podría repetirse hoy en nuestro país. Simplemente, queremos recordar que la degradación de la democracia, su demolición silenciosa, lenta, paso a paso, en una maliciosa labor de zapa, es un peligro real que vemos en otros tiempos y lugares y ante el que es preciso estar alerta.

Sin necesidad de hacer tremendismo ni apelar al terrible antecedente de dichos totalitarismos, en nuestros días tenemos otros ejemplos también ilustrativos, que mencionamos en el capítulo 2. Por ejemplo, el caso de Venezuela, en el que el teniente coronel Chávez llegó al poder por una vía estrictamente democrática, para luego someter las instituciones, empezando por el Poder Judicial, y falsear los procesos electorales, hasta convertir el país en un régimen dictatorial. Siempre, en nombre de la voluntad del pueblo.

Sin ir tan lejos, dentro de la propia Europa, los casos de Hungría y Polonia (en este caso, revertido a finales de 2023 con la elección del expresidente del Consejo Europeo Donald Tusk como primer ministro, aunque tendrá que cohabitar con un presidente ultra) nos advierten de los riesgos de las derivas iliberales que usualmente comienzan por el control de la justicia por parte de los gobiernos y que, sin llegar a destruir la democracia, sí la desvirtúan y degradan. Antes de que ocurriera, nadie pensaba que esos países del seno de la Unión Europea, que no hace demasiadas décadas vivieron el oprobio de dictaduras, pudieran desembocar en esa situación de déficit democrático. Sin tanques. Basta con el desmantelamiento de las normas políticas y los contrapoderes liberales con la coartada de mayorías parlamentarias.

Como en todos o casi todos los países, en el nuestro existen desde antiguo partidos, grupos y movimientos cuyo propósito ha sido la demolición del régimen constitucional vigente. El más añejo es, sin duda, el constituido por los nacionalismos separatistas, cuyo objetivo ha sido siempre la desmembración de la nación española, la secesión de partes de su territorio para constituir naciones independientes nuevas. Con distintos grados de virulencia, con violencia incluso en determinados momentos y lugares, el irredentismo vasco y catalán nos acompaña desde antiguo como una amenaza permanente para el orden constitucional y la integridad del país.

Coincidente con estos movimientos separatistas apareció en los últimos años una nueva amenaza: un populismo de extrema izquierda, antisistema, cuyo propósito declarado siempre ha sido derribar un sistema «caduco», el que despectivamente denomina «régimen del 78», para sustituirlo por una república popular de corte confederal con derecho de autodeterminación reconocido a sus territorios, y con todos los poderes del Estado (legislativo, judicial y ejecutivo), sometidos a la voluntad de «la gente» (remedo del añejo y desgastado «pueblo» leninista), encarnada, cómo no, en un líder, o un partido, que la interpreta y representa. Todo ello, sin ocultar su admiración nostálgica por los regímenes totalitarios que se han venido autocalificando como «democracias populares».

Cada uno con sus propios objetivos y su propia hoja de ruta, distintos pero convergentes, han demostrado ser una amenaza no desdeñable. Sin embargo, ninguno había logrado la fuerza electoral o política suficiente para poner en verdadero peligro nuestro orden constitucional. La existencia de grandes partidos con fuerte respaldo electoral y suficiente mayoría parlamentaria, firmemente anclados en la lealtad constitucional, había bastado para hacer frente a estas amenazas.

La tragedia de nuestros días es que, por una fatal coincidencia, a estos dos desafíos, encarnados por el independentismo y por el populismo de extrema izquierda, vino a sumarse un nuevo actor, el Partido Socialista de nuevo cuño, al que hoy con más propiedad algunos nominan *sanchismo*, de forma que ahora han llegado a converger tres vectores, a unirse tres protagonistas. Unos que buscan la secesión de Cataluña y el País Vasco. Otros que persiguen la superación del actual modelo constitucional y su sustitución por otro de corte populista. Y otros que ambicionan, simplemente, mantenerse en el poder y para ello se apoyan en los anteriores a costa de ceder a sus exigencias. El resultado es que, aunque sus objetivos sean en esencia distintos, la alianza estratégica coyuntural de estos tres actores se ha encaminado a lograr la transformación silenciosa del orden constitucional vigente. Es esto, la suma estratégica de este protagonista a los dos anteriores, lo que ha convertido la amenaza que representaban en un peligro tangible.

Los cinco primeros años de gobierno de Pedro Sánchez ya supusieron que la española se fuese convirtiendo, paso a paso, en una «democracia frágil», por usar un calificativo que últimamente se ha hecho popular. No lo decimos solo nosotros, a la luz de las evidencias de la deriva que analizamos en este ensayo: de la mutación del PSOE y su líder nos ocupamos en el capítulo 5; de sus abrevaderos intelectuales y de la acumulación de sus acciones para afianzarse en el poder a costa del deterioro de nuestras instituciones, escribimos en los capítulos 3, 6 y 7, básicamente. La degradación de nuestra democracia la denuncia, además, de forma contundente, un libro, de significativo título, *España. Democracia menguante*, publicado en 2022 por un grupo de profesores del Colegio Libre de Eméritos encabezado por el catedrático y antiguo magistrado del Tribunal Constitucional Manuel Aragón[3]: «En España, la discusión política esencial sobrepasa las opciones entre derechas e izquierdas, o entre conservadurismo y progresismo, pues se sitúa en el dilema de mantener nuestro sistema constitucional democrático o destruirlo»[4].

Por poner otro ejemplo, en el mismo sentido se ha manifestado el *Primer informe sobre la situación del Estado de derecho en España 2018-2021*, de la Fundación Hay Derecho y la Cátedra de

3 Firmado por los catedráticos Manuel Aragón (coordinador), Francesc de Carreras, Juan Díez Nicolás, Tomás-Ramón Fernández, José Luis García Delgado, Emilio Lamo de Espinosa, Araceli Mangas, Francisco Sosa Wagner y Gabriel Tortella.

4 ARAGÓN, M., CARRERAS, F., y otros, *España: Democracia menguante*, Fundación Colegio Libre de Eméritos, Madrid, 2022. Página 82.

Buen Gobierno e Integridad Pública de la Universidad de Murcia, que constataba «un deterioro persistente de nuestro Estado de derecho en cuanto a algunos indicadores fundamentales»[5].

Ambos estudios se realizaron antes del significativo salto que supusieron las elecciones municipales y generales de 2023 (que abordamos en el cuarto capítulo de esta obra), que ha supuesto una aceleración del ritmo de la decadencia a la que nos referimos y la destrucción de las últimas líneas rojas y los últimos consensos vigentes de la Transición, hasta colocarnos en *Terra incognita*, por usar la expresión acuñada por Ptolomeo en su *Geographia* para indicar el más allá del mundo conocido, los espacios en blanco de los mapas, terrenos y mares procelosos inexplorados, plagados de múltiples peligros y bestias.

Los citados Levitsky y Ziblatt apuntan que, para que una democracia sobreviva, tienen que identificarse dos elementos: «Contención institucional», que se da cuando los dirigentes políticos renuncian voluntariamente a abusar de un poder que se les ha otorgado de forma legal; y «tolerancia mutua», cuando los políticos no consideran a sus contrarios ideológicamente enemigos, sino rivales y legítimos adversarios, que fue el gran logro de la Transición. Como muestra de que ambos criterios están en solfa en nuestro país, valga, por un lado, entre las múltiples denuncias de poco respeto a la división de poderes, la del magistrado emérito Manuel Aragón de que «la independencia judicial, imprescindible en un Estado de derecho, se encuentra amenazada como consecuencia de determinadas decisiones que han venido adoptando tanto el Gobierno como su mayoría parlamentaria en el Congreso de los Diputados»[6]. O, en cuanto al afán colonizador de instituciones, que también abordamos en el capítulo 7, citemos una fuente poco sospechosa de antisanchismo, *El País*, que ha llegado a denunciar «la progresiva pérdida de credibilidad institucional» porque «el Gobierno ha demostrado un absoluto desinterés por la debida apariencia de imparcialidad en los

5 *Primer informe sobre la situación del Estado de derecho en España 2018-2021*, Fundación Hay Derecho, Madrid, noviembre de 2022. Página 93.

6 *El Mundo*, 3/1/2024, "Acoso a la justicia".

nombramientos directos. Se puede considerar ya un patrón de conducta continuado que carece de explicación coherente más allá de la decisión de la ocupación sin complejos de los espacios de poder por los más próximos»[7].

Por otra parte, poco va en mayor desmedro de ambos aspectos y, en especial, de la «tolerancia mutua», que la formulación que hizo el líder del PSOE de su última investidura presidencial como el «muro», el único dique de contención de la «involución» que representarían en su imaginario la posibilidad de que gobernase el partido más votado en las generales, el Partido Popular (PP), con o sin el apoyo de la tercera fuerza política del país, Vox, que aglutinan ambas más de once millones de votantes. Extramuros colocaba a media España y dentro de la civilización, a «los partidos que queremos avanzar», el «progresismo»: junto a la coalición PSOE-Sumar, sus socios parlamentarios Junts, Bildu, ERC, PNV, Coalición Canaria y BNG.

Posiblemente, por puro cálculo electoral, pero también para disimular con una cortina de humo la incoherencia con la historia del PSOE de sus cesiones, la radicalización de los mensajes políticos, la búsqueda de la confrontación, que caracterizaban el discurso antisistema de Podemos terminaron por reproducirse también en el argumentario del propio Gobierno y del presidente hasta esos niveles. Para descalificar al PP como alternativa no se ha dudado en cuestionar la Transición y la Constitución del 78, base de la legitimidad legal y moral de los partidos, para sustituirla por otra fuente de legitimidad, una idealizada Segunda República, e identificar a este Gobierno como «representante también del Gobierno legítimo que en aquel momento [la Segunda República] fue atacado [...] por los fascistas», según declaraciones del ministro Félix Bolaños en un acto institucional.

Un cronista de fuste, Jorge Bustos, resumió las intervenciones de Sánchez en el debate de investidura, muro incluido, de esta forma: «¿Programa de gobierno? La trinchera infinita»[8]. No hay ni rastro remoto de la ambición expresada por Ortega y Gasset de «un

7 *El País*, 8/12/2023, "Respeto a la agencia Efe".

8 *El Mundo*, 16/11/2023, "La trinchera infinita de Sánchez".

proyecto de futuro común que un Gobierno presenta a un pueblo, una imaginación de magnas empresas en que todos los españoles se sienten con un quehacer», en el entendido de que «política [...] es, ante todo, dibujar atractivos, animadores horizontes»[9].

Los apoyos de Sánchez, por el contrario, sí tienen un proyecto diáfano: aprovecharse de la debilidad de España para transformarla en una república plurinacional que acabe con «la casta», por un lado, y acelerar la independencia de Cataluña y el País Vasco, por otro. Por caminos no idénticos, del plan Ibarretxe (2005) al referéndum ilegal y a la declaración unilateral de independencia de Cataluña de 2017, su propósito expresado sin disimulos es la secesión. Bien para constituir una especie de «Estado Libre Asociado» que combine la independencia de facto con la permanencia de algún vínculo con España que le permita mantenerse dentro de la Unión Europea, bien para constituir un Estado plenamente independiente. Para estos nacionalismos, qué régimen vaya a tener la España remanente es algo que les tiene sin cuidado. Que sea monarquía o república, que sea una democracia plena o una democracia iliberal o incluso un régimen autocrático, les resulta por completo indiferente. Ya no formarían parte de ese Estado español, y, por tanto, sus avatares, más allá de los intereses de vecindad, no les afectan. Otra cosa es que sean conscientes de que, para coronar la secesión con éxito, el tipo de Estado español —y de Gobierno español— que tengan enfrente sí sea importante; decisivo, más bien. Una España firmemente anclada en la Constitución de 1978 y con todas sus defensas en pie, pertrechada con unas instituciones sólidas, una justicia firme y un Gobierno incondicionalmente comprometido con el cumplimiento de la ley, hace imposible el logro de sus objetivos.

Debilitar al Estado, dinamitarlo incluso de manera literal, es algo que ya intentaron en el pasado el secesionismo etarra, los golpistas del 23F y los dirigentes catalanes con la declaración unilateral de independencia del 10 de octubre de 2017. La firmeza de la sociedad civil, la unión de los partidos constitucionalistas, la fuerza

9 *Diario de Sesiones del Congreso de los Diputados*, 30/7/1931.

del Estado y la solidez de las instituciones, desde la Corona hasta la Justicia y las fuerzas y cuerpos de seguridad, impidieron que triunfaran esos duelos a la Constitución. Es lógico que hayan concluido que solo debilitando al resto de los españoles y el actual régimen constitucional hasta llevarlo a la inanición serán factibles los sueños de un Euzkadi (con Navarra incorporada y Pamplona/Iruña como capital de su soñada Euskal Herria) y una Cataluña independientes.

Uno de los pilares del sistema nacido de la Transición, el PSOE, uno de sus artífices, que como tal se condujo, en el Gobierno y en la oposición, desde la lealtad constitucional que hizo posible la modernización y democratización del país, está entregado a esos sueños antisistema. La quiebra de valores se produce desde el poder y ha arrastrado a muchos acólitos, como demostraron los resultados de las elecciones generales de 2023.

Los sembradores de polarización siempre han sabido que generan un doble efecto. Por un lado, una adhesión incondicional de los suyos frente al otro, el lenitivo del favoritismo intragrupo, incondicional, de los enfeudados, parejo a la hostilidad hacia el contrario. Se trata de que ganen los suyos; da igual cómo. Al guano el juego limpio y la deportividad, el espíritu de las leyes y las costumbres no escritas. Y, a la vez, encuentran otro efecto benéfico para sus fines: la desmovilización, el adormecimiento de la gente moderada, no extremosa. Se acentúa la desesperanza y el desapego de la ciudadanía, el hastío, la abulia, que acompaña a la desafección en política. Máxime cuando el día a día aprieta, el futuro se reduce para muchos a cómo llegar a fin de mes, al sálvese-quien-pueda de ensartar una crisis tras otra desde la debacle de 2008.

En una sociedad líquida como es esta en que vivimos, con una ciudadanía que en buena parte parece *pasar* de la política y que solo se indigna ante episodios groseros de corrupción o ante episodios puntuales de especial estridencia (como lo fueron el anuncio de la ley de amnistía y, antes, los indultos a los sediciosos, la rebaja del delito de malversación, o los efectos de la ley del «solo sí es sí»), alertar sobre los peligros para la democracia puede parecer un ejercicio de tremendismo. Sobre todo, porque quienes ponen en peligro el Estado de derecho saben que un escándalo tapa al de ayer y mañana vendrá otro que mitigará el recuerdo del de hoy. Es el efecto de la acumulación, que parece crear callo en la conciencia, sumada a la relativización de los hechos, la polarización, la orquestación o la vulgarización, tan eficazmente explotados en la historia.

No muchos ciudadanos siguieron con suficiente atención y preocupación el episodio del asalto al Tribunal Constitucional, pocos se alertaron por el uso masivo de los decretos ley, la elusión de los dictámenes de los órganos consultivos o el abuso de los procedimientos de urgencia que coartan el debate parlamentario. No demasiados ciudadanos calibraron en toda su dimensión la politización sufrida por la Fiscalía General, el CIS o el Tribunal de Cuentas. Eran «cosas de políticos».

Esa aparente desgana se ha dado en otros momentos cruciales. Eric Fromm se refería hace muchas décadas al «conformismo compulsivo automático que prevalece en nuestras democracias», mientras se desmantelaban desde dentro[10]. En nuestro país, Marcelino Domingo, que luego sería ministro de la Segunda República, también se refería a «esta desgana, este apartamiento que en unas y otras gentes se siente por la vida pública»[11] y que desembocó en que los extremistas se hicieran con ella. Vienen a la memoria las palabras de Edmund Burke: «Para que el mal triunfe, solo se necesita que los buenos no hagan nada».

Para la ciudadanía alegre y confiada, no es para tanto. No pasa nada. Las terrazas de los bares están abarrotadas, las playas se llenan en puentes y vacaciones, la vida cotidiana sigue... Sí, es cierto que el Gobierno a lo mejor se pasa, tal vez no estén bien los nombramientos de conspicuos militantes para cargos institucionales, tal vez nos mienten o usan tácticas marrulleras para lograr sus propósitos, pero estos alarmismos son exagerados y, además, al fin y al cabo, todos los partidos hacen lo mismo cuando llegan al poder. Y lo que es peor, todos estos ciudadanos despreocupados, los que «pasan de la política», pueden creer que todo esto no les afecta.

Pero sí les afecta. No es lo mismo vivir en Venezuela que en Holanda, y, si no, preguntemos a cualquier ciudadano en cuál de

10 FROMM, Erich, *El miedo a la libertad,* Paidós, Buenos Aires, 1941. Página 167.

11 *La Libertad*, 21/6/1927, "El régimen democrático, solución".

los dos países preferiría vivir. O, como decía con gracia un *tweet* hecho viral, que suelten a Yolanda Díaz en la frontera entre las dos Coreas, a ver hacia qué lado corre. Además, los cambios de régimen no necesariamente se producen de golpe, en virtud de una convulsión frente a la que cupiera reaccionar. También se producen de forma silenciosa, paulatina, casi inadvertida. Como la rana del cuento puede comprobar, el deterioro de la democracia tiene consecuencias cuando la acumulación de los desperfectos alcanza un punto de no retorno, cuando la magnitud de su suma es tal que se produce un salto cualitativo y nos encontramos en un país distinto sin terminar de darnos cuenta de cómo una cosa así pudo suceder.

Como veremos con detalle, en el capítulo 4, las elecciones municipales y autonómicas de mayo de 2023 (y las autonómicas que las precedieron, en Madrid, Andalucía, Galicia y Castilla-León) parecieron indicar que, al fin, el electorado sí le pasaba factura a Sánchez. En cambio, los posteriores comicios generales de julio demostraron que, entre los electores tradicionalmente de izquierdas, ese posible rechazo no era lo suficientemente sólido como para superar el temor a un posible gobierno de derechas con presencia de Vox, lo que parece indicar que la confrontación izquierda-derecha sigue manteniendo una firme fuerza electoral.

Hay, sin embargo, un rayo de esperanza. Según las encuestas, la reacción de la opinión pública ante las últimas cesiones a los partidos independentistas parece indicar que tal vez la rana no se esté acostumbrando tanto al agua caliente. O que, tal vez, Sánchez y sus socios están calentando el agua demasiado deprisa. Los trágalas, los sapos, de la ley de amnistía, las concesiones fiscales exigidas por ERC y PNV (que rompen los principios de igualdad y solidaridad entre los españoles), las negociaciones con el prófugo Puigdemont (en el extranjero y con relator), la amenaza de un referéndum en Cataluña, y la cesión del Ayuntamiento de Pamplona a Bildu (entremés de mayores claudicaciones) parecen haber sido recibidos por los ciudadanos mucho peor de lo que quizás algunos pensaban. El aparato de propaganda de la Moncloa y sus terminales mediáticas no parecen estar haciendo que los españoles comulguen con ruedas de molino. La apuesta de Sánchez es que el paso del tiempo irá diluyendo la indignación, como pasó con sapos anteriores, que cree completamente digeridos: «Preguntado sobre si cree que la ley de amnistía que se ha presentado en el Congreso en virtud de los acuerdos con Junts y ERC puede terminar pasándole factura, el presidente ha sostenido que ahora tiene cuatro años por delante y que, aunque en su momento los indultos a los líderes del '*procés*' generaron mucha polémica, "hoy ya nadie me reprocha las medidas de gracia"», declaraba, ufano[12].

Que ese cálculo se cumpla o no es la partida en que nos jugamos el futuro de nuestra democracia.

12 *ABC*, 26/11/2023, "Pedro Sánchez sostiene desde Egipto que el verificador «puede ayudar» en el diálogo con Junts".

CAPÍTULO 1.
LA PESADILLA TOTALITARIA

No son pocos los analistas que han establecido paralelismos entre el desgaste que están sufriendo las democracias de medio mundo en la actualidad e inquietantes momentos del pasado. Concretamente, han encontrado rasgos muy similares en lo acontecido en el periodo de entreguerras en Europa, en las décadas de los 20 y 30 del siglo XX, cuando la crisis de la democracia desembocó en el ascenso al poder de dictadores como Hitler y Mussolini por métodos absolutamente democráticos.

Se ha echado la vista atrás en busca de respuestas a cuestiones cruciales como de qué manera surgían las dictaduras antaño y cómo ahora se está imponiendo, poco a poco, un modelo muy parecido, pero más sutil: lo que ha dado en llamarse «democracia iliberal», democracias descafeinadas, manipuladas, marcadas por rasgos como el cesarismo, el populismo (la demagogia de siempre) y la crispación de la vida política con grandes dosis de autoritarismo en la práctica.

La periodista, historiadora y politóloga estadounidense Anne Applebaum, al analizar la transformación que está sufriendo la democracia en los últimos años en todo el mundo, y en un país que conoce bien, Polonia, en particular, ha escrito haber experimentado una especie de *déjà vu* al venirle a la mente un diario que escribió desde 1935 a 1944 Mihail Sebastian. En él, el escritor rumano describía la polarización que experimentó toda Europa y cómo sus conciudadanos «derivaban hacia un pensamiento conspiranoico o se volvían despreocupadamente crueles». Para la premio Pulitzer, «no estamos en 1937. Sin embargo, en mi propio tiempo se está produciendo una transformación paralela, tanto entre los pensadores, escritores, periodistas y activistas políticos de Polonia, un país en el que he vivido durante tres décadas, como en el resto de las sociedades de eso que hemos dado en llamar Occidente»[13].

El también periodista Guillermo Altares ha dedicado, asimismo, un interesante libro al tema, toda una llamada de atención a lo acontecido en otros momentos en que la democracia mostró fragilidad y se dejó caer suavemente en manos de arribistas. Con el elocuente título de *Los silencios de la libertad: Cómo Europa perdió y ganó su democracia* (Taurus, 2023), en uno de sus pasajes menciona la búsqueda de inquietantes antecedentes en todo el mundo: «Después del asalto al Capitolio del 6 de enero de 2021 por una turba ultraderechista azuzada por el expresidente Donald Trump, los editoriales de los principales diarios comenzaron a hablar de la posibilidad de que se produzca una guerra civil o, en el mejor de los casos, un aumento de la violencia política, comparable a lo que pasó en Alemania o España en los años veinte y treinta».

Según apunta en otro capítulo, «si bien no se puede emplear ahora mismo una palabra tan rotunda como dictadura, este siglo XXI ha creado un nuevo concepto: las democracias iliberales, que se encuentran en un limbo en el que los derechos de las personas, por lo menos de aquellas que no comparten la ideología de su gobierno, no están en absoluto garantizados».

Por su parte, José Luis del Hierro, autor de *¿Salvar la República? Agosto 1932-octubre 1934* (Ed. Tirant Humanidades, 2023) y de *Democracia frustrada. Un estudio comparado de la República de Weimar y la II República* (Ed. De la Torre, 2018), ve «muchas similitudes; sobre todo en el clima de polarización y de radicalización», con el contexto político que vive en la actualidad España. «Ya hemos entrado en una tercera fase que yo llamo como la de

13 APPLEBAUM, Anne, *El ocaso de la democracia. La seducción del autoritarismo*, Debate, 2021.

la brutalización de la política, donde el adversario se convierte en enemigo, donde la violencia empieza siendo verbal, muy acusada. Creo, efectivamente, que estamos viviendo situaciones muy parecidas a 1932 o 1934, aunque lógicamente también hay muchas diferencias porque las sociedades son muy diferentes»[14].

Asimismo, el sociólogo Luis Miller señala como eco de la polarización que vive actualmente nuestro país y el resto del mundo lo que ocurrió «entre las dos guerras mundiales en el primer tercio del siglo XX», cuando «las turbulencias económicas dieron paso a un clima de intensísima polarización política que dio al traste con democracias como la alemana y condujo al continente europeo al triste momento que ya todos conocemos»[15].

Otros expertos llegan a hablar de que en la actualidad asistimos a la «reinvención» del dictador de toda la vida, cuyo «objetivo sigue siendo el mismo: acaparar el poder. Pero han entendido que la violencia política no sólo ha dejado de ser necesaria, sino que resulta contraproducente. En vez de aterrorizar a sus súbditos, los controlan mediante la manipulación de la información, hasta el punto de que cambian su visión del mundo. Por eso, estos tiranos son un fenómeno nuevo: en inglés, los llamamos *spin dictators.* Es decir, los dictadores de la manipulación». Es una nueva hornada de tiranos que finge cumplir las reglas de la democracia mientras socava de tapadillo las instituciones liberales. «Los pioneros de este modelo, como Chávez, Orbán o el propio Putin, actualizaron la mecánica de los gobiernos autoritarios para adaptarla a las presiones del llamado *cóctel de la modernidad:* un mundo cada vez más sofisticado económicamente y globalmente interconectado», cuentan Sergei Guriev y Daniel Treisman en su libro *Los nuevos dictadores: El rostro cambiante de la tiranía en el siglo XXI.*

En contra de la opinión imperante, incluso en aquellos convulsos años 20 y 30 del pasado siglo, si bien muchos autócratas triunfaron usando las armas, los hubo que alcanzaron el poder aprovechándose de la misma democracia que querían destruir.

---

14 *El Confidencial,* 26/11/2023, "José Luis del Hierro: «El problema de Cataluña no se puede solucionar»".

15 MILLER, Luis, *Polarizados. La política que nos divide,* Ediciones Deusto, 2023.

COMUNISMO Y FASCISMO

La Primera Guerra Mundial (1914-1918) fue uno de los acontecimientos que más impacto tuvo en la historia de la humanidad. El mundo pasó de una época de estabilidad y crecimiento constantes a una época de continua inestabilidad que solo se cerró con la Segunda Guerra Mundial. La catástrofe militar, política y económica que supuso preparó el terreno a los totalitarismos, el comunismo y el fascismo, contrapuestos a la democracia liberal, y muy parecidos en los principios y métodos en los que se basan. No por casualidad nacieron después de la barbarie de la Gran Guerra.

Las democracias liberales se basan en el principio de que el fin de la sociedad es la protección y el fomento de los individuos y reservan a los ciudadanos una esfera privada que incluye un grado de libertad muy elevado[16]. Las cosas suceden de modo muy distinto en las dictaduras totalitarias. El Estado tiene derecho a dominar toda la vida de cada individuo —en esto consiste, precisamente, su totalidad— y no necesita justificación alguna: su esencia es el poder, la fuerza. «El hombre ya no es un fin en sí mismo, como quería Kant, sino solo el medio para otros fines, y, además, solo para fines estatales, puesto que la esfera privada está suprimida»[17].

Los regímenes totalitarios no son sólo antiliberales, son también antidemocráticos. El poder pertenece por definición a una élite cuyas decisiones no se discuten; se convierten en una religión secular, en dogmas que no se cuestionan. Ninguna otra opinión es ya respetable: el totalitarismo fomenta la intolerancia y el fanatismo. En los regímenes totalitarios el «Führerprinzip» se observa rigurosamente. El adalid, un genio universal por naturaleza, lo hace todo. Como se decía en la Italia fascista, «*Mussolini ha sempre ragione*», el líder siempre tiene razón. La ideología marxista-leninista no acepta la coexistencia pacífica con otra ideología: renegaría de sí y se arruinaría al aceptarla[18].

16 APPLEBAUM, Anne, *El ocaso de la democracia*, Editorial Debate 2021. Páginas 28-34.

17 Prólogo de J. L. Lacruz Berdejo al libro de THEIMER, Walter, *Historia de las ideas políticas*, Ediciones Ariel, 1960. Pág. 489.

18 ARON, Raymond, *Ensayo sobre las libertades*, Alianza Editorial, 2017. Pág. 98 y

Esos regímenes no son solo antiindividualistas y antidemocráticos. Son también anticompetitivos. En las democracias liberales, el derecho a gobernar se otorga mediante diferentes formas de competencia: las campañas electorales y las votaciones, las pruebas meritocráticas que determinan el acceso a la enseñanza superior y la administración pública, y los mercados libres[19]. Los Estados totalitarios se basan en valores distintos: las plazas universitarias, los puestos relacionados con los derechos civiles o los cargos de responsabilidad en el Gobierno y la industria (hasta los quioscos y los estancos) no se asignan a los más trabajadores ni a los más capaces, sino a los más leales. Las personas progresan no gracias a su aplicación o talento, sino porque están dispuestas a plegarse a las normas del partido.

Cuando llega al poder, el totalitarismo se apoya sobre una mezcla de coacción y propaganda. Desde el momento que ha eliminado toda posición divergente, monopoliza de modo absoluto la influencia sobre la opinión. Desenvuelve nuevos métodos, no racionales, «psicomecánicos», para martillear sus consignas en el cerebro de las masas y trata de mantener a los hombres en un estado de permanente exaltación, cultivando las monomanías y las ideas fijas[20].

Como hemos apuntado ya, los estados totalitarios son inventos recientes, posteriores a la Gran Guerra (1914-1918). Antes, el mundo había conocido monarquías absolutas en que el derecho a gobernar se otorgaba a un rey, pero limitado por el derecho natural y una aristocracia que se definía por rígidos códigos de estirpe y etiqueta. El totalitarismo, como tal, fue un invento de Lenin que imitaron muchos autócratas del mundo. En realidad, más que una teoría política —una ideología—, el totalitarismo es un manual para conquistar el poder y mantenerlo cualquiera que sea la evolución de las circunstancias y los cambios de la opinión pública.

Antes del conflicto bélico, Europa vivió una especie de edad de oro de la seguridad en que, para citar a Stefan Zweig, «los derechos

99.

19 APPLEBAUM, *Op. Cit.*, páginas 28-34.

20 THEIMER, Walter, *Historia de las ideas políticas*, Ariel, 1969.

de los ciudadanos estaban garantizados y los deberes estaban exactamente delimitados. Todo tenía su norma, su medida y su peso determinado [...]. Nadie creía en las guerras, las revoluciones ni las subversiones. Todo lo radical y violento parecía imposible en aquella era de la razón»[21]. Los americanos llamaron «la edad chapada en oro» a los años inmediatamente previos a la guerra. La burguesía parisina recordará luego «la belle époque» en que la cultura francesa era la envidia del mundo. La de Berlín añorará la «época guillermina» como de opulencia, tranquilidad y grandeza sin parangón. Otro tanto sucederá con los austriacos o los británicos.

Las relaciones internacionales discurrían también por esos cauces. Las operaciones de comercio internacional, de la mano de «los avances tecnológicos de mediados del siglo XIX —vías ferroviarias, barcos de vapor y telégrafo— se habían extendido por todo el mundo, abriendo inmensos territorios a la colonización y al comercio»[22], según Liaquat Ahamed, premiado con el Pulitzer en 2010, quien también recuerda que el representante de Lloyds en el Consejo del Imperio explicó que el conflicto era imposible porque «en caso de guerra, si los buques alemanes fuesen hundidos por la Royal Navy, Lloyds se vería obligada a cubrir las pérdidas»[23]. En 1910, todo un *best seller,* titulado *La gran ilusión,* de Norman Angell, aseguraba que la boyante economía global hacía de la guerra algo inútil.

Pese a la aparente apacibilidad, prácticamente todos los países albergaban las semillas de la violencia que luego destrozarían Europa. Las enemistades y odios (nacionalistas, religiosos, étnicos, de clase) también estaban presentes. La alabada civilización europea que hacía imposible la guerra no quitaba que las potencias empleasen una violencia atroz en sus colonias. Todo, además, con aval de la ciencia, pues aquella época de *civilización* y *progreso* consagra la inferioridad de determinadas razas y

21 ZWEIG, S., *El mundo de ayer. Memorias de un europeo,* páginas 17 y 18.

22 AHAMED, Liaquat, *Los señores de las finanzas: Los cuatro hombres que arruinaron el mundo,* Deusto, 2010, página 37.

23 AHAMED, L., *Op.Cit.*, página 39.

pueblos, tal como podemos comprobar en la interesante obra de George Mosse *Hacia la solución final* (Esfera, 2023).

La *impensable* guerra ocurrió. Y lo que es peor: la paz no trajo la estabilidad. Abrió un período de turbulencias enormes que desembocaría inexorablemente en la Segunda Guerra Mundial. Los imperios alemán, austrohúngaro y otomano fueron disueltos y nacieron estados poco definidos territorialmente y poco homogéneos culturalmente. La inestabilidad en los Balcanes, Oriente Medio y el Norte de África vendrán por las decisiones que entonces se tomaron. Pero, sin duda, el acontecimiento más importante fue la revolución bolchevique, que estalló en 1917, y estuvo a punto de contagiar a todos los países europeos, devastados por la guerra.

La Revolución de Octubre aspiraba a barrer a la burguesía y dar el poder a los pobres de la tierra, a la famélica legión de la que habla *La Internacional*. Su impacto en la historia de la humanidad —al menos durante un tiempo— fue similar a la de la Revolución francesa. Lenin lo tenía muy claro: profetizó que el poder, todo el poder, sería ejercido por «una clase que se halla oprimida en todos los países capitalistas y que, en todas partes, avanza hacia la victoria sobre la burguesía, hacia la dictadura del proletariado, hacia la liberación de la humanidad del yugo del capital»[24].

Se creyó que la Revolución de octubre sería un episodio pasajero, pero no fue así. A decir de Niall Ferguson, «ningún otro líder socialista se mostró tan despiadado como Lenin a la hora de adoptar el "centralismo democrático" (que era lo opuesto a la democracia), rechazando el parlamentarismo y utilizando el terrorismo contra sus opositores. Algunas de las cosas que hicieron los bolcheviques (la nacionalización de la banca, la confiscación de tierras) emanaban directamente del *Manifiesto* de Marx y Engels. Otras ("la mayor ferocidad y salvajismo de la represión... los mares de sangre") le debían más a Robespierre. La "dictadura del proletariado" —que en realidad significaba la dictadura de los líderes bolcheviques— era una aportación original de Lenin»[25].

24 LENIN, *Obras completas*, tomo XXX, citado en GARCÍA-MARGALLO, J.M., *Todos los cielos conducen a España*, Planeta, 2015.

25 FERGUSON, Niall, *Civilización. Occidente y el resto*, Debate, 2012.

En los años inmediatamente posteriores al triunfo de la Revolución, la nueva doctrina se extiende como una mancha de aceite por toda Europa, ya que esa era la intención de Lenin, inventor del Estado unipartidista antiliberal, que ha inspirado el modelo que usan muchos de los autócratas del mundo a partir de entonces. Los espartaquistas en Berlín con Rosa Luxemburgo a la cabeza, los revolucionarios de Kurt Eisner en Baviera, Bela Kun en Hungría, los comunistas como Antonio Gramsci durante el Bienio Rojo en Italia y el Soviet de Nápoles llaman a la huelga general y a la lucha armada. El pánico a la revolución proletaria se extiende en toda Europa.

Hubo también proyección en España, pese a haber permanecido al margen de la Guerra Mundial. Ortega y Gasset escribe sobre el carácter de «mito» que adquiere en España la revolución, «paralelo al de la lotería, que son los dos Santos Advenimientos en cuya esperanza viven la mayoría de los españoles»[26]. A rebufo de los acontecimientos en Rusia, aquí se sucede el llamado Trienio Bolchevique, entre 1918 y 1920, por la elevada conflictividad social y laboral. El descontento coincide con un desgaste crítico del sistema de la Restauración. Junto al auge de los sindicatos de clase, se suceden revueltas campesinas y la ocupación de fincas sin cultivar con pintadas de «¡Viva Rusia!» Se suma la paralización de buena parte de la industria catalana, donde los anarquistas no dudan en sembrar el caos y, junto a la huelga continua, optan por asesinar a tiros a potentados y a sus familias. Desde el Gobierno y la patronal se combatirá a estos pistoleros de manera expeditiva, con el mismo *jarabe,* con los llamados Sindicatos Libres[27], formados por matones armados[28].

---

26 *El Sol,* 25/4/1923, "Nueva fe de erratas".

27 Consultar SOLER, Antonio, *Apóstoles y asesinos,* Galaxia Gutenberg, Barcelona, 2016, una excelente crónica de las primeras décadas del siglo XX a partir de la figura del anarquista Salvador Seguí.

28 RIVERA CHAMORRO, Joaquín, *La fe del converso.* Namil, 2020.

El miedo de los burgueses a la revolución se alía con otros factores como la depauperación económica y la inanidad de los partidos tradicionales. Auspicia la aparición en toda Europa de contra-movimientos populistas. Soluciones simples a problemas complejos. Ya que de la guerra salen arruinados tanto los vencedores (excepto Estados Unidos) como los vencidos, aumenta el malestar social y el descrédito del sistema liberal. Los «burgueses» empiezan a pensar que la democracia liberal, en cuanto se fundamenta en la competencia partidista, era demasiado débil para contener la amenaza bolchevique. Sueñan con movimientos monolíticos, disciplinados y capaces de oponer a la violencia revolucionaria la violencia «nacional». Es lo que predican Miklós Horthy en Hungría (1920), Benito Mussolini en Italia (1922), Óscar Carmona en Portugal (1926) y Józef Piłsudski en Polonia (1926); también el dictador Miguel Primo de Rivera en España: partidos «machos», sin complejos, con pocos mensajes, pero muy claros.

Cuando mejora la situación económica, las aguas vuelven a su cauce y parece que la democracia va a ser aceptada universalmente. Lo explica bien Erich Fromm, en *El miedo a la libertad:* «Los principios del liberalismo económico, de la democracia política, de la autonomía religiosa y del individualismo en la vida personal, dieron expresión al anhelo de libertad y al mismo tiempo parecieron aproximar la humanidad a su plena realización. Una a una fueron quebradas las cadenas». Así, con el fin de la guerra, «las democracias ya existentes parecieron adquirir nuevas fuerzas, y al mismo tiempo nuevas democracias surgieron para reemplazar a las viejas monarquías»[29].

A tono con las esperanzas de Fromm, la democracia parlamentaria representativa se convirtió en el modelo de gobierno de casi todos los países, salvo la Unión Soviética e Italia, básicamente. Diez nuevas democracias surgen de las cenizas de los viejos imperios: Finlandia, Polonia, Austria, Hungría, Yugoslavia,

29 FROMM, Erich, *El miedo a la libertad,* Paidós, Buenos Aires, 1941. Páginas 27 y 28.

Checoslovaquia, Estonia, Letonia, Lituania, así como Turquía. Aquel nuevo orden lo encabezaba la flamante Sociedad de Naciones, cuya razón de ser respondía al ideal democrático de equilibrio, paz y seguridad en el mundo[30]. Los partidos políticos y sindicatos de clase en Europa canalizaron su crítica al capitalismo y su ambición de una sociedad igualitaria hacia una acción parlamentaria no revolucionaria. Por ejemplo, en Gran Bretaña, el Partido Laborista, surgido a partir de los sindicatos, adopta ese nombre en 1906 y defiende con pragmatismo que no es necesario derrocar el capitalismo, sino reformarlo para beneficio de la clase trabajadora por medios pacíficos.

En España, tras un tenso debate interno, el Partido Socialista Obrero Español (PSOE), como buena parte de los socialdemócratas europeos, decide, en 1921, no integrarse en la Tercera Internacional Socialista, pues son evidentes los resabios del modelo soviético. Fernando de los Ríos viaja a Rusia y constata personalmente el régimen de terror, la arbitrariedad de los tribunales de justicia «del pueblo», la miseria, cómo «languidecen los que no tienen qué vender ni pueden robar», el estado ruinoso de las viviendas, la lucha por sobrevivir, en definitiva, y la ausencia de libertad de expresión a no ser que se use para alabar la revolución de los soviets. Lo plasmará en un libro muy crítico[31], donde cuenta que el intervencionismo soviético llega hasta «la propia relación sexual, todo ha sentido la conmoción del nuevo régimen». Este socialista, luego ministro de la Segunda República, también narra su encuentro con Lenin y la conocida respuesta de éste cuando le pregunta para cuándo la plena libertad para sindicatos, prensa e individuos: «Nosotros nunca hemos hablado de libertad, sino de dictadura del proletariado; la ejercemos desde el Poder en pro del proletariado [...] Libertad, ¿para qué?»

Otro asistente a dicho congreso, Ángel Pestaña, del sindicato anarquista Confederación Nacional del Trabajo (CNT), se topó con la misma realidad tras su entusiasmo por poder palpar en

---

30 VICENS VIVES, Jaume, *La crisis del siglo XX (1919-1945)*, Editorial Acantilado, pág. 54.

31 RÍOS, Fernando de los, *Mi viaje a la Rusia sovietista,* 1921.

Moscú el momento en que, por primera vez en la historia de la humanidad, «una nación entera se sacudía el dominio de instituciones y castas históricas». Tardó poco en comprobar que el líder del tinglado, amén de un iluminado mesiánico era «como una maza», «autoritario, absorbente»[32]. Contaría que, por mucho discurso en contra de la casta que escuchó, nunca podría aceptar la dictadura de una élite, ni «su dogmatismo intransigente y cerrado, su desprecio por la libertad del individuo y el sacrificio de la persona a la divinidad todopoderosa del Estado»[33].

Pestaña, a propósito, también se quejaba del adanismo en que caían las nuevas generaciones. En las primeras páginas de uno de sus libros sobre su experiencia en la Unión Soviética señalaba: «No pocos españoles creen que ellos son los primeros habitantes de la Península. Vemos este hecho entre las nuevas generaciones obreras y, por ello, nos duele de manera especial»[34]. *Nihil novum sub sole.* Los actuales dirigentes socialistas tachan a sus predecesores (Felipe González, Alfonso Guerra, Virgilio Zapatero y un largo etcétera) de dinosaurios cuya opinión es absolutamente irrelevante e, incluso, expulsan a los más críticos (caso de Joaquín Leguina y de Nicolás Redondo Terreros). Tres cuartos de lo mismo ha sido la experiencia de Unidas Podemos, que ha sustituido a los comunistas históricos por los dictadores bolivarianos como referentes.

Frente al optimismo de Erich Fromm sobre el triunfo de la democracia liberal, hubo agoreros como el filósofo Oswald Spengler, que advierten del surgimiento de populistas y de los derroteros que tomaría el mundo: «La era del individualismo, el liberalismo y la democracia, del humanitarismo y la libertad, está

---

32 Pestaña fue entrevistado por Ángel María de Lera, futuro novelista, en víspera de las elecciones de 1936. Posteriormente, publicó la biografía *Ángel Pestaña: retrato de un anarquista*, 1978.

33 Su pensamiento al respecto puede encontrarse en *Informe de mi estancia en la U.R.S.S.* (Editorial xyx, 1968) y *Lo que yo pienso: 70 días en Rusia* (Doncel, 1976).

34 PESTAÑA, Ángel, Informe de mi estancia en la URSS, Editorial ZYX, Madrid, 1968.

llegando a su fin. Las masas aceptarán con resignación la victoria de los césares, de los hombres fuertes, y los obedecerán»[35].

Por desgracia, se prefirió creer que la democracia y la libertad estaban aseguradas para siempre. El conflicto ideológico deja de preocupar a los europeos hasta que renace con fuerza después de la crisis bursátil de Nueva York de 1929, que contamina a todas las economías desarrolladas del mundo y desemboca en la Gran Recesión. Nadie parece dar con la tecla para revertir la situación. Las fuertes turbulencias monetarias e inflacionarias, la adopción de medidas proteccionistas contra la recesión, la extensión de la miseria, las tensiones políticas y sociales, las reclamaciones independentistas de algunas minorías nacionales, dejan poco margen para la estabilidad. Los movimientos populistas —de izquierda y de derecha— capitalizan el desencanto de la población y suben como la espuma. El fascismo se afirma completamente en Italia y se alza con el poder el nacionalismo alemán. Desde 1938, Europa aparece dividida en dos bandos, que en las diversas naciones se apellidan de distinto modo: a un lado, los partidos totalitarios y los filofascistas; de otro, los partidos demócratas y socialistas[36].

Es a través de esta brecha que se insinúa de nuevo en Europa la posibilidad de un triunfo comunista. Los pequeños pero vibrantes y dinámicos núcleos comunistas, formados por Moscú en la más depurada escuela revolucionaria, van abriéndose paso, una tendencia que se acentúa con Abisinia y la guerra civil española. Se dispara el histerismo europeo entre los años 1936 y 1939, que abrió rápido cauce a la vorágine en que habían de acabar de consumirse las fuerzas del continente[37].

Aumenta el apoyo a los populistas que ofrecen recetas radicales que casi siempre pasan por culpar de todo al régimen constitucional liberal. Se va achicando el espacio para los moderados. «En 1936, las democracias liberales habían desaparecido de la mayor parte de Europa; solo sobrevivían en los países anglosajones y en

---

35 SPENGLER, Oswald, *La decadencia de Occidente*, Espasa Calpe, 2011.

36 VICENS VIVES, Jaume, *La crisis del siglo XX (1919-1945)*, Editorial Acantilado, pág. 57.

37 VICENS VIVES, *La crisis del siglo XX*, páginas 56 y 57.

los pequeños países flamencos y escandinavos. Incluso en Francia se hallaban en peligro, desgarradas entre las veleidades fascistas de las derechas y la fuerza del partido comunista», apunta Raymond Aron[38].

LA VOLUNTAD DE LOS MÁS FUERTES: MUSSOLINI

Hay acontecimientos históricos que solo se pueden entender analizando la psicología de los personajes que los protagonizaron. Es el caso de muchos de los autócratas que en el mundo han sido, especialmente de Lenin, Mussolini y Hitler, sin olvidar otros muchos que irán apareciendo a lo largo de estas páginas. En los manuales de ciencias políticas tal vez se recordará al fundador de la Unión Soviética no sólo por sus ideas marxistas, sino también por ser el inventor de esta persistente forma de organización política: el totalitarismo. Es el modelo que utilizan hoy muchos autócratas del mundo[39]. En la época de Entreguerras, su discípulo más aventajado fue Benito Mussolini, un autócrata de extrema derecha que empezó su andadura política en la extrema izquierda.

Curiosamente, Benito Amílcar Andrea Mussolini había sido bautizado con aquellos nombres de pila por la admiración que sentía su padre, un herrero socialista, por el mexicano Benito Juárez y los revolucionarios italianos Amílcar Cipriano, anarquista, y Andrea Costa, exanarquista considerado uno de los fundadores del socialismo italiano. Mussolini había heredado esas ideas y destacó por su radicalismo en el mundo marxista hasta la guerra. Dejó pronto de lado sus estudios de magisterio para hacerse cargo de la dirección del periódico *L'Avvenire del Lavoratore*, de Trento. Mussolini, como todos los populistas, es ya fundamentalmente antiliberal y antidemócrata. Luego siguen, en otras localidades, *La lotta di classe* y *Avanti!*, del mismo corte revolucionario.

La conversión de Mussolini de revolucionario izquierdista a intervencionista radical de derechas se produjo en 1914, cuando

38 ARON, Raymond, *Ensayo sobre las libertades*, Alianza Editorial, 2017. Pág. 69.
39 APPLEBAUM, *Op. Cit.*, página 29.

Italia rompe su alianza con los imperios centrales. Los socialistas eran contrarios a la intervención. Mussolini se mostró a favor. Expulsado del partido, decidió fundar un nuevo movimiento político, antipolítico más bien, los *Fasci di Combattimento,* su trampolín para hacerse con el poder: «Somos antipresidencialistas, ant idoctrinarios, problemistas; no tenemos prejuicios monárquicos ni republicanos».

Son palabras que no comprometen a nada, pero tampoco convencen a nadie. El resultado de las elecciones de noviembre de 1919 fue un auténtico desastre para los fascistas. Los socialistas, que habían tenido ciento cincuenta y seis escaños, mientras que los populares tuvieron cien, celebraron el funeral de Mussolini llevando su féretro por las calles. Mussolini comprendió que tendría que buscar nuevas alianzas. Fue el liberal Giolitti el que le abrió las puertas del *Bloque Nacional,* que concurrió a las elecciones de mayo de 1921, formado por los nacionalistas, los liberales y los agraristas. Enfrente tenía a los socialistas y a los democristianos (el Partido Popular italiano).

Las elecciones no fueron bien. Los socialistas perdieron sólo treinta y cuatro escaños, de los cuales la mitad fueron a los comunistas. Los populares llegaron a los ciento siete. El Bloque obtuvo doscientos setenta y cinco, de los cuales treinta y cinco eran fascistas. Mussolini lanzó al vuelo las campanas de la victoria y declaró que nunca participaría en un gobierno de Giolitti. Este comprendió que había fracasado su plan de atraer a Mussolini al juego parlamentario y triturarlo en él. El 15 de junio, decidió presentar la dimisión. Mussolini había conseguido la legitimación política, su normalización democrática. El revolucionario de antaño se ha convertido en un *onorevole* al que se le abren todas las puertas de Roma[40]. Es el principio de un camino que le llevará a la presidencia del gobierno y a la destrucción de sus adversarios y de sus aliados.

Es la historia de siempre. Hasta los entendidos más experimentados pueden cometer errores de juicio ante crisis económicas,

40 Montanelli, pág 75.

declives electorales o el descontento público creciente. Si aparece en escena un desconocido carismático y consigue popularidad desafiando al orden establecido, los políticos sentirán tentaciones de incorporarlo a sus filas, para revertir la situación. «En tal caso, los políticos de la clase dirigente esperan poder encauzar también al advenedizo para que apoye sus programas», comentan Levitsky y Ziblatt. Este tipo de pacto con el diablo suele mutar en beneficio del arribista, pues «las alianzas otorgan a los recién llegados respetabilidad suficiente para convertirse en aspirantes legítimos al poder».

El *blanqueado* Mussolini decide ensanchar su base electoral y promete a las clases medias lo que querían escuchar: ley, orden, firmeza viril, para evitar una revolución bolchevique en Italia, y mucho nacionalismo, en un país que se sentía humillado por el Tratado de Versalles. Mussolini hablaba de «pugna» entre «una Italia de politicastros codiciosos y una Italia sana, fuerte y vigorosa, que se prepara para barrer de una vez a toda esa gente poco preparada, a todos los chapuceros, a toda la espuma infecta de la sociedad italiana [...] En definitiva, lo que queremos es que Italia se vuelva fascista»[41].

Y esto es exactamente lo que ocurrió. Mussolini llegó al Gobierno como primer ministro, el 30 de octubre de 1922, de forma impecablemente democrática. Se ha argumentado que llegó como consecuencia de un golpe de estado, la «Marcha sobre Roma». El mismo Mussolini hizo por abonar la leyenda y proclamó que las «camisas negras» habían cruzado «el río Rubicón» para «agarrar por el cuello a la miserable clase política dominante»[42]. Nada más inexacto. Mussolini no conquistó el poder, sino que fue invitado a asumirlo. Pietro Nenni explicaba que «se ha hablado de una revolución fascista. La expresión es pomposa, sonora. Los hechos son quizá más modestos. La abdicación de los poderes estatales

41 Mitin en Cremona, 24 de septiembre de 1922, citado en SCURATI, Antonio, *M. El hijo del siglo,* Alfaguara, 2020.

42 Mitin en Nápoles, 24 de octubre de 1922, en SCURATI, X, *El hijo del siglo,* Alfaguara,

había llegado a tal punto que los fascistas solo tenían que alargar la mano para recoger el fruto maduro de sus obras»[43].

Víctor Manuel III llama a Mussolini para investirlo primer ministro, tras fallarle otro candidato que no quiso incorporar en su gabinete a ningún fascista. Su partido contaba entonces con treinta y cinco escaños en el Parlamento, de un total de quinientos treinta y cinco, pero lo auparon las circunstancias: al creciente malestar social se unía una gran crisis del orden liberal, con huelgas cada vez más frecuentes, unos partidos políticos incapaces de forjar mayorías y gobiernos estables, así como un monarca que no quiere que el tren de la Historia se lo lleve por delante. Es decir, un panorama muy común al del resto del continente; en España, por ejemplo.

Mussolini se convertía, a sus treinta y nueve años, en el primer ministro más joven del país y del mundo. Le había bastado ser diputado solo dieciséis meses y un partido sin precedentes, tan encendido como demagogo, cuyo alarde de violencia resumió una expresión de su órgano de prensa: «El puñetazo es la síntesis de la teoría»[44]. El fascismo no habría alcanzado el poder sin el apoyo de las clases dirigentes, encantadas de respaldar los métodos fascistas como dique de contención del intimidante socialismo, tan temido por las élites. «Viejos estadistas de la élite liberal, como Giovanni Giolitti y Antonio Salandra veían en Mussolini a un aliado útil. Sin embargo, tal como el caballo de la fábula de Esopo, Italia no tardó en encontrarse tomada "por la brida y las espuelas"»[45]. En el *Corriere de la Sera* se criticará que, a la luz de los acontecimientos, «un partido es tanto más fuerte cuanto más amenazador resulta [...], lo demuestra la indiferencia musulmana con la que el gran público ha sido testigo de la insurrección fascista y el derrumbe sin dignidad de toda autoridad estatal y la humillación de todos los poderes del Estado, sin excepción alguna»[46].

43 Pietro Nenni, en el periódico *Avanti!*, 14/11/1922. Citado en SCURATI, A., *op. cit.*

44 La expresión la escribió Luigi Freddi, redactor jefe de *Il Popolo d'Italia*. En SCURATI, Antonio, *M. El hijo del siglo*, Alfaguara, 2020.

45 LEVITSKY, Steven y ZIBLATT, Daniel, *Cómo mueren las democracias*, Ariel, 2018, páginas 16 y 17.

46 *Corriere de la Sera*, 2/11/1922, citado en SCURATI, A., *op.cit.*

Benito Mussolini empieza *suave*. Diseñó un Gobierno deliberadamente moderado, en el que dio entrada a todo el arco parlamentario, excepto a los socialistas, para calmar al rey, a las fuerzas armadas y a una opinión pública que todavía recela del antiguo revolucionario. Mussolini sólo incluye a tres fascistas, aunque eso sí, se reserva para él, además del cargo de primer ministro, las carteras de Interior y Asuntos Exteriores. La operación de apaciguamiento tiene éxito y quince días después de tomar posesión, el 16 de noviembre de 1922, Mussolini pidió plenos poderes a una Cámara de Diputados en la que solo cuenta con treinta y cinco escaños. La Cámara se los otorga por trescientos seis votos frente a sólo ciento dieciséis en contra y siete abstenciones. Incluso los críticos, los indignados, como el diputado Gasparotto o el diputado Albertini, votan a favor. Es «una voluntad adamantina de capitulación», en palabras de Scurati[47]. Quien mejor comprendió lo que había pasado fue Anna Kulishova, que, en una carta, de 18 de noviembre de 1922, a Filippo Turati, uno de los principales líderes del socialismo reformista, dice:

> «Los azotes del otro día en la Cámara, los insultos de De Vecchi a los populares, la veleidad de un gesto de orgullo antes de morir de algún parlamentario más destacado [...], todo se sosegó antes de la votación, y los trescientos seis que votaron a favor del Gobierno quedaron todos amansados de inmediato por el tono más parlamentario del domador... de conejos... Y ahora, ¿qué pasará? [...], los diputados, como perros apaleados, volverán a sus colegios con la esperanza de que en las elecciones de primavera puedan regresar como escuadritas en los bloques nacionales».

La erosión del régimen parlamentario cobra velocidad a partir de entonces, aunque formalmente las instituciones y el procedimiento siguen incólumes. En apariencia, la Constitución seguía vigente, el Parlamento seguía abierto, había pluralidad de periódicos y todo apuntaba a que se seguirían celebrando elecciones. Pero la verdad del cuento es que las instituciones se convierten en

---

47 SCURATI, *Op. Cit.*, página 593.

armas políticas en manos de quienes las controlan. Como explicarán, un siglo después, Ziblatt y Levitsky:

> «Las instituciones se convierten en armas políticas, esgrimidas enérgicamente por quienes las controlan en contra de quienes no lo hacen. Y así es como los autócratas electos subvierten la democracia, llenando de personas afines e "instrumentalizando" los tribunales y otros organismos neutrales, sobornando a los medios de comunicación y al sector privado y reescribiendo las reglas de la política para inclinar el terreno de juego en contra del adversario. La paradoja trágica de la senda electoral hacia el autoritarismo es que los asesinos de la democracia utilizan las propias instituciones de la democracia de manera gradual, sutil e incluso legal para liquidarla»[48].

Mussolini comprende muy pronto que con los escasos diputados con los que cuenta no podría seguir tirando mucho tiempo y apuesta por reformar la ley electoral para garantizarse una cómoda mayoría parlamentaria. El partido o coalición electoral con más votos recibirá directamente dos tercios de los escaños, si consigue un mínimo del 25% de los votos. Sometido a votación, el proyecto obtuvo doscientos treinta y cinco votos a favor, ciento treinta y nueve en contra y setenta y siete papeletas en blanco[49].

Con aquella ley aprobada, la coalición de fascistas y conservadores de la derecha liberal, la Lista Nacional, gana las elecciones que se celebran el 6 de abril de 1924, las primeras elecciones después de la Marcha sobre Roma. Los fascistas consiguen ciento setenta y cuatro escaños; los socialistas, cuarenta y seis; los populares, treinta y nueve; y la galaxia de los otros grupos democráticos, treinta. Los comunistas pasaron de quince a diecinueve escaños[50].

Y así llegamos al llamado "*affaire Matteotti*". El socialista Giacomo Matteotti, único que alza la voz y denuncia la dictadura

48 ZIBLATT, D. y LEVITSKY, S., *Op. Cit.*, página 13.
49 MONTANELLI, I.,*Op. Cit.*, páginas 185 y 186.
50 COLLIER, Richard, *Duce! Duce! Ascenso y caída de Benito Mussolini,* Acervo, 1987, página 77.

en ciernes, fue secuestrado por fascistas, en junio de 1924. Su cadáver se descubrió dos meses más tarde. Acababa de publicar un libro con el título *Un año de dominación fascista,* en el que abordaba los cuarenta y dos asesinatos, más de un millar de palizas, ciento ochenta y cuatro edificios destruidos y veinticuatro incendios de periódicos que dice tener documentados hasta entonces, en los apenas dos años de «Era Fascista». Voceros del fascismo no habían ocultado el futuro que esperaba a quienes no se plegaran. Un año antes del asesinato de Matteotti, al poco de ser expulsado con un escrache de la celebración del Palio de Siena, un diario fascista local publicaba: los socialistas «son tan profundamente ignorantes que no entienden todavía en qué mundo viven. La verdad es que a tales seres solo se les ha dejado en circulación temporalmente, la revolución fascista tarde o temprano los atrapará y entonces a la muerte civil seguirá también la muerte física»[51].

Aquel asesinato causó revuelo. Todos los grupos políticos, excepto el comunista, se retiraron del Congreso hasta que no se hubiera aclarado la muerte y depurado responsabilidades. Duraron dieciocho meses en el pulso, mientras Mussolini sigue gobernando por decreto, gustoso. Cuando regresan quienes no han tenido que exiliarse por las amenazas, son arrinconados y vapuleados literalmente, a porrazos y puñetazos. Mussolini les deja claro que podrán seguir acudiendo al Congreso, pero como convidados de piedra: «Los resentidos del Aventino pueden confiar en nuestra tolerancia y regresar» únicamente si acceden a «reconocer el hecho consumado de la revolución fascista, para la que una oposición preconcebida es políticamente inútil, históricamente absurda»[52].

La Cámara se reunió la tarde del día 3 de enero en un ambiente muy tenso. Mussolini se levantó y pronunció uno de los discursos más importantes de su carrera:

> «Si el fascismo ha sido sólo aceite de ricino y cachiporra y no, por el contrario, una soberbia pasión de la juventud italiana, mía

51 *La Scure,* órgano de la federación fascista de Siena, 3/7/1923.
52 Discurso de Benito Mussolini en el Parlamento, 17/1/1926.

> es la culpa. Si el fascismo ha sido una asociación para delinquir, ¡yo soy el jefe de esa asociación de delincuentes! Italia quiere paz, quiere tranquilidad, quiere laboriosa calma y nosotros le daremos esa tranquilidad, esa laboriosa calma, si es posible, con amor, y si es necesario, con la fuerza. Pueden ustedes estar seguros de que durante las 48 horas que seguirán a este discurso la situación quedará completamente esclarecida».

En las horas siguientes, el fascismo muestra su verdadero rostro. De un plumazo, declarará fuera de la ley los partidos políticos, a excepción del Partido Nacional Fascista, partido único del régimen. También amordaza a la prensa por decreto, controla a los jueces e impone a los empleados públicos la obligación de hacer el saludo fascista siguiendo un manual escrupulosamente elaborado. Una dictadura en toda regla.

Sin embargo, incluso en el extranjero, a Mussolini se le seguirán riendo las gracias. Para Thomas Edison, Mussolini será el «mayor genio de la era moderna». El entonces ministro de Finanzas británico, Winston Churchill, alabó, en 1927, durante una visita a Roma, la «lucha [de Mussolini] contra el bestial apetito del leninismo»[53]. Un año antes, según la propaganda fascista, glosará que «Italia gana cada vez más importancia bajo la dirección viril e iluminada de su actual gobierno, que le ha asegurado una magnífica posición en Europa y en el mundo»[54]. La democracia italiana ya se había apagado.

Aquella crisis generalizada de la democracia fue motivo también de gran preocupación y reflexión, mientras se propagaban un populismo irracional y una alarmante polarización por toda Europa. En España, por ejemplo, se ocupó del tema el periodista Marcelino Domingo, uno de los fundadores de la Izquierda Republicana de Manuel Azaña. Aborda el «proceso de las dos dictaduras: la de Italia y la de Rusia, un análisis de las causas que han motivado y motivan la crisis de la democracia». Coincide

---

53 COLLIER, Richard, *Duce! Duce! Ascenso y caída de Benito Mussolini*, Acervo, 1987, página 109.

54 Declaración de Winston Churchill, de enero de 1926, citada por SCURATI, A., *op. cit.*

con el italiano Nitti en la fórmula para evitar la caída de Europa: «Ni fascismo ni bolchevismo: democracia. Pero la democracia no es regalo de los dioses: es obra de los hombres. Sólo cuando los hombres se deciden a conquistarla, la poseen, y sólo cuando se resuelven a purificarla y a defenderla no la pierden». Considera que «la democracia está en crisis» también por «esta desgana, este apartamiento que en unas y otras gentes se siente por la vida pública»[55].

UN DICTADOR CASTIZO: PRIMO DE RIVERA

En España, estallaron todas las tensiones acumuladas desde la Semana Trágica de Barcelona, en 1909. El malestar de los militares por el desastre de la guerra en Marruecos se sumaba a la conflictividad social y un evidente descrédito de la democracia parlamentaria. El sistema de la Restauración boquea. Hasta el rey Alfonso XIII se atrevió a criticar en un discurso en Córdoba, en 1921, la ineficacia de los partidos políticos y la inestabilidad de los gobiernos: «El Rey no es absoluto y no puede hacer otra cosa que autorizar con su firma que los proyectos vayan al Parlamento, pero no puede hacer nada para que salgan de allí aprobados [...] es muy duro que no pueda prosperar lo que interesa a todos por pequeñeces de la política. Presenta un proyecto mi Gobierno, lo combaten y cae. Los ministros que suceden a los caídos tampoco pueden adelantar porque los anteriores se han convertido en oposición y se vengan. ¿Cómo van a ayudar a quienes los mataron? Así las cosas, se convocan y disuelven parlamentos sin que se logre nada útil»[56].

En septiembre de 1923, se produce en España otro reflejo de la situación europea: el general Miguel Primo de Rivera, capitán general en Cataluña, efectuó un pronunciamiento. Lo hizo convocando de madrugada a cuatro reporteros de diarios barceloneses

55 *La Libertad*, 21/6/1927, "El régimen democrático, solución".
56 GORTAZAR, Guillermo, *Romanones: La transición fallida a la democracia,* Espasa, 2021.

para entregarles su *Manifiesto al País y al Ejército*. Declaraba, ufano, que no «ha habido que imitar el Fascio, ni a la gran figura de Mussolini, aunque sus actuaciones han sido enseñanza de provecho para todos»[57]. Al tiempo de anunciar la extensión a toda España del Somatén, milicias ciudadanas que funcionaban en Cataluña, aseguró que «tiene esto alguna semejanza con el fascismo, es indudable; pero no hay por qué llamarlo fascismo, teniendo el nombre de Somatén, que es muy español»[58].

Primo esgrimió desde el principio la «antipolítica» y las características de su dictadura fueron el populismo y el nacionalismo autoritario, contra las doctrinas políticas tradicionales, fragmentadoras de la nación o alentadoras del desorden, a su modo de ver y al de muchos acólitos, incluido un joven admirador llamado Francisco Franco. Es decir, a tono con los movimientos totalitarios en boga en Europa. El manifiesto decía «recoger las ansias» del «pueblo sano», «atender el clamoroso requerimiento de cuantos, amando a la patria, no ven para ella otra salvación que libertarla de los profesionales de la política, de los hombres que, por una u otra razón, nos ofrecen el cuadro de desdichas e inmoralidades que empezaron el año 98 y amenazan a España con un próximo fin trágico y deshonroso». A tono con los tiempos, Primo finalizaba el manifiesto proclamando que «este movimiento es de hombres: el que no sienta la masculinidad completamente caracterizada, que espere en un rincón, sin perturbar los días buenos que para la patria preparamos».

El rey Alfonso XIII refrendó el Directorio Militar presidido por Miguel Primo de Rivera. Los disconformes se exiliaron de inmediato. En ningún momento hubo protestas ni disturbios. Los diarios informaban de algarabía: «Siguen en Barcelona las manifestaciones de entusiasmo»[59] titulaba *El Sol* una crónica que aludía a Primo como «respetable general», «el caudillo». El general tuvo el apoyo activo del PSOE y la UGT, de buena parte del Partido

57 *La Vanguardia*, 14/9/1923.

58 *El Sol*, 16/9/1923, "Se han suprimido los cargos de presidente del Consejo, ministro y subsecretario".

59 *El Sol*, 16/9/1923.

Conservador, de los catalanistas de la Lliga Regionalista de Cambó, y de los partidarios del *regeneracionismo* que demandaban un «cirujano de hierro» para regenerar el país. Es decir, de amplios sectores de la opinión pública, como puso de relieve el destacado intelectual José Ortega y Gasset en su artículo *Sobre la vieja política*[60], publicado dos meses después del golpe: «La masa española piensa, en efecto, que la culpa de los males patrios la tienen los políticos, y que, extirpados estos, el pueblo español vivirá feliz y en buen orden. Si el movimiento militar ha querido identificarse con la opinión pública y ser plenamente popular, justo es decir que lo ha conseguido por entero. Nada puede halagar tanto a la gran masa de españoles como que se les diga eso: que unas cuantas personas, con nombres propios y notorios, son las responsables de sus desventuras».

Junto a las masas, Ortega, no del todo a gusto con el nuevo régimen, señala la existencia de minorías «compuestas por los españoles más valiosos [...] con una capacidad de reflexión superior a la que goza la gran masa», que en un primer momento «han comprendido muy bien que el Directorio necesitaba iniciar su actuación sobre una ancha base de coincidencia con la muchedumbre, y no les extraña que hasta ahora lo que se ha dicho y hecho tenga cierto sabor demagógico y vaya consignado a la galería». Son las mismas personas que aguardan a que los militares expresen sus «más hondos pensamientos» sobre los problemas de España, pues «no pueden creer que estos generales, hombres de mente clara y que sesgan ya las zonas menos juveniles de la vida tengan de los males de España las mismas ideas elementales que se repiten a toda hora en las tertulias de café, en los casinillos de provincia y en las caravas de aldea». El problema, en realidad, para Ortega, era que «la vieja política» reflejaba a los españoles, «esa gran masa inerte y maldiciente, sin ímpetu ni fervor ni interna disciplina».

Según Alejandro Quiroga, un biógrafo del dictador, «del mismo modo que Mussolini, Primo se vendió como un hombre providencial, un mesías destinado a salvar a la nación de su desaparición»[61].

60 *El Sol*, 27/11/1923.

61 QUIROGA, Alejandro, Miguel Primo de Rivera. Dictadura, populismo y

Proscritos todos los partidos, creo uno propio: Unión Patriótica, un «antipartido» o un partido «apolítico», al servicio del pueblo «sano». Hay múltiples referencias de Primo a su homólogo italiano. Llega a contar que «Mussolini iluminó el camino que debía seguir para salvar a mi país» y «también creo con Mussolini que el principio de la Libertad, muy bonito "en principio", ya no es bastante eficaz como regla de conducta de los pueblos, y que ha de ser reemplazado por el principio de autoridad».

La admiración por Mussolini se reforzó durante su viaje a Italia, acompañando a Alfonso XIII, en noviembre de 1923. Fue su «deslumbramiento fascista», según Quiroga, que recuerda que en un almuerzo oficial en el Palazo Venezia, «el dictador español equiparó fascismo y primorriverismo, argumentando que ambos eran movimientos paralelos de salvación nacional». Entusiasmado, Primo declaró a la prensa que su régimen seguiría el ejemplo fascista.

En la misma vorágine entusiasta quedó atrapado Alfonso XIII, cuya monarquía cayó en buena parte por atar su suerte a la del dictador y la falta de capacidad para reformar el sistema. En ese viaje, presentó a Primo al monarca italiano, Víctor Manuel III, con un «Este es mi Mussolini»[62].

MAÑANA MALDECIRÁN MI NOMBRE: HITLER

Tal como señalan los profesores Steven Levitsky y Daniel Ziblatt, versiones distintas de esa misma historia de Mussolini («entregar voluntariamente las llaves del poder a un autócrata en ciernes») se han repetido en el último siglo en todo el mundo: «Todo un elenco de recién llegados a la política, incluido Adolf Hitler, Getúlio Vargas en Brasil, Alberto Fujimori en Perú y Hugo Chávez en

nación, Crítica, 2023.

62 MORENO LUZÓN, Javier, *Alfonso XIII. Un político en el trono,* Marcial Pons, 2003, página 355.

Venezuela, ascendieron al poder por la misma vía: desde dentro, a través de comicios o alianzas con figuras políticas poderosas»[63].

En los primeros años de la década de 1920, los informes del fascio italiano mencionan ufanos que, en Alemania, les había salido un imitador muy prometedor. Hay un tipo, apellidado Hitler, señalan, que es el jefe de los fascistas germanos. «Por su voz y por sus gestos tiene más de latino que de alemán. Su programa [...] está tomado en buena parte del *Fascio* italiano. Devolver la autoridad al Estado; abolir las huelgas, la corrupción, el despilfarro, reducir la burocracia, en una palabra, restituir el orden: he ahí su programa»[64]. Su violento brazo paramilitar se parecía muchísimo al partido fascista de Mussolini. En declaraciones al *Daily Mail,* Adolf Hitler señala que «si a Alemania se le diese un Mussolini alemán [...] el pueblo se arrodillaría y le adoraría más de lo que jamás ha sido adorado Mussolini»[65]. A Hitler le encantaba que, después de la Marcha sobre Roma, que vio con envidia, sus propios camaradas dijesen que «el Mussolini de Alemania se llama Adolf Hitler»[66].

El exaltado ultranacionalista y racista junto a su Partido Nazi (Partido Nacionalsocialista de los Trabajadores Alemanes, NSDAP) llevaban un tiempo haciéndose notar, más allá de la costumbre de Hitler de pasearse por los salones de la alta sociedad de Múnich «con su sombrero de gánster y su gabardina sobre el esmoquin, la pistola a la vista y su inseparable fusta en la mano»[67]. Desde 1922, ya había rumores de que planeaba un golpe de Estado y se intensificaron con el paulatino agravamiento de la crisis que produjo la ocupación francesa del Ruhr, para cobrarse de las

---

63 LEVITSKY, Steven y ZIBLATT, Daniel, *Cómo mueren las democracias,* Ariel, 2018.

64 Tomado de un informe a Mussolini del delegado italiano Adolfo Tedaldi, sobre la situación bávara, citado en GOESCHEL, Christian, *Mussolini and Hitler: The forging of the fascist Alliance,* Yale University Press, 2018, y SCURATI, Antonio, *M. El hombre de la providencia,* Alfaguara, 2021.

65 Entrevista a Adolf Hitler, *Daily Mail,* 2/10/1923, citado por KERSHAW, Ian, *Hitler. La biografía definitiva,* Península, 2019.

66 KERSHAW, Ian, *Descenso a los infiernos. Europa 1914-1949,* Crítica, Barcelona, 2016.

67 KERSHAW, Ian, *Hitler. La biografía definitiva,* Península, 2019.

minas parte de las indemnizaciones de guerra. Hitler prometía acabar con la postración de Alemania en la postguerra eliminando a sus enemigos, que eran internos, según él: el marxismo, la democracia, el parlamentarismo, el internacionalismo... Aquello lo completaban las consabidas teorías conspiracionistas de que detrás de las desgracias de los alemanes existía una conspiración de los judíos de todo el mundo. El fracaso de su irreflexivo Putsch de la Cervecería de Múnich, de 1923, en el que un grupo de sus partidarios tomó por sorpresa varios edificios administrativos y él entró, pistola en mano y pegando un par de tiros al aire, en una cervecería muniquesa donde había funcionarios bávaros, hizo que pasara nueve meses en prisión.

Justo tres meses antes, un corresponsal de prensa española, Josep Pla, escribía sobre el personaje: «Hitler es un histérico del nacionalismo. Es un hombre sin preparación alguna, es un botarate, pero a veces tiene ataques geniales y ataca con gran furor, algo que en este momento y aquí causa un gran efecto, ya que el país está más bien apabullado y alicaído»[68].

Hitler, mientras escribía su infame *Mein Kampf* (*Mi lucha*), aunque nunca renunció al golpe de Estado, tomó conciencia de que era mucho más práctico alcanzar el poder por vía electoral, aprovechándose de su tirón entre las masas, de las que no tenía un alto concepto, por cierto: «Las grandes masas son ciegas y estúpidas y no saben lo que hacen», aseguraba. Eran, a su juicio, volubles si atendían al «entendimiento». «Lo que es estable es la emoción: el odio»[69] y por eso él se dedicó a sembrarlo aprovechando las frustraciones de su sociedad.

La coalición de católicos, liberales y socialdemócratas había fundado la prometedora República de Weimar. La crisis económica de la Gran Depresión, incrementada en Alemania por tener que hacer frente a las compensaciones de la Gran Guerra, puso el poder en bandeja a Hitler, en marzo de 1930, cuando el Gobierno electo se desmorona y las fuerzas parlamentarias no se ponen de acuerdo para designar por mayoría un nuevo Gobierno. Vuelven

68 PLA, Josep, *La inflación alemana. Crónicas 1923-1924,* Destino, 2023.
69 KERSHAW, Ian, *Hitler. La biografía definitiva,* Península, 2019.

a congregarse otras circunstancias que ya hemos mencionado, como el miedo al auge de los comunistas y la inestabilidad de los gobiernos, para que aparezcan de la mano el populismo y la polarización.

El desgaste de la democracia alemana va aumentando la capacidad de Hitler de movilizar a los extremistas de carácter nacionalista, pero también a cualquier descontento. Como señala Madeleine Albright, «en Italia, por ejemplo, en la década de 1920 se presentaban como fascistas individuos de izquierdas (que abogaban por una dictadura de los desposeídos), de derechas (quienes defendían la instauración de un Estado autoritario corporativo) y de centro (aquellos que buscaban la restauración de la monarquía absoluta). En un principio, el Partido Nacionalsocialista alemán (el Partido Nazi) se presentó en la escena política con una serie de reivindicaciones que satisfacían a los antisemitas, a los antiinmigrantes y a los anticapitalistas por igual, pero además proponía aumentar las pensiones a los jubilados, ampliar las posibilidades educativas a los pobres, terminar con el trabajo infantil y mejorar la atención sanitaria en la maternidad. Los nazis eran racistas y, conforme a su visión, también reformadores sociales».

El fascismo y el nazismo obtienen «energía» de las personas que están amargadas, descontentas por una guerra perdida, un empleo perdido, el recuerdo de una humillación o la idea de que su país está en declive, los arruinados por la crisis mundial. Es algo en lo que coincide Erich Fromm, para quien estos ciudadanos se vinculan «de una manera fanática a los apóstoles» de esta nueva ideología. «Así es como los tentáculos del fascismo se extienden en el seno de una democracia. Cuanto más dolor haya en la base del resentimiento, más fácil le resultará a un dirigente fascista obtener seguidores, sea incentivándolos con una mejora futura o prometiendo la devolución de lo robado», consideraba Albright[70].

A la vez, Fromm señala otra actitud: la de la clase obrera, junto a la burguesía liberal y católica, fundamentalmente, que encajaron el régimen, entre 1931 y 1933, «sin presentar mucha resistencia,

70 ALBRIGHT, Madeleine, *Fascismo. Una advertencia,* Paidós, 2018.

pero también sin transformarse en admiradora de la ideología y la práctica política nazis». Pertenecerían al perfil de «cansancio y resignación íntimos» que, a su juicio, «constituye una característica peculiar del individuo de la era presente, característica que puede hallarse hasta en los países democráticos»[71]. Un sector nada desdeñable de ellos, los proletarios, estaban desengañados tras las esperanzas despertadas por el socialismo y el parlamentarismo.

Ante la falta de acuerdo entre los partidos para formar Gobierno, el presidente de la República, un héroe de la Primera Guerra Mundial, Paul von Hindenburg, aprovechó sus potestades constitucionales para nombrar una serie de primeros ministros (canciller) consecutivos, que fueron fracasando uno tras otro y tuvieron mandatos tan breves como frustrantes: el economista del Partido de Centro Heinrich Brüning; el noble Franz von Papen; o el general Kurt von Schelicher, ex ministro de Defensa. Ante el fracaso, un grupo de conservadores, entre los que figuraba como principal ideólogo Von Papen, se puso de acuerdo, en enero de 1933, para colocar al frente del Gobierno a un candidato independiente y popular, Adolf Hitler. Lo despreciaban, pero confiaban en controlarlo. Venía recomendado por industriales poderosos (de nuevo, el miedo a la revolución bolchevique). «Dentro de dos meses tendremos a Hitler acogotado en un rincón», apuntaba Von Papen, que sería vicecanciller en aquel Gobierno, quitando hierro a la inquietud que generaba la apuesta. Todos los que pensaron que Hitler iba a ser un títere manejable se equivocaron.

De nuevo, «Hitler no había "tomado" el poder, como sostenía la mitología nazi: se lo habían entregado cuando el presidente del Reich le había nombrado canciller [...] no se trataba de un traspaso del poder normal y corriente. Y prácticamente de un día para otro quienes no habían entendido bien o habían malinterpretado la trascendencia de los acontecimientos de aquella jornada se darían cuenta de lo equivocados que estaban. Después del 30 de enero de 1933 Alemania no volvería a ser la misma», escribe uno de los biógrafos de Hitler[72].

71 FROMM, Erich, *El miedo a la libertad*, Paidós, Buenos Aires, 1941.
72 KERSHAW, Ian, *op.cit.*

Cuando Hitler se convirtió en canciller, Stefan Zweig considera que «la gran masa y los mismos que lo habían empujado al cargo lo consideraban un simple depositario provisional del puesto y veían el gobierno del nacionalsocialismo como un mero episodio». Tan ambiguas y tan para todos habían sido sus promesas hasta ese instante que nadie se escandalizó. «Incluso los socialdemócratas no vieron su llegada al poder con tan malos ojos como habría sido de esperar, porque confiaban en que eliminaría a sus enemigos mortales, los comunistas, que tan enojosamente les pisaban los talones», completa el escritor austriaco[73].

Curiosamente, uno de los destacados conservadores que auspiciaron que Hitler fuera proclamado canciller, al día siguiente cayó en la cuenta de lo que había hecho: «Acabo de cometer la mayor estupidez de mi vida: me he aliado con el mayor demagogo de la historia mundial». Quien desde entonces será llamado por la propaganda oficial «el canciller del pueblo» optó por un perfil moderado, cauto, con un Gobierno de «concentración nacional». Se disolvió el Parlamento y se convocaron nuevas elecciones, caracterizadas por toda una orgía de violencia a cargo de los paramilitares nazis, que actuaron como «policía auxiliar», para perseguir a comunistas, evitar sus mítines, amordazar la prensa contraria, mientras abonaban la sensación de que se preparaba un alzamiento comunista, culpando a los otros de la violencia que ellos mismos sembraban.

A finales de febrero de 1933, el Reichstag fue incendiado. Se responsabilizó a los comunistas y, de inmediato, se emitió el llamado «Decreto del Presidente del Reich para la protección del Pueblo y del Estado», también conocido como «Decreto del Incendio del Reichstag», por petición del canciller Adolf Hitler, por el que se suspendían todas las libertades constitucionales, se eliminaba la autonomía de los Länder y se detuvo a diputados y funcionarios de izquierdas. Significativamente, se invocó la mismísima Constitución de Weimar. En aquel clima, se celebraron las votaciones y los blanqueados nazis obtuvieron el 43,9%, doscientos

73 ZWEIG, Stefan, *El mundo de ayer. Memorias de un europeo,* Acantilado, Barcelona, 2011.

ochenta y ocho de los seiscientos cuarenta y siete escaños en liza. Poco después, Hitler lograba que los diputados le otorgaran plenos poderes (con tretas como la expulsión de los diputados comunistas del hemiciclo), a través de la «Ley para el remedio de las necesidades del Pueblo y del Reich», que, en la práctica, cedía el Poder Legislativo al líder nazi. «Apelamos en este momento al Reichstag alemán para que nos garantice lo que podríamos haber conseguido de todos modos», esgrimió Hitler, quien, a partir de entonces, desmanteló pieza a pieza el sistema. Eso sí, sin derogar nunca la Constitución de Weimar y apelando al pueblo que él representaba.

Zweig llamaba la atención sobre la firme convicción que se tenía hasta entonces de que no sería tan fácil acabar con la democracia y el Estado de derecho: la gente se «engañó» con la convicción de que «un canciller del Reich depondría, por supuesto, la vulgar actitud de un agitador antisemita. Y, por último, ¿podía imponer nada por la fuerza a un Estado en que el derecho estaba firmemente arraigado, en que tenía en contra a la mayoría del Parlamento y en que todos los ciudadanos creían tener aseguradas la libertad y la igualdad de derechos, de acuerdo con la Constitución solemnemente jurada?»[74]

El procedimiento fue sibilino, explica el autor vienés. Hitler «se guardaba mucho de mostrar el radicalismo total de sus objetivos». Suministraba «una dosis» de su método y aguardaba a ver cómo era encajada por la comunidad internacional. «Puesto que la conciencia europea —para vergüenza e ignominia de nuestra civilización—insistía con ahínco en su desinterés [...] las dosis fueron haciéndose cada vez más fuertes, hasta tal punto que al final toda Europa cayó víctima de tales actos». Pone como ejemplo cómo acabó con la libertad de expresión: «No se promulgó una ley que prohibiera lisa y llanamente nuestros libros: eso llegaría dos años más tarde; en lugar de ello, por lo pronto se organizó un pequeño ensayo para saber hasta dónde se podía llegar y se endosaron los primeros ataques contra nuestros libros a un

74 ZWEIG, S., *Op.Cit.*

grupo sin responsabilidad oficial: los estudiantes nacionalsocialistas. Siguiendo el mismo sistema con que se escenificaba la "ira popular" para imponer el boicot a los judíos».

Para Fromm, Hitler y Mussolini ascenderán al poder «sólo con astucias y engaños». Además, resulta evidente que millones de personas «estaban tan ansiosas de entregar su libertad como sus padres lo estuvieron de combatir por ella; que en lugar de desear la libertad buscaban caminos para rehuirla; que otros millones de individuos permanecían indiferentes y no creían que valiera la pena luchar o morir en su defensa». En la misma reflexión, añade que «la crisis de la democracia no es un problema peculiar de Italia o Alemania, sino que se plantea en todo Estado moderno»[75]. Menciona como «intrincados mecanismos psicológicos de evasión», en los que influyen aspectos como la soledad y la impotencia, lo que llama «la sumisión a un "líder", tal como pasó en los países fascistas, y el conformismo compulsivo automático que prevalece en nuestras democracias»[76].

75 FROMM, E., op. cit., página 29.
76 FROMM, E., op. cit., páginas 166 y 167.

CAPÍTULO 2. LOS POPULISMOS MÁS CERCANOS

Cierto amigo, exministro por más señas, al que le enviamos uno de los primeros borradores de este ensayo, nos contestó en un email: «¿Por qué os enredáis con lo que pasó en la Europa de entreguerras?» Contestamos presto: «Pues porque, con ciertas diferencias, el malestar actual que estamos padeciendo se parece a lo que pasó entonces. Los partidos tradicionales pierden apoyo y lo ganan partidos populistas de derecha y de izquierda. Asimismo, entonces existía un "cansancio y resignación [...] en los países democráticos" que facilitó el desastre». De igual forma, los populismos que hoy nos ha tocado vivir no son casuales. Una mirada a nuestro pasado más inmediato, a las crisis que ha sufrido el nuevo orden mundial surgido tras la Segunda Guerra Mundial, nos da las claves de su resurgimiento. También de la realidad irrebatible de que cada época tiene su estilo al ahogar la libertad y el Estado de derecho, aunque muchas veces se superpongan las formas y lleguemos a la conclusión de que todo, o casi todo, está inventado.

Es por ello que dedicamos este capítulo a un breve repaso de lo acontecido tras la posguerra y traemos a colación casos más cercanos en que vuelve a producirse el mismo fenómeno de que un autócrata triunfa sin necesidad de emplear armas, sirviéndose, simplemente, de los mecanismos que la democracia le ha brindado; en más de una ocasión, tras constatar que este método más sutil puede ser mucho más duradero. Además, «muchas medidas gubernamentales —estiman Ziblat y Levitsky— que subvierten la democracia son "legales", en el sentido de que las aprueban bien la asamblea legislativa o bien los tribunales. Es posible que incluso se vendan a la población como medidas para "mejorar" la democracia: para reforzar la eficacia del poder judicial, combatir la corrupción o incluso sanear el proceso electoral»[77].

EN LA NEVERA. LOS AÑOS DE LA GUERRA FRÍA

Tras la Segunda Guerra Mundial, con la derrota de los fascismos, las ideologías en liza se reducen a dos: la democracia liberal y el comunismo. Nace el mundo bipolar de la Guerra Fría, en la que las dos superpotencias, los Estados Unidos y la Unión Soviética, se reparten el mundo. Hasta que, en 1989, el viejo bloque soviético se acaba de desmoronar, absolutamente fracasado. Cuenta el historiador Toni Judt que, precisamente, por esas fechas, pensó por vez primera en escribir su monumental obra *Posguerra* (Editorial Taurus, 2005), pues se hizo evidente que había finalizado una era y que un nuevo mundo empezaba a nacer. Acababa de caer el Muro de Berlín. En Praga, los disidentes del Foro Cívico de Václav Havel estaban desmantelando el estado policial comunista y arrojando cuarenta años de «socialismo real» al basurero de la historia. Mientras, en Hungría y Polonia, la población se había echado a la calle.

Todo el mundo había podido constatar el dramático retraso de las economías comunistas y comprobar que los gobiernos populares solo habían podido mantenerse en los países de la Europa del Este gracias a control, al terror interno y, cuando fue necesario, las bayonetas soviéticas.

La evolución para los ciudadanos de las democracias liberales fue muy diferente que para los de las llamadas democracias populares. En las democracias liberales, se respiraba optimismo después del desastre de la guerra. Se abrió una nueva era de moderación,

77 ZIBLATT Daniel y LEVISTSKY Steven, *Cómo mueren las democracias*, Crown, 2018. Páginas 11 y 12.

caracterizada por una política centrista en la que una izquierda y una derecha moderadas aplicaban políticas parcialmente coincidentes. «¡Nunca más!», prometieron los que sobrevivieron a la guerra. «Nunca permitiremos que el nacionalismo extremo, el extremismo político y las crisis económicas incendien el mundo». Fue, por ejemplo, el sueño compartido que dio lugar al inicio de la Unión Europea. La moderación se convirtió en un antídoto contra los extremismos de izquierdas y derechas y dio paso a reformas políticas de enorme calado: el sufragio se implantó en todo el mundo occidental, salvo contadas excepciones anacrónicas; los partidos aprendieron a aceptarse y respetarse; derecha e izquierda empezaron a competir entre sí para ampliar el estado del bienestar. Como señalan Juhasz y Tóth, «tanto la izquierda como la derecha moderadas habían aprendido los peligros del belicismo interno de los líderes y profetas políticos radicalizados y los dejaron de lado».

La gran mayoría de los ciudadanos pudo mejorar su situación personal, ya que los poderes públicos les proporcionaban educación, sanidad, pensiones, ayudas sociales y diversos servicios públicos. La expansión del estado del bienestar permitió construir una red de seguridad contra las contingencias de la vida, creó una nueva clase media que se convirtió en la clase dominante y acabó con las tensiones sociales que habían arruinado la convivencia en periodos anteriores. La educación, por ejemplo, junto a la bonanza de una economía mixta con un fuerte papel moderador del Estado, posibilitó la movilidad social[78].

Era una época de certidumbres y de progreso. La gestión de la *res publica* estaba en manos de liberales y democristianos, de un lado, y socialdemócratas, de otro. Podríamos hablar de un bipartidismo que mantenía la estabilidad política y favorecía el desarrollo económico. En Estados Unidos, los dos grandes partidos, demócrata y republicano, articulaban distintas sensibilidades que se imponían en cada momento histórico pero que, en ningún

78 Joseph B. Juhasz y András Tóth, "La pérdida de rumbo y el auge de los populismos", en Revista *Quillete*, 25/11/2020.

caso, cuestionaban el sistema: las libertades y derechos públicos, la democracia representativa y la economía de mercado.

Las libertades en las democracias liberales permitían que, en la Europa occidental, cualquiera defendiese hasta el comunismo. Sin embargo, los partidos comunistas occidentales no pudieron imponerse en las urnas y fueron siempre unos personajes en busca de autor. En política exterior apoyaron sin matices las monstruosidades de Stalin. En lo que se refiere a su organización interna, reforzaron hasta tal punto la disciplina que se convirtieron en sectas cuasirreligiosas en que la crítica a los propios o la tolerancia con los ajenos era castigada con la expulsión inmediata. Las esperanzas de cambio que la muerte de Stalin había hecho concebir a los comunistas occidentales se esfumaron cuando los tanques soviéticos aplastaron, en 1956, la revolución húngara y sofocaron los tímidos aires de reforma que se habían levantado en Polonia. En ese momento fue evidente que no era posible un compromiso entre el comunismo y la democracia y los partidos comunistas empezaron a decaer.

Las cosas estaban claras: nosotros, el mundo libre, éramos los buenos; los otros, los rusos y sus países satélites, los malos. Los buenos y los malos se peleaban, pero lo hacían en países lejanos y procurando que el ruido no llegase aquí. Cierto es que entre los buenos había ovejas negras, como los dictadores iberoamericanos, asiáticos o africanos, pero todo el mundo hacía la vista gorda: como dijo Roosevelt, refiriéndose supuestamente a Somoza, el sátrapa nicaragüense: «Es un hijo de puta, pero es nuestro hijo de puta»[79]. Cierto es también que muchos partidos comunistas fueron ilegalizados en aquellos años en Iberoamérica (Brasil, 1947; Chile, Colombia, Perú y Costa Rica, en 1948, y

79 «May be a son-of-a-bitch, but he is our son-of-a-bitch». La famosa frase se le atribuye a Roosevelt aplicada a Somoza, pero también al dictador dominicano Trujillo (por ejemplo, en unas audiencias en el Senado de EE.UU., *Communist threat to the United States trough the Caribbean. Part 15,* U.S. Government Printing Office, Washington, 1966). Otras fuentes bibligráficas se la otorgan a su secretario de Estado, Cordell Hull, sobre Trujillo (por ejemplo, CRASSWELLER, Robert, *Trujillo: the life and times of a Caribbean dictator,* MacMillan, New York, 1966; y DIEDERICH, Bernard, *The Death of the Goat,* Little, Brown and Co, Boston, 1978).

Venezuela, 1950), y eso no acabó con el malestar social y las desigualdades, que terminaron canalizándose a través de las guerrillas de inspiración marxista. La mayoría tuvieron como musa el modelo chino, maoísta, idealizado a partir de los años 60 del siglo XX, frente al decaimiento entre la opinión pública del comunismo soviético. Crecieron como hongos: el ELN y las FARC, en Colombia; el Frente Sandinista, en Nicaragua; los Tupamaros, en Uruguay; el FMLN, en El Salvador, y Sendero Luminoso, en Perú. Las élites iberoamericanas respondieron alumbrando regímenes autoritarios, como había ocurrido en el periodo de entreguerras, con la excusa del peligro del comunismo en el patio trasero de los Estados Unidos. Washington no se quedó de brazos cruzados. Las apoyó con dinero y armas, sin privarse de intervenir directamente cuando fue necesario.

A efectos de este libro, en el que tratamos de anotar casos de manipulación de los mecanismos democráticos para implantar lo que actualmente se llaman democracias iliberales, uno de los casos que podrían interesarnos de esa época es el de la Argentina de Perón. Dicho general ganó limpiamente las elecciones, en 1946, pese a que los Estados Unidos no lo viesen con buenos ojos, y, por lo tanto, fue un presidente legítimo. Sin embargo, lo que no se puede decir de él es que fuera un demócrata liberal. Cuando llegó a la Casa Rosada, tropezó con una oposición frontal de las élites, lo que favoreció el discurso de la pugna entre los descamisados y los oligarcas. El Congreso, controlado como estaba por la clase política dominante, se negó a convalidar las leyes laborales que constituían el núcleo de su programa electoral y Perón reaccionó como lo han hecho siempre los autócratas, haciéndose con el control del Tribunal Supremo mediante la sustitución de los jueces por otros más leales a su causa. A partir de ese momento, no tuvo en su camino obstáculos para aprobar las leyes ni para deshacerse de sus adversarios. Enjuició y encarceló a Ricardo Balbín (candidato a la presidencia en las elecciones del año 1951, y que posteriormente también lo fue, en 1958, y 1973, también frente a Perón en esta ocasión), por haberle faltado al *respeto* al candidato Juan Domingo Perón en la campaña electoral. Cuando Balbín recurrió al Tribunal Supremo, ya remodelado con jueces afines al general, no tuvo ninguna posibilidad de ganar el recurso. Un precedente inapelable de *lawfare*. Perón, ya sin su carismática mujer, Evita, a su lado, fue derrocado, en 1955, por una junta militar, que prohibió el peronismo. No pudo regresar al país hasta 1973, en que el proscrito peronismo ganó en las urnas. Perón gobernó hasta su muerte, a mediados de 1974, en que fue sustituido por la vicepresidenta, su segunda mujer, María Estela Martínez de Perón, derrocada por la dictadura militar que se extendió de 1976 a 1982.

En cuanto a las mencionadas guerrillas, las únicas revoluciones que llegaron a triunfar en Hispanoamérica fueron la castrista y la sandinista: la de Nicaragua acaba con su derrota en las urnas, en 1990, y se afanará en volver al poder democráticamente, cambiando su vestimenta, como veremos luego. La castrista sigue siendo el faro de muchos comunistas de manual.

Tras su triunfo, en enero de 1959, Fidel Castro se convirtió en primer ministro, encabezando un Gobierno en el que guerrilleros y personalidades democráticas se sentaron codo a codo. Entre las causas que explican su triunfo hay dos que son de nuestro interés, porque, de una forma u otra, están siempre presentes entre los movimientos de extrema izquierda: la desigualdad económica y la exclusión social. En las numerosas visitas que hemos hecho a Cuba, lo primero que hacíamos era pedir una entrevista con el cardenal de La Habana, Jaime Ortega Alamino, que falleció hace cuatro años. En una de ellas, rememoró lo que significó la revolución cubana. Según el prelado, la situación en Cuba, y por extensión en todo el continente, era absolutamente insoportable y, por eso, prácticamente toda la sociedad cubana, incluyendo las clases medias que sabían que iban a salir perdiendo, se unieron a la insurrección. No es casual que en buena parte de Iberoamérica la Teología de la Liberación de un sector muy relevante de la Iglesia católica se posicionara junto a los revolucionarios.

La fiesta del Chivo, de Vargas Llosa, como otras muchas obras maestras de la literatura centradas en autócratas iberoamericanos, como pueden ser *La fiesta del Rey Acab* de Lafourcade, *El señor Presidente* de Miguel Ángel Asturias, *Yo el Supremo* de Roa Bastos, o *El otoño del patriarca* de García Márquez, nos cuentan muy bien las injusticias y atrocidades que los dictadores de turno perpetraban y eso nos excusa de extendernos más. Lo que sí queremos subrayar es que el cardenal habanero nos repetía una y otra vez que le hubiese gustado que hubiesen sido los democristianos y los socialdemócratas los que hubiesen cambiado las cosas. No lo hicieron y surgieron los caudillos populistas que tanta influencia han tenido en la historia iberoamericana.

Las otras guerrillas que florecieron, no solo en aquel continente, se rearmarían intelectualmente tras el aldabonazo que supuso para la política y la economía de la postguerra la crisis del petróleo de 1973, con la guerra del Yom Kipur, y sus efectos posteriores. Puede considerarse, incluso, un parteaguas en la historia de la humanidad. Confluyen tres acontecimientos: la crisis energética, el principio de la globalización y los cambios demográficos, que alteran radicalmente el escenario. Los países industrializados tuvieron que ajustarse el cinturón, obligados como estaban a destinar más recursos a pagar el petróleo y las otras materias primas que importaban; los trabajadores exigieron subidas salariales para mantener su poder adquisitivo, lo que equivalía a echar gasolina al fuego; y, para rematar la fiesta, se tuvieron que subir los impuestos para mantener un estado de bienestar amenazado por la crisis[80].

La crisis del petróleo coincide con un desarrollo de los transportes y telecomunicaciones que aceleran la globalización de los mercados y propician una invasión, desde los llamados tigres asiáticos, de productos de calidad a precios muy competitivos. Esta invasión, unida al citado aumento de los costes salariales, fuerza a las empresas a sustituir mano de obra por capital, lo que inevitablemente se traduce en reducciones drásticas del empleo. En último lugar, la caída de la tasa de natalidad y el aumento de la expectativa de vida de los países desarrollados amenaza la continuidad de los sistemas de protección social inspirados en el método de reparto —las cotizaciones abonadas por los ocupados pagan las pensiones de los jubilados—.

El cambio de escenario económico provoca una revolución ideológica: las políticas keynesianas de estímulo a la demanda

80 GARCÍA-MARGALLO, José Manuel y MÉNDEZ DE VIGO, I., *La Apuesta Europea: de la moneda a la Unión Política*, Biblioteca Nueva, 1998.

que tanto habían contribuido al éxito de los treinta años gloriosos (1945-1975) empiezan a ser cuestionadas por el club de fanes de la llamada Escuela de Chicago y del nuevo profeta Milton Friedman. Las recetas que los nuevos gurús de la economía recomiendan son la desregulación de la economía, la exposición a la competencia de los sectores protegidos, la privatización de las empresas públicas, la gestión privada de la mayoría de los servicios públicos y la reversión a la iniciativa privada de muchos proyectos sociales antes estatalizados.

El péndulo de la política oscila a la derecha, tanto para los liberales como para los socialdemócratas. La revolución neoconservadora propulsada por Reagan y Thatcher está en marcha y emprende una batalla campal contra el intervencionismo que, a su juicio, contaminaba el capitalismo. Empieza a sonar una música, cada vez a un volumen mayor, porque muchos países exportadores —sobre todo, los productores de petróleo— se encuentran con mucho dinero y lo colocan en los mercados occidentales, pero también porque la Reserva Federal se embarcará en una política expansionista para combatir la depresión en que cayeron los americanos tras el atentado de las Torres Gemelas. Es «la era de la exuberancia irracional», según palabras de Greenspan (y, antes, del Nobel Robert J. Shiller). La filosofía de minimizar el intervencionismo se traducirá en una regulación bastante deficiente de algunas entidades financieras en áreas como los *hedge funds* (fondos de alto riesgo) y los *private equity* (fondos de capital riesgo/inversión), además de unas agencias de *rating* que fallarán más que una escopeta de feria, dando calificaciones máximas a productos muy complejos y altamente especulativos que eran colocados con facilidad en el mercado.

La socialdemocracia se ve obligada también a cambiar sus parámetros ideológicos. No quiere ya conquistar el Palacio de Invierno, ni tan siquiera tomar al asalto las fábricas o colectivizar la tierra. Se conforma con intervenir en la economía para promover una mayor equidad económica y una mayor igualdad social, respetando, eso sí, la economía de mercado y la democracia representativa. Su incapacidad para dar respuestas a las necesidades sociales de la ciudadanía en el clima de desaceleración económica que vendrá marca el principio de su decadencia política.

En esa revolución conservadora nos encontrábamos cuando llega la caída del muro de Berlín, que pareció dar la razón a los conservadores reaganianos, porque el conflicto entre democracia liberal y comunismo se resuelve a su favor. Fukuyama, en *El fin de la historia*, y Hubert Védrine (*Continuer l'Histoire*, 2007) pronostican que «los valores occidentales —democracia, economía de mercado— van a extenderse irresistiblemente al resto del mundo sin que ninguna potencia o ninguna ideología alternativa pueda hacerles sombra». Bill Clinton sostenía que los chinos no serían un problema a medio plazo, porque abrazarían la democracia representativa en cuanto experimentasen las delicias del mercado. De igual modo, George Bush Jr. creerá que los iraquíes recibirían a los soldados americanos con flores y pasteles árabes, como los alemanes les recibieron cuando terminó el horror nazi. Le costó entender que la democracia no se exporta como el café soluble. Las cosas no ocurrieron como Bush había previsto, como todo el mundo sabe.

¡YO SOY EL PUEBLO!

Incluso antes de la caída del muro de Berlín, con la Perestroika y la Glásnost de un Gorvachev que trató de evitar el derrumbe soviético que se le venía encima, los países latinoamericanos empiezan a recuperar la democracia e inician reformas importantes en los planos políticos y económicos. Las guerrillas comprenden que su tiempo ha pasado y la paz llega a Centroamérica. En Esquipulas I (1986) y II (1987), así como en Chapultepec (1992), los revolucionarios sellan el compromiso de cambiar las botas por los votos. En un movimiento paralelo, en el Cono Sur, van cayendo las dictaduras una tras otra: en 1983, cae Bignone en Argentina; en 1989, Stroessner en Paraguay; en 1990, un año después de la caída del muro de Berlín, cae Pinochet en Chile. En estos años, los resultados electorales se respetan y los procesos de deriva antidemocrática languidecen a ojos vista. Son unos años infinitamente mejores que los anteriores, en los que la región vivía entre *sables y utopías,* como dice Vargas Llosa.

En la superficie todo parece de color de rosa. La recuperación democrática ha restablecido la democracia de origen: se vota. Pero no se ha establecido necesariamente la democracia social capaz de resolver los agudos problemas que aún persisten. Se reduce la deuda, se acumulan reservas y se crece. Eso posibilitó adoptar políticas sociales que permitieron sacar de la pobreza a más de sesenta millones de personas, que pasaron a incorporarse a las clases medias. Esas nuevas clases medias son vulnerables, porque, si las economías no continúan creciendo, podrían volver al estado de pobreza, lo que sería muy grave. Reclaman a los dirigentes nuevas formas de participación política, nuevas prioridades, una mayor calidad de crecimiento y cuestionan la forma de hacer política y a sus propios líderes[81]. Pero, sobre todo, aumentan las desigualdades entre ricos y pobres, cosa que explica el éxito de movimientos populistas que se extienden de un extremo a otro del continente: Chávez, en Venezuela; Ortega vuelve al poder en Nicaragua; Correa y Bucaram, en Ecuador; Morales en Bolivia; y, en menor medida, Lula en Brasil y Mujica en Uruguay. Los excluidos han tomado conciencia de su peso político y empiezan a dar señales de vida. Nos vamos a limitar a analizar los casos de Perú, de Venezuela y Nicaragua. O sea, una reacción de extrema derecha y dos de extrema izquierda.

En los tres casos, y ya que hemos empezado este libro hablando de ranas, nos viene a la memoria la fábula de La Fontaine. Cuenta el fabulista francés que habiendo llegado un escorpión a la vera de un río que no podía cruzar, pidió a una rana que le ayudase. La rana, con buen sentido, se negó alegando que el escorpión le picaría mortalmente. El escorpión, que no era tonto, le argumentó aclarándole que eso no tendría sentido porque en el caso de hacerlo, la rana se ahogaría y con ella él. La rana pareció convencida y le ofreció su lomo; cuando estaban a punto de llegar a la orilla, el escorpión le picó. «Lo siento, está en mi naturaleza».

81 Enrique Iglesias, citado en GARCÍA-MARGALLO, J.M., *Todos los cielos conducen a España*, Planeta, 2015. Página 392.

Eso es lo que siempre ocurre cuando los demócratas recurren a los extremistas para intentar remontar una crisis que ellos solos creen no poder superar. Pasó en entreguerras, como hemos visto con Mussolini y Hitler, y pasó en tiempos más recientes con Fujimori y Chávez, que son dos casos muy ilustrativos.

Empecemos con el caso del Perú. Alberto Fujimori, un rector desconocido de la Universidad Nacional Agraria La Molina, matemático e ingeniero agrónomo, no tenía previsto convertirse en un dictador. Ni siquiera tenía pensado ser presidente de la República del Perú. Conservador, solo quería ser senador y decidió aprovechar la campaña presidencial para darse a conocer. Pero en 1990, Perú entró en una crisis muy aguda: los precios subían y la guerrilla maoísta Sendero Luminoso estaba a las puertas de Lima. Los peruanos, defraudados por los partidos tradicionales, apoyaron al desconocido Fujimori y no a Mario Vargas Llosa, el favorito del *establishment* político, mediático y empresarial.

Cuando Fujimori llegó al Gobierno se encontró con la oposición de los medios de comunicación, del Congreso y del Tribunal Supremo. Decidió tirar por la tremenda. Comenzó a saltarse el Congreso y aprobar decretos ejecutivos, se saltó los tribunales y, cuando el Senado aprobó una moción para destituirle por incapacidad moral, anunció que disolvía el Congreso y derogaba la Constitución[82]. Se dio un autogolpe, en 1992, y, en nombre de la democracia y el mandato del pueblo, convocó un Congreso Constituyente Democrático para permitir su reelección, poderes especiales para enfrentar supuestamente el terrorismo de Sendero Luminoso, y, al suspender derechos y garantías, avasallar al Poder Judicial y eliminar contrapesos institucionales, para tratar de perpetuar su régimen autoritario, clientelista y corrupto, que, al fin y al cabo, es la ambición de todo dictadorzuelo.

Llegó a ganar las elecciones de 2000, incluso, pero con fuertes acusaciones de fraude electoral y un ambiente tan hostil que, a finales de ese mismo año, aprovechando un viaje oficial a Japón, remitió por fax su dimisión al Congreso. Este no la aceptó,

82 ZIBLATT Daniel y LEVISTSKY Steven, *Cómo mueren las democracias*, Crown, 2018. Página 89.

declaró su «incapacidad», al mismo tiempo que la vacancia de la Presidencia. Un lustro después, cuando se aprestaba para concurrir a las elecciones de 2006, Fujimori fue detenido en el extranjero, extraditado y condenado a veinticinco años de cárcel, no por acabar con la democracia, sino por su latrocinio descarado, una matanza de grupos paramilitares, sus torturas y secuestros de un periodista y un empresario, considerados crímenes de lesa humanidad.

Con el antecedente de Fujimori, hubo más recientemente otro presidente peruano que quiso imitar aquel autogolpe, a finales de 2022: Pedro Castillo, un maestro rural marxista que también llegó a la Presidencia de manera asombrosa, frente a la opción de Keiko Fujimori, apoyada por las élites (incluso por Vargas Llosa, como mal menor). Año y medio después de lograr el poder democráticamente, Castillo se hartó de los contrapesos del Estado frente al mandato del «pueblo» y optó por disolver el Congreso, convocar Cortes Constituyentes y decretar un gobierno de excepción. Sin embargo, los mecanismos del Estado reaccionaron a tiempo y fue detenido, cuando no habían trascurrido ni tres horas del autogolpe.

Hay quien considera que lo ocurrido en la Nicaragua del exguerrillero Daniel Ortega es una suerte de fujimorismo en el espejo: lo que antes estaba a la derecha hoy aparece a la izquierda. Mencionábamos antes la revolución sandinista que derrocó a la estirpe de los Somoza, en 1979, tras casi medio siglo de dictadura, como el único caso junto al de Cuba en que se imponen las guerrillas. Hubo un gobierno o directorio revolucionario, en el que ya estaba el comandante Ortega, hasta que, en 1984, el Frente Sandinista gana las elecciones, denunciadas por Ronald Reagan como una «farsa de estilo soviético». Ortega se convirtió en presidente, mientras EE.UU. patrocinó un movimiento subversivo, *la Contra,* para evitar que se consolidase un gobierno apoyado por la Unión Soviética y que podía alentar a otros en la región. En 1990, coincidiendo con acuerdos de paz y la debacle soviética, se celebran nuevos comicios y Ortega resultó derrotado en las urnas, después de haber aplicado una serie de políticas marxistas que, junto al acoso de los *contras,* convirtieron Nicaragua en el país más pobre de Iberoamérica desde entonces.

Para los marxistas del Frente Sandinista de Liberación Nacional era impensable que el pueblo les volviese la espalda. La esposa de Ortega, la también guerrillera Rosario Murillo, declaraba unos años después: «La pérdida de las elecciones fue un duro golpe para todos en el Frente Sandinista. Nunca nos imaginamos que los nicas nos darían este porrazo. Siempre pensamos que la gente nos admiraba, que amaba la revolución. Pero obviamente nos equivocamos». Esta polémica poetisa, sin embargo, declaraba en la misma entrevista que el Frente Sandinista «más temprano que tarde» volvería al poder. Recomendaba a su entrevistador: «*Quedate* en Nicaragua y verás cómo el Frente recupera el poder. Y esta vez para siempre»[83].

Efectivamente, Ortega y su partido volvieron a la presidencia al ganar las elecciones de 2007, tras varios intentos previos fallidos. Habían aparcado el uniforme verde olivo, moderado el vocabulario, y cambiado dos veces el himno del Frente Sandinista, para zafarse del olor a naftalina de la Guerra Fría. Primero, por el de la Unión Europea, la *Oda a la Alegría*. Luego, y esa fue la vencida, por el *Give peace a chance* de John Lennon, con un programa solidario, de izquierda *woke* adaptada a Nicaragua, y mezclado con referencias a Dios, la reconciliación, el feminismo y la paz. Contaba con el fuerte apoyo de la Venezuela chavista. Con su esposa en la vicepresidencia, a partir de entonces, el exguerrillero se sumió en una dinámica cada vez más descarada de adueñarse de la justicia y evitar que le vuelvan a arrebatar el poder democráticamente. Como ayuda, creó grupos parapoliciales y se dio a la tarea de expulsar del país a cualquier organismo internacional u ONG que mencionase su afición por violar los derechos humanos, así como cualquier freno legal. Todos los otros aspirantes a la presidencia, por ejemplo, han sido encarcelados. Ha expulsado del país y quitado la nacionalidad (como Fujimori hizo con opositores tan destacados como Vargas Llosa) a cualquiera que disienta de su populismo izquierdista, por «traición a la patria». Entre ellos,

83 Extracto de un capítulo del libro SALINAS MALDONADO, Carlos, *¡Yo soy la mujer del comandante!*, Grijalbo, 2023, en *El País*, 26/2/2023, "«La gente piensa que estoy loca». Una semblanza de Rosario Murillo".

cientos de abogados y jueces a los que ha privado también de sus títulos para ejercer, miles de profesores y estudiantes por acudir a marchas opositoras; cientos de sanitarios por osar tratar heridas a los manifestantes; periodistas y escritores que no escriben a su dictado, e, incluso, seminaristas, sacerdotes y obispos que no le tienen a él como Ser Supremo. «Es como si fuera a traer la dictadura comunista de 1917 o la hitleriana del 35… Son un tipo de dictaduras groseras», comentó el Papa Francisco cuando la pareja presidencial condenó al primero de los obispos nicas a veintiséis años de cárcel por criticarles y negarse a exiliarse[84].

Sin contar sus años como miembro de la Junta de Gobierno revolucionario, Ortega acumula más de un cuarto de siglo como presidente de Nicaragua. Tras las elecciones de 2021, en las que fue ganador por quinta vez, pero sin oposición viva o en el país, la comunidad internacional cortó amarras. Solo le quedan como apoyo internacional sus socios los presidentes de Irán, Corea del Norte, Cuba, Venezuela y, por supuesto, la Rusia de Putin.

ALÓ PRESIDENTE

Otro caso sintomático de mutación extrema de la democracia liberal es el de Venezuela, convertido en todo un referente para los populismos actuales. Lo queremos abordar también para responder a los que, cuando lanzamos esta tesis sobre la erosión lenta y progresiva de la democracia, nos replican: «España no es Venezuela». Son los mismos que desconocen que, cuando se recordaba el suicidio cubano en Venezuela, la respuesta era muy similar: «Venezuela no es Cuba». Aquellos escépticos han huido hoy a millones del rico país caribeño. El retroceso democrático comenzó en las urnas.

La democracia venezolana era de las más sólidas de la región, con medio siglo de vigencia, tras el fin de la dictadura del general Marcos Pérez Jiménez, en 1958. En los diez años siguientes, resistió múltiples intentos de derrocamientos, que iban desde la extrema

84 *El País,* 11/3/2023, "El papa Francisco carga contra el régimen de Daniel Ortega: «Es como una dictadura hitleriana»".

derecha hasta la extrema izquierda, incluyendo una fallida invasión por el ejército cubano de Fidel Castro. En los años 70 del siglo XX, la venezolana era considerada una democracia modélica, rodeada de una auténtica plaga de golpes de Estado y dictaduras.

Antes nos referíamos al varapalo que supuso la crisis energética de 1973 para el nuevo orden surgido tras la Segunda Guerra Mundial, así como la aplicación de políticas económicas reaganianas o neoliberales. Son precisamente los efectos colaterales de dicha crisis, así como los duros programas de ajuste exigidos por el Fondo Monetario Internacional, los que provocan el deterioro de la democracia venezolana en la década de los 80. Su excesiva dependencia de la riqueza petrolífera y la bajada de precios del petróleo provocaron que el país se sumiese en una gran y prolongada crisis económica que sembró el descontento de la población.

Se acababa la *Venezuela Saudita,* y el bipartidismo de cuatro decenios, del socialdemócrata Acción Democrática y el demócrata-cristiano COPEI, caía en el descrédito más absoluto. Ya no había recursos para seguir practicando las políticas clientelistas de siempre y los duros ajustes económicos por el alto endeudamiento, supervisados por el Fondo Monetario, desembocaron en fuertes disturbios, conocidos como *El Caracazo,* en 1989, con un número indeterminado de fallecidos.

Mientras intelectuales como Uslar Pietri denunciaban que «el Estado venezolano es como el rey Midas, pero al revés: todo lo que toca lo convierte en miseria», se disparaban los rumores sobre la posibilidad de un golpe militar. «Una ola de pesimismo y desencanto recorre Venezuela», señalaba, desde Caracas, el gran periodista José Comas, que destacaba que la mejora de cifras macroeconómicas bajo la presidencia del socialdemócrata Carlos Andrés Pérez no lograba parar el creciente descontento popular. Ya apuntaba: «Todo el mundo quiere el golpe. El rumor sigue creciendo. En definitiva, se busca a un militar»[85].

En febrero de 1992, apareció ese uniformado, Hugo Chávez, que se alzó contra el presidente Pérez. La intentona fue pronto

---

85 *El País,* 26/12/1991, "¡Cómo serán las dictaduras!"

sofocada, pero el teniente coronel, detenido, apareció en directo en televisión, con uniforme de campaña y boina de paracaidista, para pedir a sus partidarios que depusieran las armas, pues «por ahora, los objetivos que nos planteamos no fueron logrados».

Rafael Caldera, que había sido presidente entre 1969 y 1974, quiso aprovechar las circunstancias como trampolín para una nueva postulación «y abrazó la causa de los rebeldes», con un discurso populista que, como recuerdan Levitsky y Ziblatt, resucitó su carrera política: «Es difícil pedirle al pueblo que se sacrifique por la libertad y la democracia cuando cree que tales libertad y democracia son incapaces de darles alimentos que comer, de evitar la subida astronómica del coste de la vida o de poner fin definitivo al terrible flagelo de la corrupción que, a ojos de todo el mundo, devora las instituciones venezolanas cada día que pasa»[86].

Por tal de alcanzar de nuevo el poder, el demócrata-cristiano Caldera llegó a romper con su partido, el COPEI, para presentar una candidatura independiente, sin mayor base ideológica que un populismo que prometía a todos lo que querían oír mezclado con la nostalgia por la bonanza de los años setenta en que gobernó. Así se constituyó el llamado «chiripero», por unos insectos diminutos que aparecen en enormes bandadas.

El bipartidismo vivió así un golpe de muerte y fue rematado con el triunfo de Caldera con una campaña antisistema. «El sistema de partidos se derrumbó después de que Caldera ganara los comicios de 1993 como candidato independiente, allanando el camino para futuros candidatos sorpresa. Cinco años después sería el turno de Chávez», se apunta en *Cómo mueren las democracias.*

El gobierno de Caldera desilusionó, pues una cosa es predicar y otra dar trigo. Tal como prometió en campaña, perdonó a los golpistas encabezados por Chávez, en prisión, a espera de juicio por traición, un cargo que podría haberle costado a su cabecilla una pena de treinta años de cárcel. El presidente retiró las acusaciones, sin dar lugar siquiera a que fuera juzgado para luego indultarlo e inhabilitarle así para una hipotética candidatura. Además, justificó

86 MARCANO, Cristina, BARRERA TYSZKA, Alberto, *Hugo Chávez sin uniforme: una historia personal*, Debate, Barcelona, 2006, pág. 304.

el intento de golpe de Estado como una reacción espontánea frente a la crisis social, pese a los indicios de larga planificación previa.

Hugo Chávez salió de prisión en la Semana Santa de 1994. Cientos de admiradores y una nube de reporteros le esperaban a su salida. «Un periodista le acercó una grabadora y gritó en medio del tumulto, preguntándole adónde iba a continuación. Sin pensarlo, Chávez se volvió hacia el periodista y respondió instintivamente: "Al poder"»[87].

Tal como apuntan Levitsky y Ziblatt, igual que «la élite venezolana, Caldera consideraba a Chávez una moda pasajera, alguien de quien probablemente el público se habría olvidado para cuando se convocaran los próximos comicios»[88]. Sin embargo, absolutamente *blanqueado* por la minimización y la justificación del golpe de Estado que hizo Caldera, Hugo Chávez ganó de manera arrolladora las elecciones de 1999.

Según la tradición, el presidente saliente debía tomar el juramento al entrante. Rafael Caldera «no se atrevió a hacerlo», permaneció al margen, «con una mirada severa en su rostro. [...] Chávez levantó su mano derecha en el aire, colocó su mano izquierda sobre la Constitución y rápidamente rompió con el tradicional compromiso repetido por cada presidente durante cuarenta años de democracia. "Juro ante mi pueblo que sobre esta moribunda constitución impulsaré las transformaciones democráticas que sean necesarias para que la nueva república tenga una carta magna adecuada a los tiempos"». Luego pergeñó la revolución bolivariana que llegaba, en un discurso de casi dos horas «criticando a la oligarquía por convertir a Venezuela en un "pantano inmenso y pútrido"»[89].

Las alarmas se dispararon entre quienes no olvidaron que, al fin y al cabo, era un exgolpista. No tardó en demostrar su poco respeto por el Estado de derecho y la importancia de los contrapesos. Pidió la disolución del Congreso y de la Corte Suprema,

---

87 JONES, Bart, *Hugo!: The Hugo Chávez Story from Mud Hut to Perpetual Revolution*, Steerforth Press, Hanover, New Hampshire, 2007, pág. 186 y 187.

88 LEVITSKY, Steven y ZIBLATT, Daniel, *Cómo mueren las democracias,* Ariel, 2018.

89 JONES, Bart, *Op.Cit.*, página 226.

para tener manos libres, y, «cuando la Corte Suprema recibió once demandas que cuestionaban la afirmación de Chávez de que él decidiría cómo se elegirían los miembros de la Asamblea Constitucional, el presidente advirtió de que sus partidarios "saldrían a las calles", si la corte intentaba bloquear su decreto». De hecho, cientos de sus partidarios rodearon el Congreso durante un par de días, impidieron que los legisladores salieran o entraran, al grito de «¡Disuelvan el Congreso!» Cualquiera que osaba criticar lo que estaba ocurriendo en el país recibía el verbo encendido de Chávez: los líderes políticos de la oposición eran «un nido de víboras venenosas moribundas», «las cúpulas podridas de la nación, que tienen mucho poder porque se lo arrebataron al pueblo».

Anunció la implantación de una «revolución socialista, antiimperialista y bolivariana», algunos de cuyos hitos, como la Constitución Bolivariana (que luego reinterpretaría de acuerdo a las conveniencias tácticas de cada momento) o el acortamiento de su primer mandato para concurrir a unas elecciones convocadas como todo un plebiscito, fueron refrendados en las urnas. Al mismo tiempo, se desplegaba también un proceso de intimidación a los opositores, de control de la justicia, reemplazando a cientos de jueces en todos los niveles, la ocupación de todas las instituciones encargadas de controlar al gobierno, incluso del organismo electoral, que desembocó en la prohibición de concurrir a elecciones o el encarcelamiento directo de determinados candidatos. Por otra parte, se incrementó el clientelismo con prácticas como el reparto de alimentos como herramienta de control social, pero también con la expropiación y nacionalización de empresas, con el Estado como único lugar donde buscar empleo o conseguir oportunidades de negocio.

Tras la muerte de Chávez, en 2013, su sucesor, Nicolás Maduro, no hizo sino incrementar lo que ya era a todas luces una satrapía que ha destruido la economía, hasta crear una situación de auténtica emergencia humanitaria, a excepción de una nomenclatura cleptómana enriquecida por el saqueo de empresas públicas como Petróleos de Venezuela (PDVSA), y expulsado del país a un tercio de sus habitantes, ocho millones de venezolanos, en busca de lo ya perdido en Venezuela: su futuro. Pese al manejo de todos los resortes e instituciones del Estado, empleadas para encarcelar a buena parte de la oposición, Maduro *ganó* sus primeras elecciones presidenciales en medio de acusaciones de fraude por parte de la comunidad internacional y por un exiguo margen. Hoy, Estados Unidos ofrece una recompensa de quince millones de dólares por la captura de Maduro y sus adláteres, acusados de narcotráfico, corrupción, blanqueo de capitales y terrorismo, entre otros delitos.

Desde que Chávez obtuvo democráticamente el poder, el tiempo se ha encargado recurrentemente de dar la razón al veterano presidente que aupó con sus torpes acciones al militar, Rafael Caldera, quien acabó mostrando una tremenda candidez, al reconocer que «nadie imaginaba que el señor Chávez tuviera ni la posibilidad más remota de convertirse en presidente»[90]. Recordaba a las palabras, mencionadas en el capítulo anterior, del conservador alemán Alfred Hugenberg, tan sólo un día después de que Hitler fuera proclamado canciller: «Acabo de cometer la mayor estupidez de mi vida; me he aliado con el mayor demagogo de la historia mundial»[91].

El caso de Venezuela se ha convertido en un modelo paradigmático, que ha despertado la admiración y la fascinación de las izquierdas de todo el mundo, pero que también ha sido imitado por derechistas con tendencias iliberales. Es curiosa la atracción que ha suscitado entre politólogos y sociólogos, que han caracterizado lo ocurrido en Venezuela como todo «un cambio de régimen», en palabras de Ernesto Laclau, logrado gracias a «una ruptura populista», que el sociólogo e historiador argentino, discípulo del marxista Eric Hobsbawn, no considera nada peyorativa, sino referida a «la ruptura radical con una élite corrupta y desprestigiada, sin canales de comunicación política con la vasta mayoría de la población» y conseguir su «desplazamiento». Podía lograrse con tres dimensiones asociadas: «demandas insatisfechas» por

90 MARCANO, C. y BARRERA, A., *Op.Cit.*, pág.107.

91 JONES, Larry Eugene, "'The Greatest Stupidity of My Life': Alfred Hugenberg and the Formation of the Hitler Cabinet, January 1933", en *Journal of Contemporary History*, Vol. 27, nº 1 (enero de 1992), páginas 63-87.

unas instituciones en crisis —incluidos los partidos políticos tradicionales— que son incapaces de vehicular esa acumulación de demandas y protestas sociales; «la cristalización de todas ellas en torno de ciertos símbolos comunes y la emergencia de un líder cuya palaba encarna este proceso de identificación popular». Todos esos rasgos, a juicio de Laclau, «están presentes en el caso chavista: una movilización equivalencial de masas; la constitución de un pueblo; símbolos ideológicos alrededor de los cuales se plasme esta identidad colectiva (el bolivarismo); y, finalmente, la centralidad del líder como factor aglutinante»[92].

Laclau también destaca que, cuando una sociedad entra «en una crisis orgánica», el sistema se adapta menos a las necesidades públicas y el margen para la movilización populista es mayor[93].

La población no cae inmediatamente en la cuenta de lo que está sucediendo. Dado que no existe un único momento (no hay golpe de Estado, ni declaración de ley marcial ni suspensión de la Constitución) en el que el régimen «cruce claramente la línea» y se convierta en una dictadura, para muchas personas, la erosión de la democracia es casi imperceptible. «Quienes denuncian los abusos del Gobierno pueden ser descalificados como exagerados o alarmistas», consideran Ziblat y Levitsky. Tanto es así que estos profesores de Harvard ponen el claro ejemplo de una encuesta del Latinobarómetro que, en 2011, pedía a los venezolanos que calificaran el grado de democracia de su propio país, entre el 1 («nada democrático») y el 10 («completamente democrático»). El 51% de los encuestados otorgaba el 8 o superior.

TIEMPO DE INCERTIDUMBRE

Precisamente, unos años después, se produce el caldo de cultivo ideal para intentar replicar el modelo populista bolivariano

92 LACLAU, Ernesto, "La deriva populista y la centroizquierda latinoamericana", en *La Revista Nueva Sociedad*, nº 205, Septiembre-Octubre 2006.

93 LACLAU, Ernesto, *La razón populista,* Fondo de Cultura Económica, Buenos Aires, 2005.

en otros continentes. La revolución neoconservadora termina bruscamente con la crisis de Lehman Brothers, que se llevó por delante la fe ciega en el mercado que había dominado el panorama mundial desde los años de Reagan y Thatcher. Se trató de una profunda e inaudita crisis mundial, la primera de la globalización, que tuvo consecuencias en todos los órdenes de la vida, en el terreno de las ideas, de la concepción de la economía y del panorama político. Ya comentábamos antes la alegría con que circulaba el dinero, tan abundante y barato, gracias al apalancamiento, que nadie arriesgaba dinero propio. Los réditos de las operaciones puramente financieras fueron muy superiores a los derivados de la economía real, generalizándose la cultura del producir para vender. Aquello se unió a unas agencias de calificación de riesgo que no cumplieron bien su trabajo y una deficiente regulación de entidades financieras que colocaron fácilmente productos de alto riesgo y muy especulativos. A lomos de la burbuja inmobiliaria, hasta entonces buena parte de nuestras sociedades nos habíamos acostumbrado a una prosperidad sin fin, habíamos interiorizado que el futuro solo podía ir a mejor. Con la crisis y las duras políticas de austeridad impuestas en esta parte del globo, nos dimos de bruces con una realidad muy distinta.

La gente tiene miedo y es contagioso. La recesión económica se combina con el crecimiento de la desigualdad y crisis migratorias. Solo el miedo a *los otros* explica el Brexit, como un capítulo más del rechazo o escepticismo hacia las instituciones europeístas y globalizadoras; también el triunfo de Trump, dos acontecimientos que suponen la sustitución del liberalismo tradicional de matriz anglosajona, por un tipo de aislacionismo y proteccionismo de nuevo cuño que se creía relegado para siempre al baúl de la historia. Esta revolución económica corre pareja con una especie de contrarrevolución cultural europea, en línea con el polaco Jaroslaw Kaczynski, que apela a los valores tradicionales europeos, clama por la defensa de la civilización occidental y del nacionalismo y denuncia la *dictadura* de Bruselas y las imposiciones de las élites cosmopolitas. La mayoría de estos nacional-conservadores condena la fase más agresiva de la globalización: el nuevo orden mundial de George H. W. Bush, el Tratado de Maastricht de la

Unión Europea, la expansión de la Organización del Tratado del Atlántico Norte hacia Europa del Este, la introducción del euro y otros elementos de un proceso de tres décadas de rápida globalización que los nacionalistas detestan[94].

La gente corriente se vuelve a los partidos tradicionales en busca de seguridad, pero éstos no saben cómo responder a ese miedo y pierden credibilidad a chorros. Los primeros en ser señalados son los partidos conservadores que hasta entonces habían dominado la escena encabezados por Ronald Reagan y Margaret Thatcher. El recurso a una política monetaria expansiva y a una política fiscal muy laxa para evitar una recesión escandaliza a muchos liberales acérrimos, pero tuvo que ser aceptada por prácticamente todos los gobiernos. ¿Quién nos iba a decir que sería Silvio Berlusconi el primer dirigente en establecer un impuesto extraordinario sobre los beneficios extraordinarios de las petroleras? ¿Quién hubiese pronosticado antes de la crisis que iba a ser el republicano George Bush Jr., el más ferviente discípulo de Reagan, el que iba a lanzar la mayor intervención en los mercados desde el New Deal de Roosevelt?

Los socialdemócratas tampoco salen bien parados porque la innovación tecnológica y la globalización reducen el margen de maniobra de los estados para intervenir en la economía. Lo que era posible en una economía industrial y cerrada al exterior no es posible cuando hay que competir en un mundo abierto y sin fronteras. Según Pablo Stefanoni, «aunque vuelva el Estado y trate de hacer un poco de keynesianismo, son claros los límites de sus acciones»[95]. La impotencia de la socialdemocracia para satisfacer las reivindicaciones de los menos afortunados explica que sean los populismos los que atraen a los «indignados», en contextos de fuerte abstención electoral.

La crisis, en otras palabras, lo que hizo fue difuminar las diferencias entre la derecha y la izquierda, que, a partir de ese momento, fueron percibidas por la opinión pública como prácticamente similares. En la Puerta del Sol, para acercarnos a casa,

94 STEFANONI, Pablo, *¿La rebeldía se volvió de derechas?*, Siglo Veintiuno Editores, 2021. Páginas 39 y 40.

95 STEFANONI, Pablo, *Op. Cit.*, página 27.

los manifestantes gritaban con enorme entusiasmo: «PSOE y PP la misma m… es», descalificando de un golpe a los dos partidos que habían protagonizado la Transición. La descalificación de los partidos clásicos abrió la puerta de par en par a los populismos de izquierdas y de derechas. No solo en España.

Los primeros en echarse al ruedo para cubrir el vacío de los partidos tradicionales son los populistas de izquierdas que retomaron el gusto por la revolución pendiente y abogaron por un cambio radical del sistema, político y económico. Habían tomado nota de la experiencia de Venezuela. Tal como había vaticinado Laclau, ya en 2005, se daba plenamente una crisis orgánica que facilitaba el triunfo del populismo, un cambio de régimen, un nuevo orden, con la movilización de todos los que se sienten excluidos. Era el «pueblo» el que debía hacerse con las riendas del gobierno y desplazar al «no pueblo», a la «casta», que gobernaba en contra de los intereses del «pueblo». La nueva izquierda radical (Syriza y Podemos) quiere capitalizar la indignación, redescubre la palabra «socialismo», que durante mucho tiempo había sido desterrada del discurso civil, y plantea demandas de igualdad radical, impuestos progresivos, nuevos patrones morales, laicismo agresivo, antirreligiosidad y antinacionalismo. Creen en una posibilidad de avanzar más allá de los límites de la economía mixta capitalista y apuestan por una mayor redistribución de la renta y la riqueza y por acabar con las concentraciones de capital que están en la raíz de la desigualdad y de la exclusión social.

Como Chávez, tratan de cabalgar sobre una población empobrecida de golpe, indignada por una recesión económica que el orden vigente es incapaz de solventar. Es hora de desplazar el viejo régimen decrépito y capitalizar la indignación y el odio. Los programas de austeridad impuestos por Europa van a reducir el gasto público y los disparados niveles de deuda, no a mejorar las condiciones de vida de las masas empobrecidas: surgen, así, las demandas insatisfechas que los Estados son incapaces de responder, a las que nos referíamos al analizar el caso del surgimiento del populismo chavista.

Cacarean cuando están en la oposición, pero se muestran incapaces de implantar reformas radicales cuando llegan al Gobierno.

Los extremistas piensan desde entonces que la única solución es abrazar lo que las extremas derechas denominan «el marxismo cultural», ondeando las banderas del feminismo, el ambientalismo y los movimientos LGTBI+. Pero, para llevar a cabo esta revolución cultural, es necesario un aparato estatal que lo imponga. De ahí a obligar al pueblo a pensar de una determinada manera y utilizar los recursos públicos para lograrlo no hay más que un pequeño paso.

Como ocurrió en el periodo de entreguerras, la emergencia de la extrema izquierda trae como reacción el resurgimiento de la extrema derecha. Los populistas de derechas, igual que los de izquierdas, culpan a la globalización de la pérdida de empleos, pero difieren en la terapia a seguir: resucitan el concepto de nación, condenan el multiculturalismo, claman contra la deslocalización de las empresas y la inmigración, defienden el estilo de vida de las clases medias y trabajadoras y tratan de revivir las tradiciones olvidadas de la familia, especialmente las relativas al rejuvenecimiento demográfico. Denuncian, igualmente, lo que consideran imposiciones de los burócratas internacionales; especialmente, los funcionarios de Naciones Unidas, que han impuesto, según ellos, la Agenda 2030, y los de Bruselas, que soñarían con una unión federal que debilite a las soberanías nacionales.

El auge de los partidos de extrema derecha ha hecho sonar las alarmas y no han tardado en aparecer politólogos que la identifican con el fascismo. No es verdad. El auge de la extrema derecha en nuestros días responde a causas diferentes a las que propiciaron la expansión de la misma en la época de entreguerras. En primer lugar, porque los fascistas «llegaron al poder en una etapa de intensa confrontación social [...] después de que los movimientos obreros intentaron impulsar revoluciones», tal como recuerda el politólogo Anton Jäger. Hoy día y con ciertas excepciones, esta confrontación no existe. Actualmente, el proletariado carece de protagonismo, tras la desindustrialización y la laxitud de los mercados laborales. La segunda diferencia es también clara: frente a la capacidad movilizadora de los fascismos históricos, en Francia, el partido de Marine Le Pen obtiene sus mejores resultados en las zonas del país con mayor índice de abstención; Ley y Justicia ha sido durante años hegemónico en Polonia, donde solo un uno por ciento de los ciudadanos es miembro de un partido político. La tercera gran diferencia se refiere a las ambiciones territoriales de las extremas derechas entonces y ahora: antaño soñaban con expandirse al exterior; las de hoy se contentan con mantener cerradas sus fronteras, aspiran «a protegerse de las hordas»[96].

Quizá la diferencia más importante entre fascismo y las extremas derechas actuales la ofrece Roger Griffin, profesor emérito de la Universidad Oxford Brookes y experto en fascismo: mientras el fascismo «rompe con todo, se carga la democracia y las normas y crea algo nuevo», la extrema derecha «actúa dentro del sistema democrático». Por eso, prefiere hablar de «populismo de extrema derecha», que crece «por el miedo a perder la identidad», a que la esencia nacional se vea diluida y por eso se muestra en contra de la inmigración y de la modernidad social y cultural[97].

La aparición de esta derecha alternativa es uno de los acontecimientos más importantes de la historia contemporánea y explica las convulsiones políticas que estamos viviendo. Como Applebaum recoge en *El ocaso de la democracia,* «los conservadores británicos, los republicanos estadounidenses, los anticomunistas de Europa del Este, los democristianos alemanes y los gaullistas franceses provienen todos ellos de tradiciones distintas, pero [...] están comprometidos no solamente con la democracia representativa, sino también con la tolerancia religiosa, la independencia judicial, la libertad de prensa y de expresión, la integración económica, las instituciones internacionales, la alianza transatlántica y la idea política de "Occidente"». La nueva derecha, por contra, desdeña a la democracia liberal y, en Estados Unidos y Reino Unido, «ha roto con el obsoleto conservadurismo con minúscula, el conservadurismo burkeano [...] Aunque odia el término, la nueva derecha es más bolchevique que burkeana: son hombres y mujeres que quieren derrocar, sortear o socavar

96 Anton Jäger, "Los nuevos peligros de la extrema derecha en Europa", *The New York Times*, 3/10/2023.

97 *El Periódico de España*, 28/10/2023, "Roger Griffin: «La extrema derecha es hoy más peligrosa que el fascismo porque juega con las reglas del sistema»".

las instituciones existentes, destruir todo lo que existe»[98]. Como luego veremos, la aparición de Vox en España ha convulsionado el mapa político y explica que el centroderecha no tuviera los resultados que esperaba en las elecciones generales del 23 de julio de 2023.

Si bien el auge de los extremismos llevaba ya un tiempo gestándose, han sido la pandemia del Covid y la guerra de Ucrania, cuando aún no nos habíamos recuperado de la crisis financiera de 2008, las que han acelerado su crecimiento.

La del Covid-19 fue la mayor pandemia que el mundo ha conocido desde la mal llamada gripe española de 1918. Para evitar el contagio, las autoridades de todo el mundo decretaron confinamientos cuasi-medievales que provocaron una desaceleración económica de enormes proporciones. La reacción de los poderes públicos para evitar que la desaceleración se convirtiese en recesión fue inmediata: los bancos centrales mantuvieron los intereses a niveles históricamente bajos, compraron activos con una intensidad no conocida hasta entonces, incrementaron los préstamos a los bancos a largo plazo para inyectarles liquidez. La economía presupuestaria fue también muy activa. Se aprobaron redes de seguridad para apoyar a trabajadores, empresas y sistemas de salud y, en Europa, se procedió a una emisión de deuda por la Comisión, garantizada por el presupuesto de la Unión y reembolsable con recursos comunitarios. Toda una revolución.

No queremos extendernos sobre las lecciones que podemos extraer de esta experiencia. Mencionemos solo que la pandemia volvió a poner de relieve las vulnerabilidades de la economía mundial, las dificultades para alcanzar objetivos prioritarios como pueden ser los de desarrollo sostenible incluidos en la Agenda 2030, y que las economías se han ralentizado drásticamente, con lo que, a pesar de la intervención pública sin precedentes, la recuperación es lenta y parcial. No es de extrañar que las diferencias político-culturales se hayan agudizado. A eso se añade que la revolución digital se llevará por delante muchos de los empleos

---

98 APPLEBAUM, Anne, *El ocaso de la democracia,* Editorial Debate, 2021. Página 27.

que hoy conocemos y que hay serias dudas sobre la globalización suscitadas por la dificultad para proveerse de materias primas o agentes auxiliares de fabricación situados en países alejados.

La guerra de Ucrania es el segundo de los acontecimientos que ha venido a revolucionar el escenario mundial, provocando una crisis energética comparable a la que en su momento significó la de 1973 y la guerra del Yom Kipur. La invasión de Ucrania no es una anécdota. Responde a una aspiración eterna de todos los dirigentes rusos, desde los zares hasta los bolcheviques: mantener a sus *adversarios occidentales* lejos de Moscú y San Petersburgo, sus centros vitales. Por eso, lo primero que hay que advertir es que lo más probable es que la situación actual se cronifique. Ni Putin puede volver derrotado a Moscú, ni Zelensky puede cambiar paz por territorios. Y eso ha tenido ya consecuencias importantes. La primera es que Rusia se separará cada vez más de las democracias liberales, para alinearse con China y otras economías emergentes, los llamados Brics. La segunda ha sido la revitalización de la OTAN, que ha pasado de un estado de muerte cerebral, como señaló Macron, a contar con más vitalidad que nunca, hasta el punto de haber abierto sus puertas a Suecia y Finlandia. La tercera ha sido la concesión de estatus de candidato a la entrada a la Unión a Ucrania, lo que automáticamente se traducirá en una aceleración de las negociaciones con los candidatos que estaban en la cola.

LA NUEVA OLA DE LOS POPULISMOS EN EUROPA

Oswald Spengler profetizó hace más de un siglo lo que resumía el título de un libro que se ha convertido en un clásico, *La decadencia de Occidente,* entendido como un modelo normativo en el que los compromisos con los derechos humanos, la democracia representativa y el Estado de derecho son básicos. Los cambios en el escenario geopolítico (China, Rusia e Irán) y la revolución tecnológica han acentuado esta crisis. Las reacciones no se han hecho esperar: la resistencia contra un sistema dirigido por unas élites e instituciones internacionales de naturaleza tecnocrática y alejadas de las preocupaciones de los ciudadanos de a pie. El desencanto democrático ha dado una enorme oportunidad a los políticos antiliberales para abogar por un orden mucho más cerrado y nacionalista.

Las alarmas sonaron más fuertes cuando Donald Trump llega a la Casa Blanca. Su secretario de Estado, Rex Tillerson, argumentó en la Conferencia de Seguridad de Múnich, de 2018, que promover los valores que sustentan el proyecto occidental podría convertirse con demasiada frecuencia en un obstáculo para promover los intereses americanos. Y es que Trump y otros líderes occidentales —entre ellos, Viktor Orbán y Jaroslaw Kasczynski— preconizan una interpretación de la civilización occidental basada en la historia, la cultura y la religión, en lugar de valores liberales y conquistas democráticas.

Gideon Rachman, como hemos apuntado ya, habla del «hombre fuerte» que está degradando las democracias desde dentro y cita, entre otros, a Viktor Orbán, el polaco Jaroslaw Kaczynski y que «incluso el británico Boris Johnson ha coqueteado con ese estilo de política en sus actitudes hacia la ley, la diplomacia y la discrepancia dentro de su partido»[99].

Coincidimos con él y nos atrevemos a añadir que de Boris Johnson debemos aprender el valor de la mentira como arma política. El *expremier* empezó su carrera política como corresponsal de un periódico londinense en Bruselas y centró su actividad en inculcar mitos y falsedades sobre el valor prepotente de la Unión Europea sobre la democracia británica. Como recuerda Appelbaum, su especialidad eran las historias divertidas medio verdaderas, construidas entorno a un grano de anís o, a veces menos, que se burlaban de la unión europea y la describían invariablemente como una fuente inagotable de locura regulatoria. Sus artículos tenían títulos como "Amenaza para las salchichas rosas británicas" y, aunque los entendidos se reían de ellos, estos cuentos chinos tuvieron su repercusión, ayudando a provocar el Brexit.

99 RACHMAN, Gideon, *La era de los líderes autoritarios. Cómo el culto a la personalidad amenaza la democracia en el mundo*, Crítica, 2023.

Resaltemos de Viktor Orbán su capacidad para transformarse de demócrata a líder autoritario. Ostentó el cargo de primer ministro en dos ocasiones, de 1998 a 2002, y, la segunda, desde 2010 hasta que se acabe. En la primera etapa se comportó como un clásico conservador, volcado en reformar la administración del Estado, reducir impuestos y cotizaciones sociales y volcarse en la lucha contra la inflación y el desempleo. Durante la segunda, se convirtió en uno de los iconos de la extrema derecha europea, adoptando medidas como la restricción del matrimonio entre personas de igual sexo, limitaciones al derecho de huelga, euroescepticismo y, sobre todo, medidas antiliberales que le llevaron a ser sancionado por el Parlamento Europeo: presión sobre los medios de comunicación independiente; destitución de jueces; persecución de la etnia gitana; expulsión de los refugiados sirios y aprobación de una ley para el encarcelamiento de los emigrantes sin papeles. Para no alargarnos, baste reproducir un párrafo de su discurso del 26 julio de 2014: «La nación húngara no es una simple suma de individuos, sino una comunidad que necesita organizarse, fortalecerse y desarrollarse y, en este sentido, el nuevo estado que estamos construyendo es uno iliberal, no liberal. No niega los valores fundamentales del liberalismo, como la libertad [...] pero no hace de esta ideología un elemento central de la organización del Estado, sino que aplica en su lugar un enfoque específico, nacional y particular».

Los otros personajes de nuestra particular galería son los hermanos Kasczynski. Su partido, Ley y Justicia, consiguió formar un Gobierno de coalición entre 2005 y 2007 y, con posterioridad, otro en solitario, entre 2015 y las elecciones que ganó a finales de 2023 Donald Tusk, expresidente del Consejo Europeo, si bien a este le tocará cohabitar con un presidente ultra. En esa segunda etapa, Jaroslav Kasczynski cimentó su popularidad sobre la tesis nunca demostrada de que su hermano Lech había sido asesinado por los rusos, un recurso a la mentira y a las teorías conspiranoicas muy del gusto de la extrema derecha. Su ideología es un coctel de nacionalismo y catolicismo reaccionario. Fue el hombre que manejó los hilos del poder, aunque delegó la presidencia del gobierno en varios personajes secundarios, reservándose para sí el cargo de viceprimer ministro. Igual que Orbán es euroescéptico y ha fomentado el clientelismo, Kascynski convirtió los medios de comunicación en boletines del partido, recortó los derechos de la comunidad LGTBI+ y ocupó la judicatura y las empresas públicas con leales al partido. Lo que le distingue de Orbán es su rusofobia.

Para nuestra historia, lo más importante es destacar que, después del Covid-19 y la guerra de Ucrania, la derecha alternativa ha pasado de ser carne de oposición a entrar en las instituciones representativas. En Hungría, Finlandia y Eslovaquia gobiernan partidos de extrema derecha. En Italia, gobiernan Fratelli d'Italia en coalición con Forza Italia y la Liga, con más moderación de la esperada, todo hay que decirlo, con rostros visibles amables como el vicepresidente del Gobierno Antonio Tajani, de Forza Italia, que como comisario y vicepresidente de la Comisión Europea dio muestras sobradas de comedimiento. Mientras, Elly Schlein, una radical de izquierdas, se ha hecho con el control del Partido Demócrata. En Países Bajos, el PVV de Wilders ha ganado las elecciones. En Francia, que es el espejo en el que nos miramos siempre, el primer partido en los sondeos es el de Marine Le Pen, de extrema derecha, y el segundo, el de Mélenchon, de extrema izquierda. En Alemania, Alternativa para Alemania era, a principios de 2024, la segunda fuerza de la nación, y la primera en algún Länder, según los sondeos.

ASALTAR EL CIELO

El movimiento que, en España, cristalizó en Podemos y sus distintas franquicias y confluencias tuvo sus objetivos claros desde su nacimiento. Estuvo conformado por grupos de protesta como Juventud Sin Futuro, Izquierda Anticapitalista (pequeña formación en parte integrada como corriente en Izquierda Unida) o las ruidosas *Mareas* de protesta por la sanidad y enseñanza públicas. Son muchos los estudios que destacaron su capacidad de aglutinar identidades políticas que trascendiesen el espacio ideológico clásico de la izquierda (es algo que trató de hacer, a su modo, José Luis Rodríguez Zapatero y profundizó Pedro Sánchez), su rechazo, a lomos del populismo, de etiquetas ideológicas clásicas, apostar por lo que llamaron «transversalidad» y aglutinar al mayor número de personas posible frente a «los de arriba». Además, se ha señalado la actualización de métodos leninistas[100], pero sin que se notase. No es casual tampoco que el núcleo de sus dirigentes estuviera ligado al régimen chavista, al que asesoraban. Tienen como referentes de cabecera a entusiastas del chavismo: por ejemplo, Ernesto Laclau, a quien antes nos referíamos.

Podemos nació, a mediados de enero de 2014, como «alternativa anti-régimen» y «candidatura por la recuperación de la soberanía popular» de cara a las elecciones al Parlamento europeo de 25 de mayo de aquel año (volvemos al ataque al *establishment* de primero de Populismo). En su programa para esos comicios aparecían ya, junto a su *antieuropeísmo*, propuestas tan importantes como la revisión constitucional y el reconocimiento del falso derecho de autodeterminación.

Crecido al calor del 15M, no faltan quienes vivieron de cerca la génesis de Podemos y señalan sus antecedentes antisistema. Es el caso del historiador y politólogo Antonio Elorza, exmilitante del Partido Comunista de España (PCE), del PC de Euskadi y uno de los fundadores de Izquierda Unida: «Podemos es, en realidad, muy anterior al 15-M. Su nombre entonces era Contrapoder y, aunque crecerá a la atmósfera del 15-M, no surge de ese movimiento, en el que ellos intentaron intervenir sin éxito», explica este profesor de la Facultad de Ciencias Políticas de la Universidad Complutense, donde los fundadores de Podemos, a finales del siglo pasado, «son jóvenes que tenían una asociación muy próxima a los grupos universitarios favorables a ETA, y ya con algunos apoyos en niveles superiores de la Facultad. La presentación tuvo lugar en el aniversario de la muerte de Tomás y Valiente[101], al proponer una confe-

100 Destaquemos, por ejemplo, obras como GARCÍA, Álvaro, *El método Podemos: marketing marxista para partidos no marxistas*, Última Línea, Madrid, 2015; TORREBLANCA, J.I., *Asaltar los cielos: Podemos o la política después de la crisis*, Debate, Madrid, 2015; o FERNÁNDEZ-ALBERTOS, J., *Los votantes de Podemos, del partido de los indignados al partido de los excluidos*, Catarata, Madrid, 2015.

101 Francisco Tomás y Valiente, expresidente del Tribunal Constitucional, fue asesinado por ETA en su despacho de profesor de la Universidad Autónoma de

rencia de Karmelo Landa [entonces portavoz nacional y diputado en el parlamento vasco de Herri Batasuna[102]] para denunciar el fascismo de PSOE y PP». La «situación de radicalización» persistía años después, cuando «la nueva iniciativa» será encabezada por Juan Carlos Monedero, «procedente del PCE y que había establecido estrecha relación con Chávez, incorporando la vertiente latinoamericanista y antidemocrática de signo populista, y por Pablo Iglesias, exjoven comunista que arranca de los movimientos antiglobalización»[103].

Efectivamente, amén de hacer gala de sintonía y contactos con el mundo *abertzale* desde hace tiempo, Iglesias es un especialista en movimientos antisistema, antiglobalización, que él prefiere llamar «desobedientes», y de lo que estos denominan con el eufemismo de «acción directa». No en vano, su tesis doctoral, presentada en 2008 en la Universidad Complutense, se tituló *Multitud y acción colectiva postnacional: Un estudio comparado de los desobedientes: De Italia a Madrid (2000-2005).* Apenas con veinte años, cuando crecía en la cantera de la Unión de Jóvenes Comunistas de España (UJCE), Pablo Iglesias fue miembro del movimiento antiglobalización en España y enlace con organizaciones hermanas de otros países del denominado Movimiento de Resistencia Global (MRG) y la coordinadora internacional de los movimientos radicales People Global Action (PGA). Aquello le dio línea directa a quien fue después secretario general de Podemos con otros destacados activistas que se convirtieron en piezas claves de Syriza (Grecia), Nouveau Parti Anticapitaliste (NPA, en Francia), el Movimento Cinque Stelle (Italia) o Die Linke (Alemania).

Precisamente, el trabajo con que optó al grado de doctor se lo dedica, *in memoriam*, a uno de los *Tute Bianche* (monos blancos, en italiano, por el atuendo obrero), compañero en las experiencias antiglobalización. Uno de los aspectos que señala la tesis como

---

Madrid, en febrero de 1996.

102 Landa huyó luego de la justicia, cuando fue citado por haber difundido un vídeo de ETA en las cuñas publicitarias de HB de la campaña de las Generales de 1996.

103 *La Razón*, 16/5/2021, "Antonio Elorza: «Podemos no nació del 15-M, sino de grupos favorables a ETA»".

logro de estos antisistema de principios del siglo XXI es su capacidad de adaptar a los nuevos tiempos «las narrativas de los movimientos antisistémicos clásicos», en los que cita «los movimientos socialistas —con mitos de clase, más o menos martirológicos, como el Primero de Mayo o la Comuna de París o símbolos tan importantes como el puño en alto, la bandera roja o la hoz y el martillo».

Así, el entonces aspirante a doctor en Políticas estimaba: «Nadie negará, a estas alturas, que una de las claves del éxito de los movimientos globales (en el centro y en la periferia) ha sido, precisamente, la renovación estética y simbólica expresada en sus propias formas de acción y en sus discursos, así como en la manera de vincular el pasado y el presente de las luchas». Es decir, «renovación en la producción de narrativas, aun cuando reactualice mitos del pasado».

No es extraño, en ese sentido, que Iglesias arranque las páginas de su tesis con una cita que apuntaba maneras: «Estos chicos no son menos revolucionarios que los bolcheviques, pero son mucho más inteligentes; son conscientes de que modificar la sociedad hoy significa pasar a través de las conciencias»[104].

En noviembre de 2014, en el acto público en que Iglesias fue elegido secretario general de Podemos, la asamblea constituyente del partido, se incidió en su discurso de ruptura democrática, recuperando la expresión y la estética de la oposición antifranquista, como si aún continuáramos en un régimen dictatorial que había que derribar. Si para los antifranquistas (el PSOE de Suresnes, por ejemplo, o el PCE de Santiago Carrillo) aquella ruptura significaba liquidar la dictadura y redactar una Constitución para la democracia, para los *podemitas* su principal objetivo en pleno siglo XXI será iniciar «un proceso constituyente para abrir el candado del 78 y poder discutir de todo». Podemos era la «alternativa frente a un régimen que se derrumba», en referencia al pacto constitucional y a la Transición, al PP y PSOE. Así, Iglesias entendía el nuevo partido político como una «escoba para barrer la sociedad».

---

104 La cita se la atribuye Iglesias a NEGRI, Antonio, *Goodbye Mr. Socialism*, Feltrinelli, Milán, 2006.

Como parte de la parafernalia contra «las élites», «la casta», el «régimen del 78» y la «Europa de los liberales», dicho mitin contó con la presencia del líder de la formación griega Syriza, así como de embajadores de regímenes amigos y referentes (la Bolivia de Evo Morales, la Venezuela de Maduro o la Nicaragua de Ortega), representantes de los kurdos, del Frente Polisario y de Palestina. Con una clara estética *vintage*, se cerró con la lectura del poema *Vientos del pueblo me llevan*, de Miguel Hernández, y la canción popularizada por Mercedes Sosa *Cambia, todo cambia*[105].

En *Una nueva Transición. Materiales del año del cambio* (Akal, 2015), el propio Iglesias afirma que «cuando un país ha cambiado, los asaltos son un paseo de la gente». Así, prometía: «Vamos a seguir asaltando el cielo, sí, pero llamando al timbre. Cuando un país entero ha cambiado no son necesarias batallas finales, basta caminar tranquilamente». Ese era, precisamente, el objetivo de esta fuerza política que nos ha cogobernado en los últimos años: cambiar el orden constitucional tranquilamente para lograr sus propósitos ideológicos, algo perfectamente permitido por nuestro sistema político siempre que se sigan las normas establecidas incluso para la reforma de la Constitución. Todo parece indicar que, reducido Podemos a la insignificancia, continúa su sueño el esqueje del Sumar de la vicepresidenta Yolanda Díaz.

Desde el minuto uno, Podemos se afanó en destruir, cuando no demonizar, la visión, absolutamente real, de la Transición como elemento de concordia, totalmente inclusivo, de superación del trauma de la guerra civil y la dictadura, que posibilitó el desarrollo y bienestar de todo un país, así como la elaboración de la Constitución de 1978. En la ola del populismo, Podemos niega la mayor y se instala en la teoría *conspiranoide* de que Franco dejó todo atado y bien atado, hasta el punto de que la Transición y la Constitución fueron una imposición a los vencidos en la Guerra Civil. Lo defienden, por ejemplo, en sendos ensayos divulgativos,

105 *El País*, 16/11/2014, "Pablo Iglesias promete acabar con el «régimen» de la Transición".

Juan Carlos Monedero e Iglesias[106], que llega a decir que lo que existe en España es una mera «democracia formal».

En el mismo sentido, es emblemático a la par que extravagante *La transición contada a nuestros padres. Nocturno de la democracia española,* de Monedero. Su camarada Iglesias considera dicho libro, sin embargo, «imprescindible» y lo cita[107]. El profesor y asesor Monedero (48 años de edad cuando escribió la primera edición, en 2011) se atreve a contar a «nuestros padres» —es decir, los protagonistas y testigos de la Transición— que «las élites de la Transición escribieron el guion de nuestro pasado reciente y el de nuestro presente, programaron nuestra democracia a medida de sus privilegios». Añade que, como «el miedo se metió en los tuétanos», «hubo que esperar a una generación con menos miedo», la del valiente Monedero y compañía, para barrer «la historia a contrapelo» y hacer «que salten las verdades escondidas en la trama de la alfombra. Así llegan hasta palacios reales, catedrales, cotos de caza, sótanos bancarios y mansiones donde siguen los que nunca se fueron». A esta democracia «le huelen los pies y los sobacos a franquismo», estima quien reinventa tanto el pasado como para opinar en otro pasaje que «la revolución de Asturias fue un acto democrático»[108], lo que nos da una medida de su concepción *sui generis* de la democracia, muy a tono con el leninismo que profesa, y su intento de reescribir nuestra historia.

Mucho dudamos de que profesores universitarios, inteligentes, supuestamente acostumbrados a la investigación, al manejo, a la lectura, contraste y análisis de publicaciones y fuentes primarias, se crean ni ellos mismos realmente este falseamiento tan sentimental como rencoroso de la historia. Asimismo, que olviden detalles como que el comunista Jordi Solé Tura fue uno de los *padres* de la Constitución, que su grupo político contribuyó entusiásticamente a aprobarla, con Santiago Carrillo a la cabeza, o

106 IGLESIAS TURRIÓN, Pablo, *Disputar la democracia. Política para tiempos de crisis,* Akal, Madrid, 2014. IGLESIAS TURRIÓN, Pablo, *Una nueva Transición. Materiales del año del cambio,* Akal, Madrid, 2015.

107 IGLESIAS, Pablo, *Disputar la democracia...*

108 MONEDERO, Juan Carlos, *La Transición contada a nuestros padres. Nocturno de la democracia española,* Catarata, Madrid, 2017 (su primera edición es de 2011).

que la Transición fue la envidia de los demócratas de otros países (incluidos los izquierdistas) y un referente importante en los procesos democratizadores pacíficos de medio mundo. Obvian, igualmente, los miles de estudios académicos y libros dedicados a la guerra civil y el franquismo, escritos desde la libertad más absoluta, sin ese miedo metido en los tuétanos al que se refiere Monedero, que demuestran que no existió ni existe ningún pacto del olvido.

La de Monedero e Iglesias (y, por extensión, de Unidas Podemos, e, incluso, de su continuación, Sumar) es, fundamentalmente, una pose, una estrategia premeditada de su «asalto a los cielos» que se basa en una lección aprendida a la que nos referíamos anteriormente al hilo de la tesis doctoral de Pablo Iglesias, cuando alababa el *reciclaje* y *adaptación camaleónica* de los antisistema y antiglobalistas, su «renovación estética y simbólica expresada en sus propias formas de acción y en sus discursos, así como en la manera de vincular el pasado y el presente de las luchas». Es también pura coherencia en un proyecto como Podemos, «montado sobre el malestar», como reconoció Iglesias. Una dosis de odio y rencor viene bien en el contexto de polarización de las masas a que aspira cualquier demagogo.

Precisamente, un eje vertebrador de esos grupos y del resto de populismos es su búsqueda de «transformar la identidad para que deje de ser un mero sentimiento histórico pasivo y se convierta en un arma activa contra otras formas más inclusivas», tal como describe Marlene Wind[109].

El joven Iglesias, a quien le habían dado bola negra en Izquierda Unida, considerará que el hecho de que prominentes dirigentes del PCE e Izquierda Unida «reivindiquen con orgullo» su papel en la Transición «dice mucho de las torpezas y miopías» de los mismos. Les afea su aceptación de la monarquía, de la bandera rojigualda (la de los liberales —los progresistas— de la Constitución de Cádiz, no lo olvidemos), e, incluso, haber claudicado con «un sistema electoral diseñado por franquistas»[110] que perjudicaba

109 WIND, Marlene, *La tribalización de Europa. Una defensa de nuestros valores liberales,* Espasa, 2019.

110 IGLESIAS TURRIÓN, Pablo, *Disputar la democracia. Política para tiempos de*

a los comunistas, a su juicio. Echaba por tierra así el legado de históricos como Marcelino Camacho, Santiago Carrillo o Dolores Ibárruri, por ejemplo, que tan activamente participaron en la Transición y apostaron por la concordia (en el caso de los últimos, esta postura fue más meritoria aún por su papel destacado en la Guerra Civil). El líder del PCE fue claro en las jornadas constituyentes, por ejemplo, cuando explicó que la voluntad principal en aquella etapa era la de «superar los residuos pasionales e ideológicos de la guerra civil y de consolidar la democracia naciente [...] Para los comunistas la cuestión esencial hoy no es Monarquía o República; es democracia o dictadura, y estamos dispuestos, en este momento, a subordinar nuestras preferencias por la forma política de gobierno al logro del más amplio consenso para la consolidación de la democracia». Por otra parte, en las mismas jornada de debate de la Carta Magna, añadía que «nuestra voluntad resuelta es cooperar a la elaboración de una Constitución» que, entre otras cosas, «resuelva auténticamente el problema de las libertades nacionales y regionales, indispensables para que España sea un Estado unido, sin centralismos opresores que generen tendencias centrífugas de separación y pongan en peligro la unidad de los españoles, que, además de españoles, son vascos, catalanes, gallegos, castellanos, valencianos, aragoneses, asturianos, navarros, andaluces, canarios, etc. Sin que una calidad tenga que estar necesariamente en conflicto con las otras»[111].

También olvidan que, veinte años antes de que muriera Franco, el PCE hizo un manifiesto en favor de la reconciliación nacional, pidiendo «una solución democrática y pacífica al problema español». Igual que denostan a sus mayores, suponemos que, por más que Iglesias y sus compañeros idealicen y reinventen la Segunda República, también considerarán otra «torpeza» o «miopía» aquel «mensaje de la patria eterna que dice a todos sus hijos: Paz, Piedad y Perdón» de Manuel Azaña, presidente de esa República cercana a la Arcadia feliz en la mentalidad adanista que gastan.

crisis, Akal, 2015.

111 *Diario de sesiones del Congresos de los Diputados*, 27/7/1977, página 73.

La demolición del *Régimen del 78* se convirtió pronto en todo un mantra de esta ultraizquierda y del resto de socios de investidura del Gobierno de coalición del PSOE y Podemos, bautizado por el socialista Alfredo Pérez Rubalcaba como *Gobierno Frankenstein* y que, desde entonces, ha dado más de un motivo para que nos recuerde más bien a la comedia *El jovencito Frankenstein,* de Mel Brooks.

Como tantas veces sucede en la extrema izquierda, la marca inicial de este populismo hispano, Podemos, ha quedado rebasado y suplantado por un conglomerado de grupúsculos políticos aglutinados en una nueva marca, Sumar, auspiciada por Moncloa y capitaneada por Yolanda Díaz, una antigua política promocionada por Pablo Iglesias que consiguió arrebatarle el santo y la limosna. En los últimos tiempos, Monedero, reflexionando sobre el declive de Podemos, ha apuntado que el inicio del ocaso se produjo «cuando Pablo [Iglesias] sale apresuradamente del Gobierno para presentarse en Madrid [y] hace un giro a la izquierda con un discurso del antifascismo, que es una mala lectura de lo que estaba pasando. Gente de izquierdas se podía sentir cómoda, pero en términos prácticos era un error. Podemos se quedó anclado en ese discurso y ahí perdió lo que inicialmente se planteó en 2014 de la transversalidad, donde hacíamos política y no solamente identidad». Añade también que «una de las grandes discusiones que yo tenía con Errejón e Iglesias era que el modelo populista de Laclau funciona en el momento destituyente, cuando la gente está enfadada y todos bajan su demanda para confrontar con el que tienes enfrente. Pero después, en el momento constituyente, hay que articular y ahí ya no vale que haya una vanguardia que te solvente todo»[112].

La sustitución del mensaje agresivo, el gesto airado y el aspecto desaliñado de Pablo Iglesias por el discurso melifluo, el talante sonriente y el *look* moderno de Yolanda Díaz no debiera llevarnos a creer que el nuevo producto es menos peligroso que el anterior ni que su programa sea diferente. Pese a su nueva apariencia externa, no es otra cosa que la amalgama de todos los partidos y grupúsculos de extrema izquierda que constituyen lo que

112 *El Mundo,* 14/1/2024, "Juan Carlos Monedero: «Podemos está encastillado y a veces se ha vuelto paranoico»".

pudiéramos llamar «el entorno podemita»[113], más el viejo partido comunista de siempre (hoy Izquierda Unida), protagonista de un nuevo cambio cosmético pero permanente en sus convicciones[114]. Sus propuestas en materia económica y de ingeniería social siguen exactamente la línea de Podemos (y de la propia Yolanda Díaz) en la legislatura anterior[115]. A efectos de su proyecto disgregador de la Constitución de 1978, no son sino los mismos perros con distintos collares y su amenaza para la actual democracia española, la misma. Siguen sin ser casualidad su discurso polarizador, frentista, la creación de un «pueblo» contra la «casta» o las élites, la deslegitimación del régimen vigente, pues no hacen sino seguir las estrategias populistas aprendidas del chavismo.

EL FUTURO DEL LIBERALISMO

No podemos terminar de hablar de los populismos sin analizar siquiera someramente el liberalismo y sus errores, porque son sus fallos los que han propiciado el auge de los populismos. Es evidente que la democracia liberal está en retroceso en todo el mundo. Tanto como los ideales liberales que triunfaron tras la Segunda Guerra Mundial y tras la caída del comunismo. Estudios como los de la Universidad de Cambridge *Global Satisfaction with Democracy 2020* remarcan la creciente situación de malestar

113 Movimiento Sumar, Podemos, Más País, Verdes Equo, Alianza Verde, Más Madrid, Batzarre-Asamblea de Izquierdas, Chunta Aragonesista, Coalició Compromís, Més-Compromís, Iniciativa del Poble Valencià, Verds Equo del País Valencià, En Comú Podem, Catalunya en Comú, Iniciativa del Pueblo Andaluz, Izquierda Asturiana, Més por Mallorca, Més por Menorca y Partido Drago Canarias. A los que se deben añadir los partidos que, sin entrar en la coalición, expresaron públicamente su apoyo a esta: Barcelona en Comú, Zaragoza en Comú, Ganemos Jerez, Ara Eivissa, Compostela Aberta, Marea Atlántica, Valladolid toma la palabra, Leganemos y Sí se Puede (Canarias). Esperamos no habernos olvidado de ninguno.

114 *Por qué soy comunista* titulaba su último libro Alberto Garzón, orgulloso de comulgar con una ideología que arrastra una herencia de cien millones de muertos.

115 Wikipedia, que pese a su escaso prestigio suele ser bastante útil, resume así su ideología: progresismo, feminismo, ecologismo, sostenibilismo, europeísmo, reformismo, federalismo, plurinacionalismo y antineoliberalismo.

por el funcionamiento de la democracia en todo el mundo, agudizada a partir de 2005. Curiosamente, esa elevada insatisfacción no necesariamente deriva en un rechazo a los principios y valores de la democracia, ni tampoco de un deseo de sustitución del sistema por otro con tintes autocráticos. Sin embargo, al verse incumplidas las promesas electorales una y otra vez, no tener respuestas las demandas sociales, se pierde la fe en la posibilidad de una mejora en condiciones de vida, o, incluso, genera la convicción de un empeoramiento de las mismas, por la incapacidad de sus dirigentes. Entonces, aparecen los cantos de sirena que atraen a los indignados y abonan el terreno para la siembra de ilusiones irrealizables pero aprovechadas por los políticos detestables, los «salvapatrias».

Si queremos refundar el liberalismo y retomar el camino perdido, haríamos bien en releer a Pierre Hassner, que, en 1951, recordó que la humanidad no vive solo de la libertad y de la universalidad. Las aspiraciones que habían alimentado al nacionalismo y al socialismo en el período de entreguerras volverían y les puso un nombre: el anhelo de comunidad e identidad, por un lado, y de igualdad y de solidaridad, por otro. El desafío en nuestros días consiste en armonizar estas aspiraciones en un mismo proyecto.

En el momento actual son muchos los ensayos en los que se habla del declive del liberalismo y muy pocos los que proponen medidas para atajarlo. Ante el creciente autoritarismo, los liberales debemos elaborar una nueva agenda aprendiendo de nuestros errores y erradicando los tópicos de la derecha e izquierda. Es hora de que solo los partidos que se comprometan con esos principios y valores pueden formar parte de la alianza constitucionalista que hay que armar para frenar los amenazantes populismos. El constitucionalismo es como uno de esos restaurantes de postín que reservan el derecho de admisión a los que se comporten de forma decorosa.

Coincidimos plenamente con Timothy Garton Ash cuando dice que «un liberalismo renovado tendrá tres vertientes: la primera es la defensa de los valores e instituciones liberales tradicionales, como la libertad de expresión y de independencia del poder judicial frente a las amenazas de los populistas y autoritarios. La segunda es abordar los fallos por los que ha pasado el liberalismo los últimos años, un liberalismo económico unidimensional, en el peor de los casos un fundamentalismo de mercado dogmático que tiene tan poco que ver con la realidad humana como los dogmas del materialismo dialéctico» que tanto daño han hecho a la humanidad. Esos fallos han llevado a millones de votantes a los populistas. La tercera vertiente nos demanda que «hagamos frente, con medios liberales, a los desafíos globales de nuestra era, como el cambio climático, las pandemias y el ascenso de China»[116].

La magnitud de la tarea es tal que urge forjar un consenso renovado entre los partidos de matriz liberal en la defensa de estos principios, aunque consenso no implica coincidencia en todos los temas, porque eso acabaría con el pluralismo y eliminaría la vital batalla de las ideas. Precisamente, el populismo odia el pluralismo y los matices, por lo que un buen antídoto frente a ellos es reforzar nuestras instituciones pluralistas, al igual que los contrapesos institucionales que eviten las dictaduras de las mayorías coyunturales o que todo quede al albur de la autocontención y el espíritu no escrito de las leyes.

La primera vertiente no requiere demasiada explicación, porque responde a la «tradición de tradiciones» que ha definido la práctica liberal a lo largo de los tiempos y que parte de un axioma básico: no hay liberalismo sin libertad. La afirmación de la libertad exige la defensa de los derechos humanos, del Estado de derecho y de un gobierno limitado, de las libertades de expresión e investigación, y la independencia del Poder Judicial, hoy expuesto a los asaltos de populistas y autócratas. Más allá de esto, se trata del individualismo, el *meliorismo* (la idea de que el mundo no es ni bueno ni malo, sino mejorable y perfeccionable a través del progreso[117]), el igualitarismo y el universalismo. «Estos ingredientes aparecen en diferentes proporciones y combinaciones en todos los partidos que defienden la democracia liberal», estima Garton Ash. Como también dice Marlene Wind, «no podemos tolerar dobles raseros

116 *Prospect Magazine*, 9/12/2020, "The future of liberalism".
117 *Diccionario de filosofía José Ferrater Mora.*

para la democracia. Tampoco deberíamos parapetarnos tras unas identidades que deslegitiman la crítica y limitan la posibilidad de colaboración y de compromiso»[118].

En cuanto a la corrección de los errores en que ha incurrido el liberalismo en los últimos tiempos, segunda vertiente apuntada por Garton Ash: en primer lugar, el progreso económico no ha servido como la escalera al cielo que se nos prometió. La extensión del estado de bienestar, el crecimiento económico, no ha acabado con la pobreza, ni ha solventado los problemas sanitarios, de empleo, ni de falta de vivienda. Tenemos cada vez más la sensación de que la educación ha dejado de permitir el ascenso social y, por tanto, la meritocracia, el esfuerzo, están en crisis, pero es que, además, según algunos expertos, ese aspecto está abonando un resentimiento cultural en el que escarban los populistas para enfrentar a la gente corriente con las «castas» o las «élites». Otras cuestiones son el abandono de la idea de la nación; el olvido de la identidad de las mayorías y el fuerte protagonismo que ha cobrado el principio de eficiencia económica sobre los principios de igualdad y solidaridad.

Uno de los problemas que ha traído la globalización es la concentración de riqueza y, en consecuencia, del poder de individuos, como Elon Musk, o de gigantes digitales, como Amazon, Apple, Google, Meta (antiguo Facebook) o X (antiguo Twitter), que se han convertido en cuasi monopolios de dimensiones sin precedentes que, en la mayoría de las ocasiones, son también concentraciones de poder político que lo ejercitan mediante la captura de los reguladores y las puertas giratorias. La desconfianza hacia la concentración de poder es un elemento esencial del liberalismo, que persigue que todo tipo de poder sea limitado y responsable. Se necesita una nueva política de competencia. No se ha sabido abordar el problema de la excesiva acumulación de riqueza de una minoría, que coincide con unos tiempos que han dejado a muchas personas frustradas ante la realidad de vivir una peor situación

118 WIND, Marlene, *La tribalización de Europa. Una defensa de nuestros valores liberales*, Espasa, 2019.

económica que la de generaciones previas y muy indignadas por la especulación financiera desmedida.

El punto en que debemos insistir es que la identidad no es un «o» disyuntivo, sino un «cómo» y que no hay ninguna contradicción de principio entre identidades regionales, nacionales y supranacionales, como tampoco la hay entre tener simultáneamente convicciones religiosas, políticas, institucionales y culturales como hace la mayoría de la gente. En ese sentido, otro de los factores que han debilitado al liberalismo en favor de los populismos tiene que ver con el multiculturalismo, que exige un respeto mutuo.

Los excesos de los nacionalismos en la época de entreguerras y los avances de la globalización nos llevaron a hablar de la comunidad internacional como garante de la seguridad y muy poco de las comunidades nacionales. La pertenencia a una nación sigue siendo un sentimiento muy arraigado, pero una cosa es el nacionalismo y otra distinta el patriotismo. El nacionalismo es excluyente, se esgrime contra otros. El patriotismo, sin embargo, es inclusivo, no implica el enfrentamiento con otras identidades supranacionales o subnacionales, no reconoce contradicción entre el amor a la patria chica, a la grande o a la Unión Europea, aunque eso suponga compartir la soberanía. El patriotismo liberal debe ser un patrimonio integrador y comprensivo, capaz de acoger a ciudadanos de múltiples identidades. Aceptemos que tenemos que desenvolvernos en un escenario de globalización. Para encararlo mejor es necesario no debilitar el Estado-nación, sino todo lo contrario, dentro de esos marcos de patriotismo liberal y de integración en otras identidades supranacionales como la Unión Europea.

Asimismo, es indudable que el feminismo ha propiciado uno de los mayores avances de la historia en igualdad. Pero, siempre hay un pero, al centrarnos en las minorías hemos descuidado a unas mayorías que se han sentido inseguras y amenazadas en su propia identidad. Esa sensación ha aumentado como consecuencia de la rapidez con la que se han producido los cambios económicos, tecnológicos y sociales. Asistimos en los países desarrollados a un alarmante descenso de la tasa de natalidad y a un paralelo envejecimiento de la población, lo que pone en riesgo la sostenibilidad del estado del bienestar. Asimismo, este declive demográfico ha ido acompañado de una creciente inmigración. Es un sentimiento de inseguridad que los populistas de derecha hacen reposar en los emigrantes y, aunque es obvio que en sus acusaciones hay algunos dejes de xenofobia en juego, algo se debe hacer para responder a las aspiraciones de la mayoría que ve amenazados sus empleos, debilitada su economía y salud (como consecuencia de la masiva afluencia de demandantes a los servicios públicos) y los valores que la han definido. ¿Qué se puede hacer? Controlar la inmigración, asegurar las fronteras y reforzar el sentido de comunidad, confianza y reciprocidad dentro de ellas, sin llegar al *America First* de Trump o el *Take Back Control* del Brexit.

La tercera de las vertientes del nuevo liberalismo debiera ser la defensa de un orden internacional liberal acomodado a los nuevos retos y desafíos a los que se enfrenta la humanidad en su conjunto, nos afectan a todos: la lucha contra el cambio climático, prioridad absoluta por la evolución de la sociedad de consumo que ha conllevado un aumento del uso de energía y residuos; la caída de la natalidad y del envejecimiento, la creciente urbanización y la paralela despoblación del mundo rural, el desplazamiento del centro de gravedad de la economía hacia el este y la emergencia de nuevas potencias especialmente China e India.

En la Conferencia de Seguridad de Múnich de 2018 ya se advirtió de las dificultades por las que estaba atravesando el orden liberal internacional, un conjunto de normas e instituciones concebidos después de la Segunda Guerra Mundial que hoy están sometidos a una gran tensión. El mundo está entrando en una nueva era en la que compiten las democracias liberales con autocracias que cada vez tienen más poder. El debate entre un multilateralismo sujeto a reglas o una globalización sin control político alguno todavía no está cerrado. Le corresponde al liberalismo contribuir a construir un nuevo orden más inclusivo y moderno que refuerce el compromiso con la libertad, los derechos humanos y una economía social de mercado centrada en el individuo.

CAPÍTULO 3. LA CARCOMA DEL SISTEMA

En el apasionante mundo de los insectos existe uno, la hormiga blanca o termita, que, como describe la RAE, «forma sociedades con individuos alados, fértiles, que se suelen llamar reyes o reinas, y castas estériles de soldados y obreras, que realizan el trabajo»; básicamente, roer madera, «por lo que puede ser peligroso para ciertas construcciones». Originario de ambientes tropicales, este pariente de las cucarachas hace tiempo que se implantó también en Europa, donde abunda otro insecto, de distinto orden taxonómico, el de los coleópteros (como el escarabajo pelotero del estiércol), cuyos devastadores efectos son similares, pues muestra semejante apetencia por la madera: la carcoma. Ésta tiene la particularidad sobre la termita de que raramente le da por los árboles vivos y prefiere los muebles, vigas o construcciones viejas. No necesariamente desvencijadas, pues también se ensaña con preciosas obras de arte. Para muchos entomólogos, la carcoma es más difícil de detectar. Se descubre más por un sutil sonido que hace a veces al carcomer que por la visión del insecto en sí, pues daña la madera en estado larvario y las huellas de su destrozo se hacen patentes justo al salir al exterior, cuando la larva sufre una metamorfosis a coleóptero con capacidad de volar.

Quienes en los últimos años se han propuesto demoler el edificio de nuestra convivencia constitucional realizan una tarea contra el sistema fácilmente comparable a la de la carcoma. Están en la propia estructura del edificio, hace un tiempo que sufrieron su transformación y son pocos de ellos los que ocultan su propósito.

Desde que disfrutamos de democracia en este país, había habido tres grandes ataques a la Constitución de 1978. El más permanente, durante muchos años, fue el del terrorismo nacionalista. En plena democracia, lejos de deponer las armas, incrementó los asesinatos, los secuestros, las extorsiones, las torturas, porque quería acabar con el orden constitucional e imponer su delirio totalitario, a la fuerza, eliminando de la faz de la tierra a cualquiera que no comulgara con sus tesis con idéntico fervor. Su categórico intento de poner de rodillas a la democracia terminó fracasando, pues esta nunca claudicó. Pese al enorme sufrimiento, el Estado de derecho, todos los demócratas, nos mantuvimos firmes hasta lograr derrotar a los terroristas, con el imperio de la justicia y las fuerzas y cuerpos de seguridad del Estado.

El otro gran asalto fue el secuestro del Gobierno y del Parlamento, con el simbolismo aparejado, que se llevó a cabo en el intento de golpe de Estado del 23 de febrero de 1981. Por cierto, en algunos ambientes populistas de ambos extremos, se ha puesto de moda la teoría de que fue un golpe consentido por el Rey para instalar un gobierno militar con el que enderezar una situación que, a juicio de los golpistas, se estaba yendo de las manos. «Yo al Rey Juan Carlos lo jodí vivo. Él tenía preparado con Armada un Gobierno a su gusto», declaraba no hace mucho el golpista Antonio Tejero[119]. En parecidos círculos se ha llegado a pedir al actual Rey que se negase a firmar la ley de Amnistía o convalidar actos que, en su opinión, son contrarios a una Constitución que, todo hay que decirlo, no les gustó un pelo. Deberían recordar dos cosas: los actos del Rey son siempre actos debidos que tienen que ser refrendados por el presidente del Gobierno o los ministros; asimismo, la Corona, que representa la unidad y la permanencia de España, es uno de los últimos baluartes que las formaciones antisistema tendrían que demoler para conseguir sus objetivos. Como diría Eugenio D'Ors, «los experimentos, con gaseosa».

119 *El Español,* 22/10/2023, "Tejero lo denuncia por vez primera: «A Juan Carlos lo jodí. Paré su golpe y el de Armada al ver qué era»".

En tercer lugar, otras acometidas igual de serias fueron las ocurridas el nueve de noviembre de 2014, cuando Artur Mas convocó un *proceso participativo* sobre el futuro político de Cataluña y, sobre todo, el golpe de Estado del 1 de octubre de 2017, cuando, encabezados por Carles Puigdemont, algunos dirigentes políticos de Cataluña, que eran, según la Constitución, los máximos representantes del Estado en la región, decidieron separar a las bravas Cataluña de España y declarar una república independiente, imponiendo su plan excluyente al resto de los españoles, lo cual es un atentado al orden legal de primer orden.

Junto a esos tres principales embates a la Constitución, venimos sufriendo desde hace unos años una cuarta acometida muy importante, sostenida en el tiempo, que es cuestionar, denigrar, desestabilizar, boicotear, debilitar, nuestro andamiaje constitucional; lo que sus perpetradores denominan despectivamente «régimen del 78». Esa ilegitimización del sistema ha venido a servir de coartada, al mismo tiempo, a los independentistas.

Ese desprecio de la Constitución de 1978 y la Transición no es nada casual. Responde a uno de los pasos de una estrategia común en todos los movimientos populistas empeñados en desmantelar la democracia tal y como la conocemos en todo el mundo: «Los demagogos aúllan contra el *establishment* y denuncian a las élites corruptas», en palabras del politólogo John Keane[120]. La «casta» contra la que Donald Trump movilizaba a su electorado era la «ciénaga de Washington», mucho antes de que sus huestes tomaran bochornosamente el Capitolio de Estados Unidos, para impedir la sesión de ratificación de la elección de Biden. En su discurso al asumir la presidencia de Venezuela por primera vez, en 1999, el exgolpista Hugo Chávez, como veíamos en otro capítulo, criticaba «a la oligarquía por convertir a Venezuela en un "pantano inmenso y pútrido"»[121]. Con «una crisis orgánica» total,

---

120 Autor de ensayos como *To Kill a Democracy* (Oxford University Press, 2021), *The New Despotism* (Harvard Univesity Press, 2020) o *The Shortest History of Democracy* (The Experiment, 2022).

121 JONES, Bart, *Op.Cit.*, página 226.

con unas estructuras políticas deslegitimadas, es más fácil un «cambio de régimen»[122], como antes indicábamos.

En 2016, el mismo año en que Trump bramaba contra el *establishment,* recordemos, en España lo hacía Podemos y su constelación de movimientos afines contra «la casta» y tuvimos los altercados de «Rodea el Congreso», con motivo de la elección e investidura de Mariano Rajoy. Hubo que desplegar 1350 policías para impedir la toma del Parlamento (solo el 25 de septiembre los incidentes se saldaron con treinta y cinco detenidos y sesenta y cuatro heridos, veintisiete de ellos policías). «Es saludable que los ciudadanos ejerzan sus derechos civiles [...] el protagonismo ahora mismo lo tiene que tener la gente», consideraba sobre «Rodea el Congreso» uno de sus propulsores, Pablo Iglesias Turrión, que colocaba así el capricho de esos ruidosos revoltosos por encima de los resultados de las urnas.

La «casta» también ha estado y está presente en los discursos de otros políticos hispanohablantes al otro lado del Atlántico. Por ejemplo, en la Argentina, donde el peronista presidente Alberto Fernández proclamó alguna vez: «La casta verdaderamente protegida por los que dicen estar en contra de la casta es la casta económica argentina que posterga el desarrollo del país para seguir concentrando el ingreso y la riqueza en unos pocos; esa es la verdadera casta y contra esa casta hay que pelear». Al mismo tiempo, su opositor, el aún más populista Javier Milei, nada más ganar sorpresivamente las elecciones primarias, en agosto de 2023, que le llevarían apenas tres meses después a la Presidencia de la República, vaticinaba sobre su triunfo: «Es el fin de la casta política». Tras la inquietud por su victoria, insistió: «No me voy a meter con la gente. Me voy a meter con la casta», para acabar con «el modelo empobrecedor de la casta». Mientras, la multitud lo vitoreaba al grito de «¡La casta tiene miedo!»[123]

En España, unos años antes de aquel intento de toma del Congreso, en enero de 2011, varios miles de «indignados», radicales

122 LACLAU, Ernesto, *La razón populista,* Fondo de Cultura Económica, Buenos Aires, 2005.

123 *El Colombiano,* 19/12/2023, "«Basta del modelo empobrecedor de la casta»: las palabras de Javier Milei como presidente electo de Argentina".

del movimiento 15M, congregados en torno al Parlamento catalán, hostigaron a los diputados autonómicos y trataron de impedirles el acceso al edificio, donde se iban a debatir los primeros presupuestos del Gobierno de Artur Mas, aprobados finalmente gracias al respaldo responsable del PP. El presidente de la *Generalitat* y la del Parlamento autonómico tuvieron que llegar en helicóptero de los *Mossos d'Esquadra*, mientras más de una treintena de diputados necesitó refugiarse en una comisaría y ser trasladada en furgonetas blindadas. Mas conseguiría años después subirse a la ola de todo ese odio antisistema y focalizarlo contra Madrid y el Estado español, cambiando su negativa a un referéndum de independencia, pues decía que dividiría a la sociedad, por una llamada a la autodeterminación y la independencia, envolviéndose en la estelada. El resucitado «Madrid nos roba» se sumaba al hartazgo del «no nos representan».

De igual forma, como si no hubiera suficiente crispación en la vida pública, PSOE y la constelación de Podemos estimulaban protestas ante el Parlamento andaluz durante la más que legítima investidura de Juanma Moreno, en 2019, en el transcurso de las cuales no faltó el lanzamiento de piedras a diputados autonómicos[124]. Por vez primera en la reciente vida democrática española se escenificaba un cuestionamiento de la alternancia, con, lo que es más grave, el concurso activo de uno de los principales partidos de Estado, que había jugado un papel tan importante en la gobernabilidad democrática de la nación y había gobernado en Andalucía durante casi cuarenta años ininterrumpidos.

Quienes han estado los últimos tiempos empeñados en debilitar nuestro sistema constitucional se afanan en horadar, fundamentalmente, la legitimidad de nuestro orden, en general, así como la Monarquía parlamentaria y la unidad del país, en particular, para ir hacia una España «plurinacional», republicana y, si acaso, confederal. El objetivo está claro: desmantelar España tal como la conocemos, la idea misma de España. Tras los fracasados envites

124 *El Español*, 15/1/2019, "PSOE y Podemos alientan protestas ante el Parlamento andaluz durante la investidura". *ABC*, 15/1/2019, "El PSOE se echa «a las barricadas» contra la investidura de Moreno".

de noviembre de 2014 y octubre de 2017, se han persuadido de que podrán conseguir el mismo fin sencillamente minando dicho orden constitucional desde dentro, sin necesidad de que se cumplan los mecanismos legales para reformarlo. Máxime cuando encontraron a un presidente del Gobierno que ha venido demostrando que no hay cesión imposible.

Ya meses antes de las elecciones municipales, autonómicas y generales de 2023, pudimos coincidir en Cataluña con un dirigente del Partido Nacionalista Vasco y el mensaje que él transmitía a los catalanes era claro: ya no se trata de sacar a Cataluña o el País Vasco de España, sino de sacar a España de Euskadi y Cataluña. ¿Qué quiere decir esto? Reconocimiento jurídico de las nacionalidades vasca y catalana, asegurarse de que las leyes que salgan de los parlamentos autonómicos no dejen el menor margen a la legislación nacional, forzar la cesión o delegación de todas las competencias estatales, incluidas las declaradas exclusivas del Estado; sustituir la jurisdicción del Tribunal Constitucional, cuando haya conflicto, por un procedimiento arbitral, que es el que se utiliza entre estados soberanos en derecho internacional; creación de un Consejo del Poder Judicial propio; culminación de los procedimientos judiciales en el Tribunal Superior de Justicia de Cataluña; un modelo similar al cupo económico para limitar las transferencias a otras comunidades autónomas y, finalmente, el establecimiento de una Agencia Tributaria propia. Sus pactos con el PSOE para votar a favor de la investidura de Pedro Sánchez como presidente, en noviembre de 2023, no hacen sino ahondar en esos objetivos. Dichos acuerdos añaden aplicar los mismos criterios a la Comunidad Foral de Navarra, donde el PNV tiene una franquicia propia, Geroa Bai, que no persigue sino un objetivo común con EH Bildu de integrar Navarra en el País Vasco, en este caso aprovechando la ventana abierta en la Constitución en su día.

DINAMITAR LOS CIMIENTOS DEL 78

Como culmen de la confluencia de esas intenciones demoledoras hay que citar el manifiesto conjunto de los grupos parlamentarios independentistas Esquerra Republicana de Cataluña, EH Bildu, Junts per Cat (JxCat), PDECat, CUP y Bloque Nacionalista Galego, con motivo de la conmemoración en el Congreso de los Diputados del 40º aniversario del fracaso del golpe de estado del 23 de febrero, en 2021.

Mientras los socios parlamentarios del Gobierno de Sánchez mostraban su falta de lealtad boicoteando los actos institucionales de conmemoración, el entonces vicepresidente del Gobierno, Pablo Iglesias, acababa de comentar que la de España no era una democracia plena[125], lo que provocó que doscientas personalidades de la política y la cultura firmaran el manifiesto *Cesar la infamia: Pablo Iglesias debe ser destituido,* en el que solicitaban su cese por socavar la imagen de nuestro país justo en el momento en que el ministro ruso Serguéi Lavrov ponía en duda oportunistamente las credenciales democráticas de España sintonizando con los independentistas catalanes. El manifiesto denunciaba la demagogia y el frentismo desplegados por Iglesias y destacaba que «la democracia española no se puede permitir la presencia de un pirómano en el Consejo de ministros»[126].

Más que celebrar el fracaso de la intentona del 23F, los parlamentarios independentistas repudiaban el sistema que pretendieron conculcar aquellos golpistas de la extrema derecha nostálgicos de la dictadura. La declaración se tituló «No tenemos rey. Democracia, libertad y repúblicas» y en ella Junts, Esquerra Republicana, Soberanistes, EH Bildu, la CUP y el BNG, como representantes de toda la sociedad catalana, vasca y gallega proclaman que el rey no les representa, ni le consideran un interlocutor válido porque la monarquía no responde a los valores republicanos de libertad, igualdad y democracia. Para las que se autodefinían en dicho escrito como «las fuerzas independentistas, soberanistas y republicanas», el triunfo de la democracia el 23F no era motivo de celebración, al considerar que, lejos de ser un

125 *El País*, 8/2/2021, "Pablo Iglesias: «No hay una situación de plena normalidad política y democrática en España»". *El País*, 11/2/2021, "Iglesias insiste en las críticas: «Es obvio que en España no hay plena normalidad democrática»".

126 El manifiesto fue hecho público el 11/2/2021.

golpe de Estado fallido, fue toda una «operación de Estado» para reforzar o «salvar el régimen del 78», «la mal llamada transición democrática». Delirante.

A su juicio, el «régimen del 78» siempre ha sido un «candado» —nótese la similitud con el vocabulario empleado por Podemos— para el avance democrático, al tener al Rey y al Ejército como «garantes» y «pilares antidemocráticos de donde nace la represión, la desigualdad, la injusticia, la corrupción» o el «recorte de libertades» que estimaban con plena vigencia[127], pese a la circunstancia de que el Gobierno de la nación estuviera ya en manos, precisamente, de sus socios PSOE y Unidas Podemos.

Señalaban que, en España, nunca «existirá normalidad democrática» ni democracia plena «mientras el Estado español siga sustentando en los mismos estamentos políticos, judiciales, policiales y monárquicos que hace cuarenta años; mientras no se reconozca el derecho a la autodeterminación y continúe habiendo presos políticos, exiliados y represión». Todo ello fue dicho en sede parlamentaria y, a pesar de que fuesen flagrantes mentiras, gracias a los derechos fundamentales que consagra y protege, precisamente, la Constitución de 1978.

Podemos, por cierto, pese al exabrupto del entonces vicepresidente del Gobierno, participó discretamente en el acto del 23 F celebrado en el Congreso, en el que estuvo presente el Rey Felipe. No obstante, esa fuerza izquierdista y su sucesora Sumar nunca han negado su sintonía, también en este punto, con «las fuerzas independentistas, soberanistas y republicanas» que trataron de boicotear aquella conmemoración, al igual que en los sucesivos actos protocolarios que han ameritado la presencia del Rey, incluida la jura de la Constitución de la princesa de Asturias en su mayoría de edad, en 2023.

Iglesias, hoy reconvertido en presentador de un canal de televisión e internet fuertemente ideologizado, ha considerado que «el golpe contaba con el consenso de la casta política y de los poderes económicos españoles. La entrada de un ultra como Tejero al

127 *La Voz de Galicia*, 23/2/2021, "ERC, Bildu, Junts, PDECat, BNG y CUP consideran el «régimen del 78» un «candado» para el avance democrático".

Congreso era solo la superficie de un proyecto mucho más complejo». Llega a afirmar que «quizá fracasó en su forma (no es prudente encargar el secuestro del Congreso a un ultra), pero no en sus objetivos. La monarquía salió reforzada, se frenó el desarrollo del Estado autonómico, el PCE casi desapareció electoralmente y el PSOE llegó al poder con más miedo en el cuerpo que voluntad de cambio»[128].

El objetivo común era y es, obviamente, deslegitimar un «régimen corrupto», *dictatorial* y moribundo, para tumbarlo *legítimamente* en nombre del «pueblo».

Tan decisivo y rentable se demostró el apoyo de estos partidos carcoma a la hora de apuntalar al primer Gobierno de coalición PSOE-Podemos que nunca han ahorrado escenificaciones de su jactancia por los *trágalas* cada vez más graves, siempre aparentemente insuperables, hasta llegar a la humillación a que el Junts per Catalunya de Puigdemont y la ERC de Gabriel Rufián sometieron a Pedro Sánchez en la víspera de la votación de su investidura de noviembre de 2023, y que dejaron como extremadamente educadas las concesiones arrancadas por PNV y el acuerdo secreto, con capucha, con Bildu.

Pongamos solo dos de los múltiples ejemplos al respecto, antes de la claudicación absoluta tras las elecciones del 23 de julio de 2023. Por un lado, el de Arnaldo Otegi, exconvicto etarra, orgullosamente condenado por pertenencia a la banda terrorista, involucrado en varios secuestros, como el de Javier Rupérez y Luis Abaitua (primo hermano de uno de los autores de este libro, Fernando Eguidazu), así como el intento de rapto de Gabriel Cisneros (uno de los *padres* de la Constitución, que recibió un tiro, incluso). En una entrevista concedida a *Europa Press,* el líder de EH Bildu y Sortu presumía, al tiempo que advertía, del peso de sus cinco diputados de entonces en el Congreso de la nación junto a los demás representantes separatistas: «Se da la gran paradoja de que no hay Gobierno de progreso en el Estado español si los que nos queremos marchar, y además somos de izquierdas, no

128 IGLESIAS TURRIÓN, Pablo, *Disputar la democracia. Política para tiempos de crisis,* Akal, 2015.

sostenemos esa oportunidad. Esa es la gran paradoja. Sin vascos independentistas de izquierdas y catalanes independentistas de izquierdas no hay Gobierno PSOE-Podemos en el Estado y eso nos ofrece la posibilidad de negociar cosas».

Frente a las críticas de la oposición al Gobierno por ceder al chantaje de EH Bildu, Otegi declaraba con cinismo que no se hacía sino «cumplir la ley» y nos tildaba a quienes denunciamos esos y otros cambalaches de estar «instalados en un marco de debate político que solo interesa a la extrema derecha». A su juicio, sus críticos «tratan de buscar una estrategia de grandes titulares que tensione a la gente, que persigue un clima emocional, y hacer pensar con las tripas y no con la cabeza». De paso, en esas mismas declaraciones, el independentista no ocultaba su objetivo de lograr «algún día», cuando exista «madurez política suficiente», negociar «un programa de mínimos para defender conjuntamente los intereses de los ciudadanos navarros en el Congreso». Otegi también se había felicitado por la eliminación del delito de sedición del Código Penal, por ser «anacrónico»[129].

Hasta ese punto le había dado alas Pedro Sánchez, por más que luego, en vísperas de las elecciones de julio de 2023, negase tal vínculo y provocase una reacción airada del antiguo terrorista: «¿Dejamos de tomar a la gente por boba? Si llevamos cuatro años juntos». Al reproche se sumó también otro socio, ERC: «El PSOE se ha visto obligado a negociar, semana a semana, con el independentismo vasco y catalán», recordaba Gabriel Rufián[130].

Un mes antes, en octubre de 2021, el líder *abertzale* presumía del canje de presos etarras por presupuestos: «Nosotros tenemos a doscientos [presos] dentro, ¿eh? Y esos doscientos tienen que salir de la cárcel. Y si para eso hay que votar los Presupuestos, pues los votaremos. Así de alto y de claro os lo decimos». Propiciar el traslado de todos los presos terroristas al País Vasco y transferir las políticas penitenciarias al Gobierno autonómico para gestionar su

129 *Europa Press*, 24/11/2022, "Otegui dice que los PGE constatan que «no hay gobierno de PSOE y UP» sin el sostén de quienes quieren marcharse de España".
130 *El Confidencial*, 10/7/2023, "ERC y Bildu se jactan de su influencia sobre Sánchez: «Ha negociado con nosotros semana a semana»".

excarcelación se sumó a otros hitos, como expulsar a la Guardia Civil de Navarra, impulsar la Ley de la Vivienda, u obtener la alcaldía de Pamplona y la presidencia de la Mancomunidad de Pamplona a cambio de apoyar al PSOE en el Gobierno foral, en lo que era el inicio de una *hermosa* amistad.

En otras ocasiones, Bildu ha sido aún más explícito con sus intenciones: «Vamos a Madrid a tumbar definitivamente el régimen», proclamaba el parlamentario autonómico por Bildu y presidente de Sortu Arkaitz Rodríguez en el Parlamento vasco[131].

Precisamente, uno de los otros conformantes de dicho «bloque de izquierda plurinacional», Esquerra Republicana de Cataluña, a quien la entonces vicepresidenta Carmen Calvo piropeó cuando pretendía su apoyo, considerándola parte de «la izquierda histórica», se vanagloriaba de los logros de la «mesa de diálogo con el Gobierno» pactada por Esquerra, que «hace tambalearse los fundamentos más sólidos del régimen del 78».

La diputada nacional Marta Vilalta denunciaba los recursos ante el Tribunal Constitucional de la oposición por la reforma del Código Penal como un intento de «cambiar las mayorías parlamentarias» a través de una «injerencia del sistema judicial». A su juicio, «lo que estamos viendo pone en evidencia el secuestro de la política por parte del sistema judicial». Dicho «secuestro» venía a ser el resultado, según Vilalta, de «toda la estrategia de confrontación democrática de la mesa de negociación impulsada por ERC». Para impedir que la justicia echase por tierra, por ilegales, las concesiones arrancadas al Gobierno por sus apoyos parlamentarios, la representante de ERC abogaba por la «evidente necesidad de reformar el Estado para superar esta situación de secuestro a los parlamentos», pues, desde su opinión, «lo que estamos viendo es el ejemplo de cómo la derecha y la extrema derecha quieren ganar a través de la justicia lo que no pueden ganar por las urnas y la democracia». Comparaba, en ese sentido, los legítimos

131 *ABC*, 12/11/2020, "Arkaitz Rodríguez (Bildu): «Vamos a Madrid a tumbar definitivamente el régimen»". *El Mundo*, 12/11/2020, "EH Bildu: «Nosotros vamos a Madrid a tumbar definitivamente el régimen»". *El Diario Vasco*, 12/11/2020, "EH Bildu: «Vamos a Madrid a tumbar el régimen en beneficio de los pueblos»".

recursos judiciales «con lo vivido en el Parlament en 2017 a raíz de la aprobación de las leyes de desconexión y el referéndum de independencia».

La separatista también se felicitaba por los avances de su partido en lo que denominaba la «agenda represiva», al haber logrado la derogación de la sedición y la modificación del delito de malversación. Insistía en la próxima celebración de un nuevo «referéndum de autodeterminación», el «lo volveremos a hacer» del que presumen, ante el contundente argumento de lo mucho que habían avanzado en ese camino con las cesiones logradas del primer Gobierno Sánchez. De manera irrefutable, esta representante de ERC presumía: «Han pasado cosas que parecían imposibles»[132]. Como resumió Alberto Núñez Feijóo, «todo aquello que el Ejecutivo ha dicho que no iba a ocurrir ha ocurrido. Despenalizar el referéndum y la malversación de fondos para realizarlo deja la vía expedita a que se pueda celebrar. Un millón de españoles pueden decidir sobre los 47 millones del país. Es un momento insólito que ni el independentista más ambicioso podía pensar»[133]. Ni siquiera barruntar lo que vendría tras el 23 de julio de 2023.

«EL PUEBLO» FRENTE A «LA CASTA»

Esta maniquea confrontación que hace ERC del Parlamento o el «pueblo» y la legalidad o la justicia, a la que debiera imponerse siempre el «pueblo», la «política» o «las mayorías parlamentarias», es el mínimo común denominador del «bloque de izquierda plurinacional» en España, al igual que de todos los movimientos populistas (de izquierdas y derechas) que buscan transmutar las democracias liberales por *iliberales*. También es común en todos los movimientos *iliberales* la «evidente necesidad de reformar

132 *El Independiente*, 19/12/2022, "ERC se vanagloria de hacer que «se tambaleen» los fundamentos del régimen del 78".

133 *El País*, 14/12/2022, "Illa insiste en una consulta pactada en Cataluña sobre el autogobierno pero no sobre la independencia".

el Estado para superar esta situación de secuestro de los parlamentos» apuntada por la portavoz de ERC. Es decir, que las leyes no se interpongan en su camino.

Son los «falsos líderes del pueblo» contra la democracia, cuyo papel han observado estudiosos del mundo griego, como Moses Finley. Ahí vemos claramente el potencial antidemocrático del populismo de todos los tiempos. El politólogo estadounidense de origen alemán Yascha Mounk[134] entiende que equiparar democracia a «la voluntad del pueblo» pone en riesgo la democracia misma. Los populismos antisistema que nos gastamos olvidan, a sabiendas, por un lado, que el marco jurídico, constitucional, de la democracia liberal, está ahí precisamente para impedir que exista una democracia sin derechos y se caiga en la tiranía de la mayoría.

Según Mounk, «las democracias liberales están llenas de controles y contrapesos pensados para impedir que un partido o facción acumule demasiado poder y para fomentar la conciliación de los intereses de grupos diferentes. Pero, en la imaginación de los populistas, no hay razón alguna para que la voluntad del pueblo esté mediatizada por nada ni por nadie». Añade, sarcástico: «Los populistas son hondamente democráticos: creen mucho más fervientemente que los políticos tradicionales que el *demos* debe mandar. Pero también son acérrimos *iliberales:* a diferencia de los políticos tradicionales, ellos no tienen reparo en proclamar que ninguna institución independiente y ningún derecho individual debería amortiguar la voz del pueblo». Eso incluye los tribunales de justicia y las leyes, que siempre consideran supeditados a «el pueblo».

Lo dijo, de forma insuperable, en 2010, el socialista José Montilla, entonces presidente de la *Generalitat*, que quiso ponerse al frente de quienes rechazaron la sentencia del Constitucional sobre el *Estatut*. «No hay tribunal que pueda juzgar nuestros sentimientos ni nuestra voluntad. Somos una nación», dijo el cordobés, solemnemente, en una declaración institucional, en la que añadió que el «Tribunal Constitucional, como hemos dicho de forma reiterada,

134 Mounk es autor de ensayos como *El pueblo contra la democracia. Por qué nuestra libertad está en peligro y cómo salvarla*, Paidós, 2018.

está lamentablemente desacreditado y moralmente deslegitimado para dictar esta sentencia». Y todo esto lo decía un socialista, no un independentista, que era, además, el representante ordinario del Estado en la Comunidad Autónoma y, por lo tanto, el más obligado a defender la legalidad vigente.

Coincidía con el planteamiento de uno de los promotores del *procés*, Oriol Junqueras, para quien «la democracia de los ciudadanos de Cataluña está por encima de cualquier ley que el Estado español nos quiera imponer»[135].

En este caso, además, «la voz del pueblo» no es sino la voluntad de los elegidos por «el pueblo» la que siempre debe *prevalecer* sobre cualquier ley, control, equilibrio o mecanismo para restringir el poder. De hecho, consideran siempre «ilegítima» la representatividad del contrincante, que no es «pueblo», sino «antipueblo», «casta», «régimen» o «*establishment*» (que no solo se refiere a las élites políticas y económicas en abstracto: se ponen nombre y apellidos a los plutócratas que *abusan* del sudor del pueblo, así como a los medios de comunicación y periodistas concretos que no comulgan con sus planteamientos, insultados como «cloacas» y «corruptos»).

En realidad, no hay nada más antidemocrático que la discriminación entre españoles por motivos identitarios, culturales o lingüísticos. La aceptación de privilegios para unos pone en solfa el mismo concepto de democracia y de nación. Además, atentaría contra la unidad porque, sencillamente, es contraria a los principios de igualdad y justicia recogidos en la Constitución. No solo en el artículo 139.1, el de «Todos los españoles tienen los mismos derechos y obligaciones en cualquier parte del territorio del Estado».

La política es, para los populistas, siempre un enfrentamiento maniqueo entre dos bloques: los buenos (ellos, el «pueblo») y los malos (los de enfrente, la «casta» o «enemigos del pueblo»), que gobiernan o pretenden gobernar de espaldas a la gente, al dictado de los intereses de las élites. Nunca faltan chivos expiatorios, lógicamente. Cualquier disidente será rápidamente tachado de

135 Entrevista en el programa *Els matins*, de TV3.

«enemigo del pueblo», de «fascista», o de «cayetano» (pijo, el burgués o capitalista de antaño). Los discursos polarizadores, populistas y revolucionarios son así, excluyentes, y riman estupendamente con los supremacismos. Recuerdan al moralista Nicolas Chamfort cuando resumía el espíritu fraternal de los jacobinos de la Revolución francesa con una frase: «Sé mi hermano o te mato».

La defensa de la prevalencia de los políticos sobre las leyes la han esgrimido también desde el mismísimo Gobierno a la hora de criticar diversos fallos judiciales, llegando a insultar a magistrados, llamándoles «fachas».

Como bien resume Manuel Arias Maldonado[136], el populista se arroga «la facultad de determinar en exclusiva quiénes son los integrantes del pueblo verdadero», «sitúa en su centro la figura de un líder carismático que simboliza al conjunto del pueblo», y «sostiene que la voluntad popular —de la que es intérprete en régimen de monopolio— habrá de ser el fundamento único de las decisiones del poder político». Huelga decir que, desde luego, tal régimen no parece una democracia precisamente.

TRUMPIZACIÓN O BERLUSCONIZACIÓN

Umberto Eco se refirió hace años al «populismo mediático» de «utilizar al pueblo», a cuenta de los ribetes de Silvio Berlusconi. Eco recordaba que, en uno de sus tantos líos judiciales, el entonces primer ministro de Italia hizo una afirmación cuando «intentaba deslegitimar a los magistrados. Decía que él, elegido por el pueblo, no permitiría que le juzgara una persona que solo ocupaba el cargo por oposición». Más allá de llamar la atención sobre el hecho de que cualquiera podríamos resistirnos a ser detenidos por la policía o, incluso, a que un cirujano nos operara de cáncer, «porque todas esas personas han sido habilitadas para ejercer su función por medio de una oposición y no por elección popular», el pensador afirmaba que «existen ciudadanos que tienen ideas

136 ARIAS MALDONADO, Manuel, "Diez tesis sobre el populismo", en *Revista de Libros*, 4/5/2022.

diferentes, y el régimen democrático (que no es el mejor, pero, como suele decirse, es el menos malo) consiste en establecer que gobierna el que obtiene el consenso de la mayoría de los ciudadanos. No el pueblo, sino de una mayoría [...] Los elegidos representan proporcionalmente a los ciudadanos en el Parlamento. Pero el país no es solo el Parlamento. Existe una infinidad de "cuerpos intermedios", que van desde los poderes industriales al ejército, de los colegios profesionales a la prensa, etc.»

«Apelar al pueblo —continúa Eco— significa construir una ficción: teniendo en cuenta que el pueblo como tal no existe, el populista es aquel que se crea una imagen virtual de la voluntad popular. Mussolini lo hacía reuniendo a cien o doscientas mil personas en la Piazza Venezia que lo aclamaban y que, en su condición de actores, desempeñaban el papel de pueblo. [...] el populista identifica sus proyectos con la voluntad del pueblo y luego, si tiene éxito (y muchas veces tiene éxito), transforma en ese pueblo que ha inventado a una buena parte de los ciudadanos, fascinados por una imagen virtual con la que acaban identificándose. Estos son los riesgos del populismo, que hemos reconocido y temido cuando se manifestaba en otros países, pero que curiosamente no reconocemos bien cuando comienza a imponerse en nuestra casa»[137].

Eco, por cierto, también apunta una técnica muy del Berlusconi de aquel tiempo que es fácilmente detectable en nuestro país en la actualidad: el fomento de la polarización desde el poder y, a la vez, darle la vuelta a la situación para hacerse la víctima. También para marcar la agenda: «Para crear provocaciones en cadena, no has de hablar solo tú, sino que debes dejar entera libertad a tus colaboradores más insensatos. No hace falta pasarles consignas; si los has elegido bien, actuarán por su cuenta, entre otras cosas para imitar al jefe, y cuanto más insensatas sean las provocaciones, mejor. [...] el adversario no puede dejar de reaccionar, porque si no lo hiciera perdería incluso su identidad y su función de opositor. La técnica consiste en lanzar la provocación, desmentirla al día siguiente ("Me habéis interpretado mal") y lanzar otra de inmediato, de

137 ECO, Umberto, *A paso de cangrejo*, Debate, 2007.

manera que vayan contra esta la nueva reacción de la oposición y el renovado interés de la opinión pública, y todos olviden que la provocación anterior había sido simplemente *flatus vocis*».

Con esta técnica se logrará alcanzar dos objetivos esenciales. El primero es que, por más fuerte que haya sido la provocación, siempre es un globo sonda o *ballon d'essai.* «Si la opinión pública no reacciona con suficiente energía, esto significa que se puede recorrer incluso el camino más ultrajante, si se hace con la debida calma. Por ese motivo la oposición se ve obligada a reaccionar, aunque sabe que se trata de pura y simple provocación, porque si callase dejaría paso libre a otros intentos». El segundo objetivo que se cumple es el que Eco define «como el "efecto bomba" o cortina de humo, para desviar la atención de lo realmente importante».

El PSOE se ha demostrado muy hábil en estas técnicas que hoy calificaríamos de *trumpistas*, pero que son, como vemos, el abecé del populismo de toda la vida. Enfangado en descafeinar o deshuesar nuestra democracia, ha osado, incluso, acusar de ultraderechistas y «golpistas» a quienes llamaban a una movilización para defender la democracia cuando se normalizaba la posibilidad de diseñar una ley de amnistía para golpistas con la que lograr el apoyo de los secesionistas a su investidura. Hasta condenados como Oriol Junqueras se sumaron al atrevimiento y llamaron «golpistas» a quienes llamaban a defender la Constitución[138].

LOS NUEVOS ANTI-*CASTISTAS*

La del líder del PSOE no ha sido una colaboración pasiva, sino muy activa: ha llegado al punto de ponerse al frente de la carcoma del sistema como manera de garantizar su supervivencia política. Mucho antes de las cruciales elecciones de julio del 23.

---

138 *ABC,* 12/9/2023, "El Gobierno llama «golpista» a Aznar por instar a movilizarse". *El Correo,* 13/9/2023, "Junqueras también llama golpista a Aznar". *El Periódico,* 13/9/2023, "Oriol Junqueras acusa a Aznar de promover «un nuevo golpe de Estado» y lo compara con Primo de Rivera. *ABC,* 13/9/2023, "Yolanda Díaz también acusa al PP de llamar a la «rebelión nacional» y querer «desestabilizar»".

La trayectoria política de Sánchez viene a ratificar su gran capacidad para vender mensajes que nada tienen que ver con la realidad de sus actos. Tras su defenestración como secretario general del PSOE, volvió al cargo tras imponerse en unas primarias con una campaña centrada en atacar al *establishment* o casta, pero de su partido. Cuando tuvo problemas internos, vendió su dimisión como la confabulación de las élites de su partido y «cierta élite económica» con «aversión al cambio»[139]. Igualmente, enrostraba a *la vieja guardia* no haber «entendido los cambios en la manera de hacer política en España» ni «la envergadura del cambio político en el que estamos»[140]. Pero esto lo veremos con mayor detenimiento más adelante.

Si un Pablo Iglesias fundó, en 1888, el PSOE, otro Pablo Iglesias, el creador de Podemos, tuvo mucho que ver en aquel cambio de discurso del PSOE. Pablo Manuel Iglesias Turrión llegó a considerarse plagiado por el presidente. Y no se refería a nada que tuviera que ver con la polémica tesis doctoral de Sánchez, caso suficientemente aireado. El líder de Unidas Podemos se refería a que el PSOE de Pedro Sánchez «copiaba muchos elementos de nuestro lenguaje e incluso replicaba la estética de sus dirigentes limitando corbatas y remangando camisas», desde el primer momento. A su juicio, «Podemos ha sido la mejor expresión de la crisis de identidad del PSOE (no por casualidad llevan un año tratando de disfrazarse de nosotros)»[141]. Efectivamente, Sánchez se afanó en evitar la pérdida de votos de la izquierda imitando el discurso y formas de Podemos, radicalizándose. Ese objetivo, junto a la conformación de un proyecto personalista, ha llevado a un PSOE casi irreconocible. Para Juan Carlos Monedero, el Partido Socialista «se salvó porque el PSOE castigó a Sánchez y Sánchez imitó los modos de Podemos, y eso le permitió sobrevivir»[142].

---

139 *El Periódico*, 19/5/2017, "Pedro Sánchez: «El PSOE gobernará pronto, con una moción de censura o con elecciones»".

140 *Huffington Post*, 17/5/2017, "Pedro Sánchez: «González, Zapatero y Rubalcaba no han entendido la envergadura del cambio en el que estamos»".

141 IGLESIAS TURRIÓN, Pablo, *Una nueva Transición. Materiales del año del cambio*, Akal, Madrid, 2015.

142 *El Mundo*, 14/1/2024, "Juan Carlos Monedero: «Podemos está encastillado y a veces se ha vuelto paranoico»".

El líder socialista no solo asimiló buena parte del discurso antisistema de sus socios y apoyos, sino que, a la vez, no hacía sino dar un paso adelante en una senda marcada ya por el anterior presidente socialista, José Luis Rodríguez Zapatero.

No olvidemos que el ascenso de Pedro Sánchez en el partido se inicia de la mano del entonces secretario de organización José Blanco, con la llegada de Rodríguez Zapatero a la secretaría general. Una vez conseguido el liderazgo del PSOE, Sánchez ahondará la metamorfosis iniciada por Zapatero de un partido socialdemócrata clásico en uno radical a la italiana, dirigido a los colectivos marginados para ampliar su base social: feminismo, movimiento LGTBI+, religiones minoritarias, nacionalismos periféricos y, en general, cualquier movimiento que subsumiera el «yo» dentro de un «nosotros». Lo mencionaremos de nuevo en el capítulo 5.

El exprimer ministro de Francia por el Partido Socialista Manuel Valls resume el cambio experimentado por la socialdemocracia europea a partir de entonces: «Ha habido otro proyecto que es una izquierda que piensa que tiene que unir a todas las minorías o que piensa que puede sustituir al proletariado, a la masa de los obreros que ya no existe de la forma tradicional, por otro proletariado, otros damnificados de la tierra, otros humillados; que son la suma de la inmigración de los musulmanes en el mundo y de las minorías. Ves el mundo entre opresores y víctimas. Los opresores son los capitalistas, los hombres blancos occidentales, judíos, a veces, frente a esa masa que de una forma u otra tiene razón, a pesar de los errores. Claro, y eso llega a que esta izquierda acepta alianzas con los que van en contra de principios constitucionales liberales universales»

Valls incluye las peligrosas alianzas «con los nacionalistas catalanes o vascos [...] pues también se están cargando esos principios universales que unen a un Estado-nación como España, que es uno de los más antiguos de Europa, con Inglaterra y con Francia»[143].

Algo que ejemplifica este cambio es el objetivo trazado históricamente por la izquierda de la igualdad. Antes, se ambicionaba la igualdad de todos los ciudadanos y se apelaba a eliminar privilegios de cuna y dar paso a la meritocracia. Ahora, al mencionar «igualdad», esta izquierda se refiere exclusivamente a las políticas de género, a la igualdad entre hombres y mujeres.

Con respecto a los derroteros que ha tomado el Partido Socialista Obrero Español, el veterano socialista Alfonso Guerra considera que «en política cuando te cuelgas de la voluntad de otros terminas haciendo cosas que jamás hubieras aceptado hacer, cosas que moralmente te repugnaban, pero que bajo el yugo de la dependencia política vas, poco a poco, aceptando como un mal necesario, por lo que cada día te parece menos grave, es un proceso degenerante del que no es fácil tomar conciencia». Así, estima que «el cambio más profundo se ha producido en el PSOE, que ha renunciado al socialismo liberal en el que se había apoyado durante toda su historia para apoyarse sobre una mezcla de radicalismo y oportunismo populista. La reiterada acción de privilegiar a los que pretenden, lo confiesan, destruir la democracia es imposible de entender».

Para quien fuera vicepresidente del Gobierno y vicesecretario general del partido, «la mezcolanza de socialismo con el terror, la secesión y el populismo radical apunta a que el socialismo ha dejado de responder a sus pautas históricas. Baste recordar las palabras de uno de los "estrategas": "Vamos a Madrid a destruir el régimen del 78". El régimen que, en gran medida, es obra del PSOE. Los aliados del gobierno socialista intentan cada día cavar una fosa para las instituciones básicas, principales, del Estado de Derecho: la Constitución, la Jefatura del Estado y el Tribunal Constitucional»[144].

143 *The Objective,* 26/11/2023, "Manuel Valls: «La socialdemocracia no ha sabido renovarse»".

144 GUERRA GONZÁLEZ, Alfonso, *La España en la que creo. En defensa de la Constitución,* La Esfera de los Libros, 2023. Páginas 15 a 17.

Otra persona que conoce bien el PSOE, el analista Ignacio Varela, que ha asesorado a todos sus secretarios generales de la democracia, excepto a Sánchez, resume esa transformación con un símil muy gráfico: «Lo que ha hecho Pedro Sánchez con el Partido Socialista es una operación de taxidermia política: ha cogido al animal, lo ha abierto, lo ha vaciado, lo ha llenado de papel de periódico y lo ha cosido. Parece el mismo animal, pero no lo es. Ha alterado su sustancia».

Para Varela, lo más preocupante era que lo conjugó con «un estilo de Gobierno que, primero, subordina cualquier criterio a un proyecto de poder personal y, segundo, muestra un desprecio absoluto de los fundamentos institucionales de un Estado de Derecho. Es la ruptura de los códigos sobre los que se sustenta el funcionamiento de un Estado de Derecho. [...] el secreto de lo que llaman sus "éxitos electorales", es que él no se detiene donde cualquier otra persona se detendría. Para muchos es un gran mérito, para mí es un peligro existencial para el tipo de Estado democrático y de derecho en el que yo creo. Supone el deterioro sistemático al servicio de un proyecto de poder personal»[145].

En la misma línea que sus socios que han permitido la supervivencia de lo que Pérez Rubalcaba denominó *Gobierno Frankenstein*, Pedro Sánchez llegó a defender la necesidad de una reforma de la Constitución de España «para culminar su estructura federal y reconocer mejor en su articulado el carácter plurinacional». Así lo proclamó, por ejemplo, en el cierre del 39º Congreso Federal del PSOE[146], en 2017. Ese mismo año, poco antes, en un debate por las primarias por las que compitieron por la secretaría general del partido, Patxi López se burlaba de Sánchez con el antológico «Vamos a ver, Pedro, ¿sabes lo que es una nación?».

145 *The Objective*, 24/4/2022, "Ignacio Varela: «Dudo que el PSOE pueda recuperarse después de pasar por las manos de Pedro Sánchez»".

146 *Europa Press*, 18/6/2017, "Sánchez defiende España como nación de naciones y recoger la identidad nacional catalana en la Constitución".

Por otra parte, Rodríguez Zapatero ya apostó por tensionar la sociedad española, en busca de rédito electoral. Lo comentamos con más detalle en *España en su laberinto* (Almuzara, 2022). Fue tras la dura travesía por el desierto que había supuesto para los socialistas que el Partido Popular de José María Aznar, que había ganado las elecciones de 1996, revalidase el triunfo en 2000, y esta vez por mayoría absoluta. Con ello, lo que para muchos socialistas parecía un revés accidental, algo normal e inevitable tras trece años de gobierno del PSOE, un simple tropezón tras el que de nuevo volverían al poder, parecía convertirse en algo más duradero, de tal forma que solo se avizorase una gran extensión desolada por delante, casi sin fin.

En ese clima de zozobra, en algunos ámbitos del PSOE llegaron a dos conclusiones: primera, que no es necesario ganar las elecciones para gobernar. Basta con poder fraguar alianzas parlamentarias suficientes. Y para lograr con ellas la mayoría absoluta en el Congreso basta con estar dispuestos a pactar con quien haga falta. Si por razones políticas o éticas hay líneas rojas, si hay partidos o grupos con los que jamás se pactará, es posible entonces que no sea posible armar mayorías parlamentarias suficientes. Pero si tales líneas rojas no existen, si se está dispuesto a pactar con cualquiera y a cualquier precio, entonces la conformación de una mayoría suficiente es mucho más factible. Ello dejaría a la derecha, al Partido Popular, sin más opción real de gobernar que la de obtener una mayoría absoluta en las elecciones, cosa nada fácil.

La segunda conclusión fue que, para alejar al Partido Popular de las urnas, para socavar sus expectativas electorales, era preciso descalificarlo, negar su legitimidad moral para gobernar. Y para ello era preciso cuestionar la Transición, bien directamente o que otros hicieran ese trabajo sucio. Evidentemente, si la Transición, o más exactamente, la Constitución de 1978, es la base de la legitimidad no solo legal sino moral de los partidos, al PP no es posible negársela. Tan legítimo, tan moralmente válido para gobernar, es el PP como el PSOE. De forma que la descalificación moral del PP, o de «las derechas» (se dice siempre así, en plural), exige inevitablemente cuestionar la Transición y buscar otra fuente de validación. Y esta fuente no puede ser otra que la Segunda República: un régimen «luminoso» (Pedro Sánchez *dixit*), una Arcadia feliz de libertad, democracia, justicia social y progreso, «sin» tacha alguna, a la que puso final un golpe militar fascista apoyado por la oligarquía. La Transición no habría sido, en cambio, sino un producto del franquismo, un giro lampedusiano concebido por este para salvarse a sí mismo, para mutar en un postfranquismo ante el que la izquierda habría claudicado por debilidad o imposición. Puestas así las cosas, trasladada la fuente de legitimidad a la Segunda República, el PSOE (la izquierda) sería el heredero de la democracia republicana, mientras que el PP (las derechas) sería el heredero del franquismo, carente, por tanto, de credenciales morales para gobernar.

Como la sutileza no es el fuerte del sanchismo —y por si alguien no hubiera captado el mensaje—, el 26 de abril de 2023, en el acto conmemorativo del 86º aniversario del bombardeo de Guernica durante la guerra civil, el ministro de la Presidencia Félix Bolaños hizo acto de presencia. «Como ministro del Gobierno de España es un honor estar aquí representando también al Gobierno legítimo que en aquel momento fue atacado por el bombardeo indiscriminado de los nazis, de los fascistas», proclamó en un discurso[147]. En suma, el PSOE y, por ende, el Gobierno sanchista, es el heredero de la legitimidad democrática republicana (no llegó a decir que el PP era el heredero de quienes bombardearon Guernica, pero, a buen entendedor…)

Parece un planteamiento un tanto burdo, que choca frontalmente con la realidad histórica tanto de la Segunda República como de la Transición, y que, por tanto, no debiera tener demasiado eco en una sociedad con un conocimiento menos maniqueo de la experiencia republicana y con un conocimiento más cabal

147 *La Vanguardia*, 26/4/2023, "Félix Bolaños, en Gernika: «Representamos al Gobierno legítimo atacado por el bombardeo»". *El Correo*, 26/4/2023, "El ministro Bolaños, en Gernika: «El bombardeo fue un ataque contra el Gobierno legítimo de la República»".

de lo que significó la Transición; pero que, en una sociedad más desinformada y con un menor bagaje sobre la Historia de España, podría tener cierto recorrido.

A estas dos convicciones, a estas dos líneas estratégicas, podríamos añadir una tercera: si se consigue achicar las posibilidades electorales del PP en Cataluña y el País Vasco hasta conducirle a la irrelevancia, el PSOE se convertiría entonces en el único partido con proyección y peso electoral en la totalidad del territorio nacional. Un PP sin posibilidades electorales sólidas en ambos territorios tendría difícil lograr una mayoría absoluta en las elecciones, y ahí jugaría el PSOE con la ventaja de su capacidad de formar alianzas con los partidos nacionalistas e independentistas catalanes y vascos.

La realidad es que, a partir de julio de 2002, con la llegada a la secretaría general del PSOE de Zapatero, se pone en marcha esta triple estrategia para conseguir un viejo sueño: una ruptura que le permitiera enlazar con la realidad republicana para perpetuarse en el poder. Para hacer esta segunda transición, no dudó en dinamitar los consensos que habíamos alcanzado en la Transición, abrazándose a los nacionalistas, incluidos los separatistas. Su idea fue que los nacionalistas se perpetuasen en Cataluña, Euskadi y Galicia y que los socialistas se eternizasen en el resto de España mandando a las tinieblas exteriores a un Partido Popular abocado a desaparecer en las nacionalidades históricas. Las cosas le salieron en Cataluña, donde cerró una coalición con Esquerra Republicana e Iniciativa per Catalunya y Els Verts, así como en Galicia, donde Pérez Touriño gobernó con el BNG. No pudo cerrar sus tratos con EH Bildu porque unos terroristas volaron la T4 de Barajas.

Así, Zapatero se afanó en desplegar un lenguaje guerracivilista e idealizar la Segunda República, de la que venía a proclamarse heredero político, con el objetivo de enarbolar poco a poco una bandera de los perdedores de la guerra civil, la dictadura y la Transición, siempre las mismas sufridas víctimas, que luego desplegaría con más brío Podemos: lo que Enzo Traverso denomina «la melancolía de izquierda» y que viene a fundamentar el sentimiento de superioridad moral de la izquierda, sintiéndose la víctima perenne de la historia. Dicha nostalgia «no implica lamentar una utopía perdida, sino más bien repensar un proyecto revolucionario en una era no revolucionaria. Es una melancolía fecunda que, podríamos decir con Judith Butler, entraña el "efecto transformador de la pérdida"»[148]. Traverso añade que «la "melancolía de izquierda" tiene mucho que ver con esa tendencia a manipular la memoria histórica. La historia del socialismo es la de una sucesión de derrotas, de reveses, que, en vez de destruir sus ideas y aspiraciones, sirven para consolidarlas y enorgullecerse».

Precisamente, el fundador de la historia conceptual, Reinhart Koselleck, declaró la superioridad epistemológica de los vencidos en la interpretación del pasado. A corto plazo, se imponía la hagiografía de los vencedores, pero, a la larga, quienes siempre ganarían el relato serían los vencidos. En el conflicto entre el Progreso y la Reacción que dio forma a la historia del siglo XX, Koselleck estimaba que el comunismo había estado en el «lado bueno», como un movimiento radical perteneciente a la tradición de la Ilustración. Sin duda, es una visión «tan binaria» que, para Traverso, «puede parecer bastante simplista —a los ojos de Hobsbawm, el fascismo no podía ser un resultado de la "dialéctica de la Ilustración"—, pero le permitió [a Koselleck] inscribir la trayectoria del comunismo en una visión providencial de la historia. Había sido vencido y era consciente de su derrota, pero su lucha no era inútil ni equivocada». Exactamente, como consideraba Rosa Luxemburgo a las puertas de la derrota espartaquista, «el camino al socialismo —en lo tocante a las luchas revolucionarias— está sembrado de grandes derrotas. ¡Y sin embargo esta historia lleva inexorablemente, paso a paso, a la victoria final! ¿Dónde estaríamos hoy sin todas esas "derrotas" en las que hemos abrevado nuestra experiencia, nuestros conocimientos, la fuerza y el idealismo que nos animan?» Por tanto, «las futuras victorias surgirán de esta 'derrota'»[149], lo que hace superiores a los *vencidos*.

---

148 TRAVERSO, Enzo, *Melancolía de izquierda. Después de las utopías*, Galaxia Gutenberg, Barcelona, 2019, y BUTLER, Judith, "Violencia, duelo, política", en *Vida precaria. El poder del duelo y la violencia*, Paidós, Buenos Aires, 2006, páginas 45 a 78.

149 LUXEMBURGO, Rosa, "El orden reina en Berlín", en *Escritos políticos*, Grijalbo, Barcelona, 1977. Páginas 448 a 454.

Para los fines de esa fabulación sobre el pasado y el aprovechamiento del sentimiento de ser siempre las víctimas de la historia, ninguna estrategia mejor que la de polarizar, dividir a la sociedad española, que desplegó ya ZP, con el objetivo de ganar votos y *fanatizar* a los propios identificando a la izquierda (el PSOE) con la democracia y el progreso, a la vez que a la derecha (el PP) con lo rancio y la dictadura franquista. Solo el primero tenía en realidad legitimidad para gobernar, desde la creencia de una clara superioridad moral. Pero, igualmente, así se evitaba a cualquier otro partido la tentación de entenderse con los *herederos* del franquismo y el fascismo.

Años más tarde, la moción de censura de 2018 permitió a Pedro Sánchez coronar esta estrategia con éxito. Y el resultado fue un Gobierno de coalición del PSOE con Unidas Podemos (un Gobierno socialcomunista, o socialpopulista, si se quiere), con el apoyo parlamentario de partidos nacionalistas e independentistas entre los que se incluyen algunos que protagonizaron actos de sedición contra el orden constitucional y otros que se pueden considerar legatarios del terrorismo etarra.

Sánchez busca su espacio en la convulsión que vivió la política tradicional tras el 15M y no hizo sino incrementar los vínculos con todo un bloque para imponer un lazareto o «cordón sanitario» no solo al Partido Popular, sino a todo aquel ciudadano que no comulgue con él y sus socios. Aquello incluyó a socialistas históricos como Joaquín Leguina, expresidente de la Comunidad de Madrid, o Nicolás Redondo Terreros, expulsados del partido, entre otros muchos. Sintomático fue también el apartamiento del histórico Alfonso Guerra de los fastos de celebración de las primeras elecciones ganadas por el PSOE hace cuarenta años, también por no ocultar sus críticas al sanchismo.

La política de bloques y frentismo alcanzó su cénit (nos atrevemos a decir que cuando usted lea esto ya habrá alcanzado nuevas cotas), en noviembre de 2023, durante las sesiones de investidura de Pedro Sánchez en las Cortes, como ya hemos dicho, erigiendo su «muro» contra el PP y la alternancia, «los profetas del odio, que quieren encerrar a las mujeres en la cocina».

Pese a esas gruesas palabras, en su misma línea de victimización, Sánchez llegó a quejarse de «todo el hostigamiento constante de la oposición más estéril y bronca que ha conocido nuestra democracia», al tiempo de glosar los «logros» de su gobierno, «solo cuestionables desde el partidismo extremo o mala fe». Exhortó: «Digamos no a los reaccionarios cuyo único propósito es la involución y la confrontación». Sin embargo, no dudó en añadir: «Vengo a defender que descartemos la política del insulto, del odio y de la crispación. Que aparquemos el negacionismo climático, el clasismo, el machismo y la xenofobia». Como resumió el cronista Jorge Bustos, «¿Programa de gobierno? La trinchera infinita»[150].

Precisamente, esa es otra tendencia de estos últimos tiempos *iliberales*: usar la trampa de combinar la crispación con una mano y ofrecer con la otra un supuesto «consenso», que no es tal, para aparentar ser «hombre o partido de consenso» (como el «hombre de paz» que es Otegi, según Rodríguez Zapatero) frente a la «cerrazón» del contrario. La perversión del concepto es la misma que aplican los independentistas desde hace tiempo con su concepción del «diálogo» que reclaman y al que se muestran siempre *dispuestos*. En este escenario, el consenso no es nunca el resultado de un acuerdo en el que todas las partes renuncian a algo para llegar a un punto común de entendimiento. Se trata de imponer las ideas propias, un trágala camuflado, y, el que no acepta la imposición, es porque es un intolerante que no quiere llegar a acuerdos, no quiere *dialogar*.

El ahondamiento de la dialéctica de la izquierda heredera de la Segunda República contra la derecha hija del franquismo más atroz tiene su epítome también en la nueva versión de la *Ley de Memoria Histórica* de Zapatero que es la *Ley de Memoria Democrática*. De la sintonía de Sánchez y sus apoyos parlamentarios en el desmantelamiento de la modélica Transición dan fe la coincidencia en este discurso y el hecho de que el Gobierno de Sánchez permitiese que fuera su significado socio EH Bildu, brazo político de los terroristas de ETA, el que impusiese el ámbito temporal de dicha ley, por ejemplo.

---

150 *El Mundo*, 16/11/2023, "La trinchera infinita de Sánchez".

Pese a que el eje de la ley 20/2022 es, supuestamente, «la memoria de las víctimas del golpe de Estado, la Guerra de España y la dictadura franquista, su reconocimiento, reparación y dignificación», presta atención especial al periodo comprendido «entre la entrada en vigor de la Constitución de 1978 y el 31 de diciembre de 1983», en que pudo cometerse «vulneración de derechos humanos a personas por su lucha por la consolidación de la democracia, los derechos fundamentales y los valores democráticos». En el mismo sentido, el estudio apunta «posibles vías de reconocimiento y reparación a las mismas». Es decir, considera que la dictadura y la lucha antifranquista llega hasta 1983, ya iniciado el primer gobierno del PSOE, el de Felipe González.

Como otro paso de demolición de la Transición y su espíritu, esta ley dejaba en aguas de borrajas expresamente la Ley de Amnistía de 1977, una de las bases de la concordia de la Transición, al declarar que «los crímenes de guerra, de lesa humanidad, genocidio y tortura tienen la consideración de imprescriptibles y no amnistiables».

Por dicha ley del 77, por cierto, fueron excarcelados también todos los «presos vascos», incluso los relacionados con asesinatos, al fijarse expresamente la fórmula «cuando en la intencionalidad política se aprecie además un móvil de restablecimiento de las libertades públicas o de reivindicación de autonomías de los pueblos de España» durante la dictadura de Franco.

Pese a la generosidad de la democracia, una semana después de ser liberado el último etarra preso, volvieron a asesinar —concretamente, a un concejal del ayuntamiento de Irún, Julio Martínez Ezquerro—, en una cruel dinámica que se prolongó hasta tiempos recientes. Curiosamente, quienes tanto han atacado aquella amnistía, consensuada unánimemente por todos los actores políticos de la época, defienden desde hace pocos meses la ley de amnistía redactada por y para los golpistas del *procés,* pese al rechazo de fuerzas políticas votadas por la mitad de los españoles, y la certeza de que no responde sino a intereses particulares.

Otro significativo pasaje de la Ley de Memoria Democrática de Sánchez establece que «se consideran víctimas las comunidades, las lenguas y las culturas vasca, catalana y gallega en sus ámbitos territoriales lingüísticos, cuyos hablantes fueron perseguidos por hacer uso de estas».

El espantajo del franquismo ha sido una de las herramientas más recurrentes de Pedro Sánchez en la elaboración de su propio relato. Si en vísperas de las elecciones generales de 2019 consumó el espectáculo de la exhumación del cadáver del dictador del Valle de los Caídos, actuación por la que, según confesión propia, esperaba pasar a la Historia, en la campaña a las municipales y autonómicas de mayo de 2023, el PSOE impartió instrucciones a sus candidatos para insertar en sus programas y mítines el tema de la retirada de vestigios que exaltasen la dictadura franquista o a sus prebostes, además de incidir en la promesa de localizar y exhumar a las víctimas de la guerra civil. El manual de campaña recomendaba azuzar la polémica rastreando en el callejero y las listas de honores y distinciones de la dictadura. Todo ello, pese a la obligación que ya tenían todas las administraciones de cumplir unas medidas establecidas en las leyes de Memoria Histórica y de Memoria Democrática.

Una vez disueltas las Cortes y convocadas las elecciones generales del 23 de julio de 2023, tras el varapalo de las municipales y autonómicas, de nuevo volvía a meterse el Valle de Cuelgamuros en campaña al anunciarse la inminente identificación y exhumación de más de un centenar de los más de treinta y tres mil cadáveres que reposan en la cripta de la basílica, cuya recuperación llevaban solicitando sus familiares desde hacía décadas.

Hablando de memoria histórica, en otro sentido, un ejemplo más reciente de provocación ocurrió cuando se materializó la moción de censura apoyada por el PSOE por la que Bildu se hacía con la alcaldía de Pamplona, el 28 de diciembre de 2023: los simpatizantes radicales de Bildu celebraron la investidura de Joseba Asirón como regidor, con el tristemente célebre «*jo ta ke irabazi arte*» («golpea duro hasta vencer»), con el que coreaban los jóvenes batasunos los atentados de ETA. El mensaje no puede ser más claro: seguimos aquí, lo que hicimos mereció la pena, somos los mismos y, aunque utilizamos distintos medios, el fin es el mismo: la voladura de la Constitución, la imposición intolerante y la liberación de los presos terroristas.

No queremos extendernos mucho más sobre esta crispación que reina en España actualmente y empobrece la política y la convivencia. Añadamos solo que parece mentira que no hayamos aprendido de nuestra historia. Como dijo el escritor y político dominicano Juan Bosch a su vuelta del exilio (en España), «no se puede vivir como la hiena en la jaula dándole vueltas al odio». Esa fue la enseñanza principal de la Transición.

CAPÍTULO 4.
EL COMIENZO DE UNA ERA

Aún no había dado comienzo la primera jornada de las sesiones de investidura de Pedro Sánchez en el Congreso de los Diputados, el 15 de noviembre de 2023, y todos los analistas atinaban a calibrar su trascendencia. Quien sigue siendo gurú de Podemos, el exvicepresidente Pablo Iglesias Turrión, proclamaba, alborozado, pese a la irrelevancia actual de una fuerza política que estuvo a punto del *sorpasso* en la izquierda: «Hoy ha muerto, hoy muere, la Transición»[151]. Poco después, daba un dictamen más elaborado, en sus redes sociales: «Con esta investidura termina definitivamente el sistema político del 78. Entramos en una fase nueva que nada tiene que ver con los consensos de la Transición».

De esa magnitud eran las cotas a las que ha llegado la política española, tras la serie de pactos de Pedro Sánchez con, precisamente, los partidos políticos que siempre han aspirado, y no lo han ocultado, a tumbar lo que despectivamente llaman «el régimen del 78» y la etapa de la Transición, que siempre consideraron una continuación del franquismo impuesta por las oligarquías.

Solo medio año antes de lo que hoy nos parece un salto al vacío de consecuencias inciertas, se tuvo la ilusión de frenar una peligrosa deriva de deterioro institucional (que analizamos

151 Intervención de Pablo Iglesias en un programa de radio de RAC1, 15/11/2023.

adecuadamente en los capítulos 5, 6 y 7). El 28 de mayo de 2023, toda la ciudadanía acudió a votar en unas elecciones municipales y autonómicas que se interpretaban como un plebiscito sobre Pedro Sánchez. Analistas y opinión pública interpretaron los resultados como un claro rechazo a su gestión, especialmente por sus pactos con Bildu y su sumisión a los separatistas catalanes, pero también por la incapacidad de la coalición PSOE-Unidas Podemos para ponerse de acuerdo más allá de fruslerías y abordar los problemas estructurales (paro, productividad y desequilibrio de las cuentas públicas que ahogaban la economía española).

En las elecciones locales —las más representativas al celebrarse en todo el territorio nacional— el Partido Popular ganó 1,8 millones de votos respecto a las elecciones de 2019, mientras el PSOE perdió 406.646. El PP venció en seis de las ocho grandes capitales —Madrid, Sevilla, Valencia, Málaga, Murcia y Zaragoza—. Consiguió mayoría absoluta en Madrid, Murcia y Málaga, sumó más concejales que los partidos de izquierda en Zaragoza, y consiguió formar gobierno con Vox en Valencia y en Sevilla. En cuanto a las doce comunidades autónomas donde se acudió a las urnas El PP formó gobierno en solitario en Madrid, la Rioja y Baleares. Con Vox, en la Comunidad Valenciana, Extremadura, Murcia y Aragón. Junto al PRC, de Miguel Ángel Revilla, en Cantabria. En Canarias, el PP entró en un gobierno liderado por Coalición Canaria. El PSOE perdió seis de las nueve regiones donde venía gobernando (Valencia, Baleares, Aragón, Extremadura, Canarias y La Rioja) y solo pudo conservar las de Castilla-La Mancha, Asturias (en coalición con Convocatoria por Asturias: IU, Más País e Izquierda Asturiana), y en Navarra (con la coalición Geroa Bai, del PNV y Contigo Zurekin/Podemos). El castigo lo sufrieron incluso alcaldes y presidentes autonómicos socialistas bien valorados por sus electores, porque se votó en realidad la política del Gobierno central, a juicio de los analistas.

Las elecciones autonómicas y locales certificaron una cierta vuelta al bipartidismo y la desaparición de las formaciones que vinieron a representar la nueva política, ya que Ciudadanos firmó su certificado de defunción y Podemos entró en un declive irreversible perdiendo gran parte del poder territorial. El destino de sus cinco diputados fue fácil de adivinar: regresar a las barricadas, desde el Grupo Mixto del Congreso, para desde allí denunciar la falta de coraje social del Gobierno y muy especialmente de Yolanda Díaz, enrostrándole ser una especie de «izquierdita cobarde», antes que disolverse en Sumar, un partido patera liderado por Díaz y auspiciado por Pedro Sánchez para alistar a los votantes de izquierdas descontentos con su labor.

Como era de esperar, las elecciones autonómicas se interpretaron como una primera vuelta de las elecciones generales previstas para diciembre. Los comentaristas, nacionales y extranjeros, coincidieron en que el triunfo de los populares no era sino un aperitivo de lo que conseguiría en las elecciones legislativas. Sirva como muestra un artículo de *Público*, diario poco sospechoso de complacencia con la derecha, que, bajo el título "La debacle de la izquierda"[152], auguraba que las elecciones autonómicas y locales inauguraban un nuevo ciclo político que se consolidaría con la elección de los representantes del Congreso de los Diputados y el Senado. Los demás medios de comunicación, sin exclusión, también presagiaban la barrida electoral del centroderecha en las inminentes elecciones legislativas. Unos, con pesar. Otros, con esperanza.

La reacción de Pedro Sánchez al resultado electoral sorprendió a propios y a extraños, en medio de la desolación de los militantes socialistas y con unos dirigentes más preocupados por su futuro laboral que por la suerte de un Pedro Sánchez, al que muchos responsabilizaban de sus desgracias. Al día siguiente de conocerse los resultados, pidió audiencia al Rey y anunció la disolución las Cortes y la celebración de elecciones generales el 23 de julio, cinco meses antes de lo previsto. La práctica totalidad de los encuestadores dieron por sentado que de esas elecciones saldría victorioso el PP. Igualmente, que los populares tendrían más escaños que los socialistas y Sumar juntos. La única duda era saber si Núñez Feijóo podría formar un gobierno en solitario o habría de entenderse de una u otra forma con Vox, la derecha alternativa.

152 Edición del 28 de mayo de 2023.

En contra de lo que apuntábamos en la Introducción de este ensayo, la rana sí estaba reaccionando ante el aumento de la temperatura del caldero. La ciudadanía sí estaba penalizando la política de Pedro Sánchez: los indultos a los golpistas catalanes, la derogación del delito de sedición y la rebaja del de malversación, los pactos con los herederos del terrorismo etarra, escándalos como los de la *ley del sí es sí,* tal vez la grosera invasión de las instituciones, los agravios a un creciente número de colectivos (agricultores, ganaderos, autónomos, policías, varones estigmatizados por el feminismo *podemita*...), incluso el descontento ante las crecientes dificultades económicas de las familias (inflación, encarecimiento de las hipotecas, subidas de los alquileres...)

¿QUIÉN HABLA DE ESPAÑA?

La campaña para las elecciones generales que se celebraron el 23 de julio de 2023 fue extraña. No se discutieron programas políticos o propuestas concretas. Nadie habló de los problemas que España tendría que afrontar en un mundo cambiante. Las elecciones fueron las más polarizadas que España había vivido desde la restauración de la democracia. Esta polarización no fue novedosa. Ya la había anticipado dos años antes el socialista José María Maravall: «La polarización y el partidismo se vuelven extremos en un mundo en blanco y negro, se está a favor y en contra del gobierno, sin atender a que los argumentos sean plausibles»[153].

La noche del 23 de julio, los militantes socialistas congregados en la sede de Ferraz corearon el «¡No pasarán!», el eslogan que se hizo famoso durante la guerra civil. Este recordatorio de nuestra mayor tragedia nacional es ciertamente muy movilizador, pero extraordinariamente peligroso, porque pretende recrear imágenes anacrónicas que nada tienen que ver con la realidad política actual. En todo caso, es sintomático de los frutos que da la estrategia de polarización para *hooliganizar* a los propios y que lo que

153 MARAVALL, José María, *La Democracia y la izquierda*, Galaxia Gutenberg, Barcelona, 2021.

realmente sea decisivo en unas elecciones es ir a muerte para que no gane el equipo contrario.

La campaña electoral se planteó como una lucha a cara de perro entre la izquierda y la derecha, como un intento de excluir al contrario, al que se le negaba la legitimidad para gobernar. La estrategia de Sánchez consistió en identificar a la izquierda con la democracia y a la derecha con el franquismo, para deducir de ello que solo la primera tenía legitimidad para gobernar. Lo que debía haber sido un plebiscito sobre Sánchez se convirtió en un plebiscito sobre Vox. Y hubo españoles que, al parecer, tenían más miedo a ver a Santiago Abascal en la mesa del Consejo de ministros que a Carles Puigdemont en el Palau de Sant Jaume. Abascal, por mor de no sufrir una sangría de votos útiles en dirección al PP, optó por radicalizar su discurso y fajarse más en hacerle «oposición» al PP, echándole en cara supuestas tibiezas y pusilanimidades, cuando no complejos.

Contribuyeron a debilitar las expectativas electorales del centroderecha muchos errores pueriles de la derecha alternativa, que se dedicó a retirar las banderolas LGTBI+; se borraron de las concentraciones contra la violencia de género; negaron el cambio climático o censuraron obras de Virginia Woolf o Lope de Vega y, para rematar la fiesta, anunciaron que, en caso de ganar, pedirían una intervención permanente en Cataluña —una especie de artículo 155— sin límite temporal, así como la ilegalización de cualquier fuerza independentista o nacionalista: toda una invitación a la sociedad catalana que ya había experimentado en carne propia la violencia que siguió al referéndum de autodeterminación del 1 de octubre de 2017, y a la vasca, para que pusiera sus barbas en remojo.

En nuestra inocencia, creíamos que el clima de polarización remitiría una vez cerradas las urnas. No fue así. Para sorpresa de propios y extraños, nuestro presidente escogió su comparecencia ante el Parlamento Europeo, el 13 de diciembre de 2023, en la que debía hacer balance del semestre de la presidencia española del Consejo de la Unión Europea, para exportar al Europarlamento esta visión: «El 23 de julio, los españoles tuvieron que elegir [...] entre una coalición de la derecha con la ultraderecha que aspiraba a derogar [...] los avances sociales, económicos y medioambientales que durante estos últimos años hemos impulsado en España y aplicar de nuevo las recetas neoliberales que tanto dolor crearon durante la crisis financiera. La otra opción era una coalición de fuerzas progresistas que [...] compartían el deseo de seguir avanzando, de seguir consolidando el proyecto europeo, de seguir apostando por la justicia social, por la dignidad laboral, por la tolerancia, por el respeto como norma básica para la convivencia democrática, por sociedades abiertas, por el feminismo, las transiciones verde y digital, y por el fortalecimiento de nuestro proyecto común que es Europa». La España en blanco y negro a la que aludía Maravall.

Como el lector habrá deducido, lo que más nos preocupa en nuestra ya larga trayectoria política es la resurrección de las dos Españas que, en nuestra ingenuidad, habíamos dado por superada con la Transición. Por eso la decisión del presidente de hacer de la confrontación el pilar de su política en los próximos años nos parece una pésima noticia. En la España de hoy se vuelve a hablar de fragmentación de las fuerzas políticas, de inestabilidad institucional, de polarización, de radicalización. Los ingredientes de una pócima letal que envenenó nuestra convivencia durante casi dos siglos.

PP Y VOX: ¿CONVENIENCIA O CONVIVENCIA?

En el ciclo electoral que acabamos de cerrar, ha sido relevante el hecho de que el Partido Popular tuviese necesariamente que aliarse con Vox para desalojarle del Gobierno. Un matrimonio de conveniencia que, como dice Woody Allen, es el que por definición no conviene a ninguna de las dos partes. ¿O sí?

Sin embargo, ¿por qué el fantasma de una coalición entre el PP y Vox no impidió el triunfo de las elecciones autonómicas y locales, pero sí lo hizo en las generales? Porque en las elecciones autonómicas y locales se discute más bien de la gestión de los servicios públicos que de la pugna entre ideologías distintas. En las elecciones generales se juega una idea de país, un modelo de sociedad, un régimen político —democracia liberal vs. democracia iliberal— y un sistema económico. Y aquí las ideologías cuentan. Por eso, la movilización de la izquierda fue mucho más intensa en las elecciones generales que en las autonómicas y locales. Es una movilización que también se explica porque el resultado de las elecciones autonómicas y locales metiese el miedo en el cuerpo a muchos sectores de izquierda que se abstuvieron entonces. En las generales, corrieron a cerrar el paso a las derechas.

Llegamos aquí al dilema que el centroderecha no ha sabido resolver. Todo el mundo era consciente de que ni los socialistas ni los populares iban a poder formar Gobierno sin el concurso de otras formaciones políticas. Pedro Sánchez nunca ocultó que había celebrado esponsales con Yolanda Diaz y que todas las mal llamadas fuerzas progresistas participarían de los resultados electorales. Los populares, por el contrario, se pasaron la campaña dando a entender que una coalición con Vox no era plato de su gusto y que, de ser necesario, se reduciría al mínimo indispensable para derogar el sanchismo y detener una deriva que ponía en riesgo la existencia misma de España y la democracia liberal. Pero nadie supo cómo articularla. Sobre todo, cuando la evidencia empírica demuestra que el electorado español es muy tolerante con las coaliciones que forman los socialistas y muy poco con las que teje el centroderecha.

¿Por qué el elector medio castigó al PP por aliarse con Vox y no al PSOE por aliarse con los comunistas, los separatistas y los bilduetarras? Es una pregunta que merece alguna reflexión, pero lo cierto es que eso es lo que los electores piensan y lo que decide el sentido de su voto. Sea justo o no lo sea. Lo que nos obliga a reflexionar sobre las diferencias ideológicas entre ambos.

Lo primero que hay que decir de Vox es que es un partido constitucional, comprometido con la unidad de España, que siempre ha propugnado que las reformas que propone lo sean por el cauce establecido en la Constitución. Exactamente lo contrario del calidoscopio que es Sumar y el resto de los actuales socios con los que se ha *coalicionado* el partido socialista actual. Vox es un partido distinto al Partido Popular, aunque en sus orígenes surgiese de una escisión, una consecuencia a la reacción ante el desafío secesionista catalán que muchos militantes interpretaron como debilidad, que, con el tiempo, fue cobrando vida propia y aproximándose a las derechas alternativas europeas y americanas que creen que la izquierda *woke* está intentando arrancar las raíces mismas de la civilización occidental.

Al margen de esto, sobre lo que podríamos profundizar, está claro que los extremismos, ya sean de izquierdas o de derechas, jamás nos han llevado a nada bueno.

GEOMETRÍA DEL PODER: UN RESULTADO INESPERADO

El día de las elecciones, como sabemos, las cosas no salieron como las encuestas habían previsto: la participación fue muy superior a la que se esperaba y, aunque el Partido Popular ganó las elecciones, Sánchez consiguió armar una mayoría política que le garantizase continuar en la Moncloa. Algo que ni ellos mismos habían anticipado.

La mayoría de los analistas habían presagiado que la participación electoral sería escasa, porque era la primera vez que se convocaba a los españoles en plena canícula y con muchos de ellos de vacaciones. No fue así. Los españoles acudieron a votar de forma masiva (70,40% versus 66,3% en 2019). Los de derechas lo hicieron para echar a Sánchez. Los de izquierdas, para cerrar el paso a un Gobierno en el que necesariamente tendría que participar Vox.

Los sondeos sí acertaron cuando anunciaron que la movilización de la derecha sería importante, pero se equivocaron cuando sostuvieron que habría muchos socialistas desencantados con Sánchez que no acudirían a votar. Muchos socialistas y muchos indecisos que no habían votado en las regionales y locales lo hicieron para cerrar el paso a Vox. Les asustaba más Abascal que el riesgo de que Sánchez volviera a faltar a su propia palabra, después de insistir en campaña que no iba a permitir que los independistas consiguieran la amnistía y el referéndum de autodeterminación que reclamaban.

Pero vayamos a los números. El PP ganó las elecciones y consiguió cerca de 8,1 millones votos (pasando de un 20,8%, en 2019, al 33% cuatro años después) que se tradujeron en ciento treinta y siete diputados, siendo así que en las elecciones generales anteriores, las de 2019, se había tenido que contentar con ochenta y nueve. Los votantes populares respondieron con un entusiasmo muy parecido al que habían demostrado en las elecciones locales y autonómicas. No pasó lo mismo con Vox, la derecha alternativa, que pasó de cincuenta y dos a treinta y tres diputados, perdiendo más de seiscientos mil votantes, aunque cosechando cerca de 3,03 millones de votos (12,4% vs 15,1%). Muchos de los votos a Vox, especialmente en los distritos que elegían entre dos y cuatro diputados, fueron directamente a la papelera y, en muchos casos, sólo sirvieron para restar escaños a los populares y regalárselos a los socialistas. En cualquier caso, la suma de diputados del centro derecha y la derecha alternativa fue de ciento setenta y dos, contando con un diputado de UPN y otro de Coalición Canaria.

En el otro bloque, irónicamente llamado *bloque del progreso* y que incluye a partidos como el PNV, Bildu o Junts, los socialistas consiguieron 7,7 millones de votos (31,7%), un millón más que en las elecciones de 2019. Ganaron dos diputados adicionales, hasta llegar a los ciento veintidós. Sumar, una especie de coalición patera en la que se integraron una veintena de partidos a la izquierda del PSOE (seis nacionales y catorce regionales), consiguió treinta y un escaños. Podemos, integrado a la fuerza en Sumar, se quedó en cinco curules y marginado por la dirigente de Sumar hasta extremos que no se imaginaban y que provocarían posteriormente su salida de la coalición para integrarse en el Grupo Mixto. La suma de las izquierdas fue de ciento cincuenta y tres (ciento veintidós, PSOE; treinta y uno, Sumar). El éxito del PSOE se debió especialmente a su buen resultado en Cataluña (diecinueve escaños) y el País Vasco (cinco diputados). La diferencia entre los diputados alineados con Sánchez y los que preferían a Núñez Feijóo fue de cuarenta y ocho en Cataluña y Euskadi; una ventaja muy difícil de absorber en el resto de España.

Las fuerzas soberanistas catalanas perdieron representantes en el Congreso. ERC bajó de trece a siete diputados; Junts perdió uno, para quedarse en siete, mientras que las CUP desaparecieron al perder dos escaños. Asimismo, el PNV bajó un diputado, para llegar a cinco, mientras que EH Bildu fue la única fuerza soberanista que aumentó un escaño y se situó en seis. BNG, por su parte, mantuvo el mismo diputado que en la legislatura anterior. Curiosamente, nunca fueron tan decisivos como ahora, aun contando con menos representación. La gobernabilidad de España depende de ellos. Junts, por ejemplo, tiene un 1,60% de los votos de toda España; ERC, el 1,89%; PNV, el 1,12%; Bildu, el 1,36%; y BNG, el 0,62%. En total, las fuerzas nacionalistas catalanas y vascas no suman ni el seis por ciento de los votos de las elecciones generales de 2023 (exactamente, 5,97%). Si se añade al Bloque Nacionalista Galego, alcanzan el 6,59%. Sin embargo, la gobernabilidad y el futuro de un país están a su antojo.

CIMIENTOS PARA EL FUTURO

La noche del 23 de julio, Sánchez apareció como el vencedor moral de las elecciones acentuando su leyenda de resiliente. Tan ganador se sintió que ni siquiera se molestó en telefonear al líder del partido más votado para felicitarle. ¿Qué razones explican la diferencia entre los resultados de las elecciones autonómicas y generales? ¿Por qué los socialistas tuvieron un resultado mucho mejor al que ellos mismos habían anticipado? ¿Por qué el Partido Popular se quedó muy por debajo de lo que sus dirigentes y militantes habían deseado?

Las explicaciones son tantas como comentaristas, pero hay un consenso generalizado en señalar algunas de las razones que explican la resurrección de los socialistas y el relativo derrumbe de los populares.

La primera de esas causas es que las mujeres de entre veinte y cuarenta y cinco años, así como el electorado LGTBIQ+ se refugiaron más en el PSOE, por temor a los pactos del PP con Vox. Las declaraciones de algunos dirigentes de Vox negando la violencia de género, proponiendo restringir los supuestos en que el aborto debe considerarse no delictivo o la negativa a aceptar formas de familia distintas a las tradicionales, junto a la retirada de banderas arcoíris y desafortunadas censuras a obras de arte en municipios, pueden explicar esta reacción. La segunda de las razones que explican el decepcionante resultado de PP fue su debilidad en algunos territorios claves como Cataluña, País Vasco y Navarra, las comunidades en donde más rechazo suscita la extrema derecha, debilidad territorial que no pudieron compensar Madrid, Andalucía, Castilla León y Valencia. El tercer flanco débil del PP fue el voto por correo: los socialistas ganaron a los populares en contra de lo que habían calculado los dirigentes populares. El cuarto eje fue el voto de los pensionistas, a los que el Gobierno del PSOE y Unidas Podemos les subió un 8,5% la prestación, advirtiéndoles, de paso, de que ya podían ir despidiéndose de mantener el poder adquisitivo de las pensiones, si Núñez Feijóo llegaba al Gobierno.

Otra de las claves fue la mayor resistencia del PSOE en las ciudades y, muy especialmente, en los barrios populares y en las periferias urbanas. En síntesis, los pactos territoriales del PP con Vox asustaron al electorado moderado del PSOE, que acabó votando «malo conocido» antes que arriesgarse a que la ultraderecha tuviera un papel en la gobernabilidad del país.

Además de estas cinco razones, hay una última que podría explicar el resultado, a juicio de ciertos expertos: la escasa habilidad del centroderecha en intervenir en radio y televisión, máxime al vender la piel antes de cazar al oso, y en manejar las redes sociales, cosa que hacen bastante bien los populistas y los socialistas.

Los resultados de las elecciones auguran un escenario incierto, de fragmentación, polarización, radicalización e ingobernabilidad en un momento importante para España. Como recogimos en *España en su laberinto*, cuando los españoles apostamos por el entendimiento entre las dos grandes formaciones políticas en las cuestiones de Estado (unidad de España, autonomías regionales, Estado de derecho, economía social de mercado, multilateralismo y europeísmo militante), las cosas salen bien. Cuando nos hemos empeñado en dividirnos, enfrentarnos y romper puentes, las cosas salen mal. Pero una cosa es lo que nos gustaría y otra la que pasará. Lo que va a pasar es que la concertación entre los dos grandes partidos del sistema no es posible mientras la estrategia la marque su capitán actual. Pedro Sánchez solo puede sobrevivir en el conflicto y no tiene ningún interés en sofocarlo sino por el contario avivarlo cuanto pueda.

Somos perfectamente conscientes de que, en este contexto de confrontación cainita y, teniendo que hacer frente a una situación de emergencia como la que España está atravesando, hay que concentrar alrededor del PP a todos los constitucionalistas en número suficiente como para derogar el sanchismo. Si eso ocurre es probable que el socialismo regrese a sus orígenes y vuelva a ser el partido que siempre fue. La otra alternativa es colaborar con Vox. Es obvio que este *entente cordiale* solo tendrá éxito electoral si éste se sitúa en la máxima centralidad política, fuera de extremismos. Eso es lo que dicen los números y narra la historia contemporánea.

En relación con los números, baste recordar que «la auto-ubicación ideológica media del electorado prácticamente no ha cambiado desde 1976 hasta la actualidad, situándose entre un mínimo de 4,5 y un máximo de 5 (en una escala de 0 a 10 puntos, en la que 0 es la extrema izquierda y el 10 la extrema derecha). Cierto es que ha crecido la extrema izquierda desde un 7 por cien hasta un 14,5% y ha crecido, pero mucho menos la extrema derecha [...] hasta un 5,8%. Pero sigue habiendo una gran mayoría, más de dos de cada tres, en el centro. Las tres posiciones centrales eran del 68,9% en 1996, y han pasado a ser el 68,5% en el 2020, prácticamente sin cambios»[154].

La historia también avala la tesis de que fuera del centro no hay salvación. La Unión de Centro Democrático (UCD) ganó las elecciones de 1977 y las de 1979 cuando se presentó como un partido de centro, no heredero de ninguno de los dos bandos de la Guerra Civil, y reacio a aceptar la antigua dicotomía que llevó a España al desastre. Cuando UCD se hunde, toma el relevo Alianza Popular, que pasó de diez escaños, en 1979, a ciento siete, en 1982. Nunca pasó de ahí. Hubo que esperar al Congreso Nacional que se celebró en Madrid, en 1989, para que el nuevo Partido Popular, de centro, fuese capaz de romper la hegemonía socialista.

---

154 ARAGÓN, Manuel, CARRERAS, Francesc de, et al., *España, democracia menguante,* Fundación Colegio Libre de Eméritos, Madrid, 2022. Página 30.

Jaume Asens, diputado de Sumar, coincidía con su otrora compañero Pablo Iglesias en dar por finiquitado el sistema de 1978 con la última investidura del líder socialista: «El PSOE de Pedro Sánchez se ha emancipado del PSOE del bipartidismo, del PSOE de Felipe González. Por tanto, los grandes consensos que definieron la Transición han pasado a mejor vida, para bien y para mal»[155]. Se optaba por romper los consensos de las políticas de Estado y pactar con Bildu, ERC y Junts, precisamente, las fuerzas que llevan conspirando desde el principio de la democracia para destruir el sistema. La propia existencia de España depende desde noviembre de 2023 de unos independentistas que aglutinan solo un 6% de los votos del país y van a propiciar que se cumpla el interés que tenía Sánchez de pasar a la historia: él solo se ha situado en una posición destacada para hacerlo como el sepulturero del régimen de 1978 y de España tal y como la conocíamos.

155 Declaraciones al programa *Más de Uno,* de Onda Cero Radio, el 15 de noviembre de 2023.

CAPÍTULO 5. IDOLATRÍA DEL PODER. LA METAMORFOSIS DE SÁNCHEZ

«Después de lo que ha ocurrido en Cataluña, me gustaría compartir [dos] reflexiones: la primera es sobre un independentismo que, en su apuesta por el caos, continúa erosionando gravemente la convivencia entre catalanes. Dicen defender la democracia, pero continúan en su vía unilateral. Dicen querer construir un frente común entre el conjunto de la sociedad catalana, pero siguen dando la espalda a la mitad de la sociedad que no piensa como ellos [...] Nadie ha hecho tanto daño a las instituciones catalanas como el independentismo. La segunda reflexión tiene que ver con la otra izquierda, que se ha vuelto a equivocar, se ha vuelto a situar del lado del independentismo, cuando no hay ninguna bandera de izquierdas en la causa independentista. La izquierda es un movimiento político integrador, es un movimiento político progresista, modernizador y europeísta, justo lo contrario de lo que representa el independentismo, que es excluyente, que es aislacionista, que es regresivo y que es insolidario».

Somos muchos los ciudadanos que podemos compartir estas aseveraciones, que parecieran atemporales de lo rabiosamente actuales que son. Aunque, a estas alturas, parezca mentira, las hizo el mismísimo Pedro Sánchez, secretario general del PSOE, en un vídeo distribuido por el PSOE a los medios de comunicación, en marzo de 2018, y vienen a recordar que, hasta no hace demasiado tiempo, su partido, históricamente, se oponía al egoísmo de los nacionalismos excluyentes, insolidarios y regresivos.

Eran tiempos en los que Sánchez abogaba por despolitizar la elección de los miembros del Consejo General del Poder Judicial, para que los propios jueces los eligiesen. Antes, propuso prohibir los indultos para políticos, porque «yo siento vergüenza de eso», y apoyó una propuesta parlamentaria de Izquierda Unida para eliminarlos. También prometía reformas para evitar que el Consejo de ministros eligiese a dedo a los dirigentes de entes públicos como Radio Televisión Española, la agencia de noticias EFE, el Centro de Investigaciones Sociológicas (CIS) o Correos, por no hablar de otros organismos estatales.

¿Qué ha ocurrido desde entonces hasta hoy para un giro tan radical, que ha hecho que quien entonces opinaba aquello se haya desmentido con sus acciones y nos haya situado en una crisis institucional y de convivencia sin parangón?

Es un clásico en todos los ensayos históricos debatir si son los hombres singulares los que configuran los acontecimientos y diseñan el futuro o, por el contrario, si son los acontecimientos los que marcan el devenir de los pueblos. En el periodo inmediatamente posterior al final de la Segunda Guerra Mundial, hicieron fortuna las teorías que utilizaron la caracterización psicológica de los dictadores para explicar la tragedia. Los italianos y los alemanes no tenían ninguna responsabilidad en lo que pasó; la tenían Hitler y Mussolini. Como señala Ian Kershaw, tras la guerra, «los alemanes trataron de exorcizar sus culpas expulsando a Hitler de la memoria colectiva. Al fin y al cabo, no fue sino un vulgar agitador austriaco que había importado ideas y valores ajenos a la cultura nacional, como la demagogia, la violencia, el totalitarismo o el racismo. Esa demonización utilizó la caracterización psicológica como argumento fundamental. A inicios de los cincuenta, la primera gran biografía clásica de Hitler, elaborada por Allan Bullock, utilizó como clave explicativa la desbocada voluntad de poder de un individuo oportunista, degenera en tiranía para todo un pueblo».

A mediados del siglo pasado, los historiadores prefieren atribuir la responsabilidad de lo ocurrido a los sectores sociales, políticos y económicos que propiciaron su ascensión. Esta fue la opinión dominante entre los círculos marxistas, especialmente en la República Democrática Alemana. Según Kershaw, «en los setenta, la incorporación en Alemania de las nuevas corrientes de la historia social la llevaron a la reacción inversa: la personalidad de Hitler ya no resultaba atrayente como factor explicativo de la "catástrofe alemana", cuya responsabilidad recaía en los sectores sociales, políticos y económicos que tutelaron su encumbramiento. Se reemplazó la imagen dominante de un demagogo oportunista y sin principios por la de un fanático que ejecutó lógica implacable un programa político precisado de antemano»[156].

En años posteriores, hace fortuna el concepto weberiano del poder carismático como concepto capaz de conciliar y superar ambas tesis. De este modo, se explica el enigma Hitler, «no en sí mismo, sino en el contexto, la naturaleza, mecanismos y prácticas de su poder dictatorial». Y es que, como señaló Karl Marx, en el *18 Brumario de Luis Bonaparte*, «los hombres hacen su propia historia, pero no la hacen por su propia iniciativa ni en las circunstancias elegidas por ellos, sino en las condiciones que se encuentran directamente y que le son dadas y transmitidas»[157]. Ian Kershaw adopta el término de dominación carismática de Max Weber para explicar cómo un candidato tan improbable pudo hacerse con el control de la maquinaria de un Estado moderno y complejo, por qué las clases gobernantes tradicionales, en contra de lo que se esperaba, no recortaron un poder que rompió todo tipo de límites, qué significó su propio papel en la configuración de la política.

No es nuestro propósito insinuar que Sánchez se parece ni remotamente a los autócratas que ensombrecieron el periodo de entreguerras, pero sí queremos subrayar que muchos acontecimientos políticos no pueden interpretarse correctamente prescindiendo de la singular personalidad de los personajes que los protagonizaron. Ese es el caso de Pedro Sánchez, que ganó dos elecciones, la del 28 de abril de 2019 y la del 10 de noviembre de 2019. Perdió tres: la del 20 de diciembre de 2015, la del 26 de junio de 2016 y la

---

156 KERSHAW, Ian, *Hitler, la biografía definitiva*, Penguin Group, 2000. Página 12.
157 Eduardo González Calleja, en el Prólogo de KERSHAW, Ian, *Hitler*, página 13.

del 23 de julio de 2023. En esta ocasión, a diferencias de las anteriores, logró una mayoría parlamentaria que le dio la presidencia. Todo perfectamente constitucional. Más dudas, como veremos en este libro, plantea su acción de gobierno, en donde ha abusado del decreto ley, ha esquivado muchas sesiones de control y, sobre todo, ha *okupado* las instituciones. Pero de eso hablaremos largo y tendido. Lo que ahora importa subrayar es que sin Pedro Sánchez sería muy difícil entender lo que ha pasado e intentar predecir lo que va a pasar en España. Sin él, es imposible entender la deriva del PSOE y la deriva de la Nación.

Como dice nuestro buen amigo Mario Garcés, Pedro Sánchez ha convertido la política en una simbiosis entre «el señor de las moscas» y «los juegos del hambre», un entretenimiento donde la supervivencia está en liza. No es fácil describir su personalidad, porque es un personaje poliédrico y cambiante; un político que podría haber servido como modelo al propio Nicolás Maquiavelo, a quien, por cierto, reivindicó en su última investidura como presidente del Gobierno. Para intentar entenderle, vamos a centrarnos en los quince movimientos que hizo para resucitar una y otra vez, para enterrar a todos sus adversarios internos y externos sin pararse en barras y para alzarse con el santo y la limosna. Los muy cafeteros los conocen muy bien, pero los que no lo son tanto es probable que no los conozcan o los hayan olvidado y por eso nos ha parecido conveniente glosar lo que hizo el autor de *Manual de resistencia* para hacerse con el poder, por más que en otros capítulos abundemos en algunos de esos aspectos. Lo que hizo con él lo iremos viendo a lo largo de este ensayo.

LA RELATIVIDAD COMO DOGMA

Las aventuras y desventuras de Pedro Sánchez entre su consagración como secretario general del PSOE y su nominación como presidente del Gobierno después de las elecciones generales del 10 de noviembre de 2019 podrían glosarse en un *reality show* con un ritornelo agobiante: todo vale con tal de conseguir el poder; no importan los medios, ni el cómo; lo que importa es ganarlo y conservarlo. Una especie de *House of Cards* a la española y sin delitos de sangre.

Primer movimiento. El asalto a Ferraz. Cuando Alfredo Pérez Rubalcaba, tras un pésimo resultado en las elecciones europeas de 2014 abandona la secretaría general, al tiempo que anuncia que su sucesor sería elegido por votación directa de los militantes, se presentan tres candidatos: Eduardo Madina, que parte como favorito, José Antonio Pérez Tapias y Pedro Sánchez, que las gana, el 13 de junio de 2014, contra todo pronóstico, abriendo una nueva etapa en el PSOE, porque se asegura el respaldo de Susana Díaz, la *lideressa* andaluza, a cambio de renunciar a ser candidato a la presidencia del Gobierno en las generales. Sánchez aparece entonces como un dirigente dispuesto a continuar la tradición de los dirigentes históricos del socialismo, los de Suresnes.

Segundo movimiento. Alzarse con el santo y la limosna. El 21 de junio de 2015, en contra de lo acordado con Susana Díaz, Sánchez es proclamado candidato a la presidencia del Gobierno en las elecciones que se celebrarán el 20 de diciembre de 2015. Sánchez arropa sus actos electorales con una gigantesca bandera de España para demostrar su españolidad y su moderación. «Cosas veredes, amigo Sancho». El Partido Popular consigue ciento veintitrés escaños y el PSOE tiene que conformarse con noventa, el peor resultado de su historia. Mariano Rajoy declina la invitación del Rey para formar gobierno y se abre una nueva era: la de la incertidumbre.

Tercer movimiento. El pacto del abrazo. Sánchez decide probar suerte y alcanza un pacto con Ciudadanos —un partido liberal y defensor a ultranza de la unidad de España que obtuvo cuarenta diputados— y se presenta a una investidura, el 4 marzo de 2016. La pierde con ciento treinta y un votos a favor y doscientos diecinueve en contra. Con la perspectiva que da el tiempo, hay que lamentar que ese fuese el resultado, porque un Gobierno de estas características hubiese evitado lo que vino después.

Cuarto movimiento. Coqueteo con los secesionistas. Sánchez no se arredra y se inclina por seducir a los separatistas; el primero de los «cambios de opinión» que luego serían tan frecuentes. Según Santiago Vidal, juez y senador de ERC, se reúne con él mismo, Tardá y Rufián, expresándoles su convencimiento de que Cataluña «es una nación» y de que «la separación de Cataluña de España, si no hay un cambio radical del Estado español, es cuestión de tiempo». Vidal asegura que les ofreció, a cambio de su investidura, impedir que se volviera a aplicar el artículo 155 de la Constitución, negociar un referéndum de autodeterminación, y ordenar a la Fiscalía que archivase «todos los procedimientos contra Artur Mas, Irene Rigau y Juana Ortega» por la celebración del referéndum del 9-N[158]. Sánchez, aunque confirmó dicho encuentro, siempre ha negado las revelaciones.

Quinto movimiento. Las dos caras de Sánchez. Pero una cosa es lo que confiesa a los secesionistas en la intimidad y otra la que dice en público. Sánchez promete que nunca se entenderá con Podemos, temeroso de que los votantes puestos a apostar por una izquierda de verdad, se inclinen por Pablo Iglesias y no por él. Habla de «la extrema izquierda» para referirse a Podemos. Anuncia también que «con Bildu no vamos a pactar, si quiere se lo digo cinco veces o veinte durante la entrevista». Luego, lo reiteró: «No me voy a reunir con Bildu. Con Esquerra y DyL [Democracia y Libertad, partido de Artur Mas previo a Junts] me reuniré para decirles que no comparto su proyecto».

Sexto movimiento. Inestabilidad. En las elecciones generales de 26 de julio de 2016, consigue solo ochenta y cinco diputados (cinco menos que en 2015), frente a ciento treinta y siete del PP (aumentó catorce escaños). Apela a la izquierda, pero también llega hasta a reivindicar «a Suárez para ampliar su oferta política al centro»[159]. Para apoyar su propia investidura, Rajoy cierra un pacto con Ciudadanos (treinta y dos diputados) y pide la abstención del PSOE. Sánchez quiere votar en contra y armar una alternativa contra el partido más votado o nuevas elecciones, pero los dirigentes socialistas no se muestran nada dispuestos a volver a las urnas por tercera vez en un año.

158 *El País,* 27/1/2017, "Vidal dice que Pedro Sánchez prometió a ERC no aplicar nunca el artículo 155 de la Constitución".

159 *El País,* 14/5/2016, "Sánchez reivindica a Suárez para ampliar su oferta política al centro".

Séptimo movimiento. La defenestración. El Comité Federal socialista se reúne para dirimir la cuestión, el 1 de octubre de 2016. Sánchez lanza el órdago de dimitir, si el órgano del partido sigue apoyando mayoritariamente la abstención y la investidura de Rajoy. Sánchez trata de convocar primarias y nuevo congreso, infructuosamente. Tras un bochornoso incidente al tratar de usar una urna trucada en unas votaciones del comité federal, al grito de «¡Pucherazo!», es desautorizado a mano alzada y se ve obligado a dimitir como secretario general. La censura a Sánchez supone el triunfo de los históricos —los de Suresnes— del PSOE, encabezados para la ocasión por Susana Díaz frente al sector radical, un *remedo* de los enfrentamientos entre los partidarios de Besteiro y Largo Caballero en la II República. Deja su escaño y «argumenta que con su dimisión evita "traicionar" su palabra»[160].

Octavo movimiento. La Gira. Rajoy es investido presidente y Sánchez se va de gira para recobrar adeptos entre los socialistas de base. El Peugeot con el que recorre España de punta a punta será recordado dentro de no mucho como el Granma, el barco con el que Fidel Castro pasó de México a Cuba. Vuelve a Ferraz, sede central del partido, y reconquista la Secretaría General del PSOE, el 22 de mayo de 2017, en unas elecciones primarias abiertas a todos los militantes. Los medios afines empiezan a mitificar su figura con titulares antológicos: "Pedro Sánchez pasará a la historia por haber sido elegido dos veces por la militancia como líder"; "Resurge de sus cenizas tras haber dimitido en octubre de 2016"; "Sánchez ha vencido no solo a Díaz, sino a la gestora, a todo el aparato y a los dirigentes históricos".

Noveno movimiento. El regreso. Cuando Sánchez se hace con Ferraz, no está dispuesto a que le vuelvan a echar si las cosas van mal y *purga* a todos sus adversarios. Sánchez pudo haber reseteado el partido y haber compartido responsabilidades con los socialistas históricos y con aquellos nuevos que no compartían sus tesis, al menos en su totalidad. Sin embargo, hizo exactamente lo contrario. Lo mismo que hizo Lenin, salvando las distancias,

160 *El País,* 30/10/2016, "Pedro Sánchez deja el escaño y lanza su candidatura a la secretaría general".

en el segundo Congreso del Partido Obrero Socialdemócrata de Rusia (1903), cuando sustituyó al partido por la organización, a ésta por el Comité Central y al Comité por él mismo. El mismo modelo que siguieron muchos autócratas después de él.

El PSOE pasa de ser un partido cúpula en donde convivían diversas escuelas de pensamiento a ser un partido minarete en el que el pensamiento del césar se convierte en dogma y los heterodoxos no tienen cabida.

Décimo movimiento. Enmienda a la totalidad. Consolidado su poder absoluto sobre el partido, Sánchez decide convertir el PSOE histórico, un partido socialdemócrata clásico, en un partido radical a la italiana diseñado para cuestionar los paradigmas y normas impuestos históricamente por la sociedad y a empoderar a grupos tradicionalmente marginados. La izquierda marxista se preocupaba primordialmente del proletariado, de los obreros industriales. Cuando el estado de bienestar va paulatinamente convirtiendo a los proletarios en burgueses, las cosas cambian. ¿Alguien cree que un trabajador con un sueldo razonable, educación y sanidad gratuita y que quiere comprarse un apartamento en Benidorm y que le fascina discutir sobre la vestimenta de Cristina Pedroche en Nochevieja, va a tirarse a la calle para tomar el Palacio de Invierno? Es obvio que no.

Sin perder de vista a Podemos a su izquierda, Pedro Sánchez empezó a barruntar entonces que, si se quieren ganar las elecciones, hay que olvidarse de la lucha de clases y empezar a centrarse en la lucha de identidades, en el movimiento feminista, en el colectivo LGTBI+, en las religiones minoritarias, en los migrantes, en el cambio climático, el bienestar animal y en los nacionalismos identitarios. En otras palabras, lo que Sánchez hace es una enmienda a la totalidad a lo que hizo Felipe González en los albores de la Transición. En aquel momento histórico, González tuvo que elegir entre la radicalidad de Mitterrand y el pragmatismo de Willy Brandt, entre colaborar con los comunistas o entenderse con los liberales y los democristianos. Escogió este último camino, porque era consciente de que, como dijo Schumacher, el líder del SPD, «los socialistas y los comunistas son hermanos, pero como Caín y Abel». Pedro Sánchez ha hecho exactamente lo contrario: decide abandonar la centralidad política y disputar el espacio de la izquierda radical a Podemos.

Undécimo movimiento. En defensa de la Constitución. Cuando los secesionistas declaran la independencia de Cataluña, Pedro Sánchez apoya la aplicación del artículo 155 de la Constitución, exactamente lo contrario de lo que, al parecer, había prometido a Santiago Vidal, Tardá y Rufián como habíamos contado. ¿Un arrebato de patriotismo constitucionalista? ¿Puro cálculo electoral? Nunca lo sabremos, pero sus declaraciones fueron muy rotundas: «Creo que el Estado actuó de manera inteligente y así se lo reconocí a Rajoy públicamente, del mismo modo que él me reconoció a mí la lealtad con la que el Partido Socialista defendió el Estado de derecho», señala Sánchez en su primer libro, *Manual de resistencia*[161], donde también narra que una comisión del PSOE (Carmen Calvo, José Enrique Serrano, Meritxell Batet y Patxi López) negoció con el Gobierno de Mariano Rajoy las medidas para enfrentar el desafío nacionalista: «Así llegamos a un diseño común de la aplicación del artículo 155, que recogía todos los pasos que luego se fueron dando [...] el apoyo del Partido Socialista tenía un significado de trascendencia tanto dentro como fuera de España. Que el PSOE dijera que estaba en juego la soberanía nacional, la integridad territorial, y que apoyáramos la aplicación de este mecanismo constitucional mandaba un mensaje a Europa: decíamos que esto no era algo de una supuesta derecha franquista ni un conflicto entre dos nacionalismos, sino un desafío a la Constitución y a la legalidad. No era una cuestión de partido sino de Estado».

Poco después, como bienvenida a la presidencia de la *Generalitat* a Quim Torra, le advertía de que él y su partido iban «a estar enfrente de sus postulados y sus políticas. La izquierda defiende la igualdad de derechos y libertades, y el PSOE va a defender los derechos y libertades de la sociedad catalana». Añadía que los secesionistas catalanes eran «extrema derecha», insertada en «el auge de movimientos reaccionarios, populistas y xenófobos». Para

161 SÁNCHEZ PÉREZ-CASTEJÓN, Pedro, *Manual de resistencia,* Península, 2019.

él, «el señor Torra es el Le Pen español» y denuncia que «la xenofobia se ha hecho cargo y ha tomado las riendas del independentismo en Cataluña»[162].

Duodécimo movimiento. La moción de censura. El 24 de mayo de 2018, la Audiencia Nacional condena a Luis Bárcenas, tesorero del Partido Popular, por corrupción. Este hecho desemboca en una petición generalizada de la dimisión de Mariano Rajoy. Pablo Iglesias presiona a los socialistas para que presenten una moción de censura que es apoyada por todo el arco parlamentario con la excepción del PP y Ciudadanos. Carles Puigdemont cuenta en sus memorias, *Me explico. De la investidura al exilio*[163], que Pedro Sánchez le confesó, el 25 de agosto de 2017, que quería presentar una moción de censura cuando se acercase el final de la legislatura, cuando se diese una oportunidad. Esta surgió con la sentencia de la Audiencia Nacional, que dictaminaba que el Partido Popular había establecido «un sistema genuino y efectivo de corrupción institucional a través de la manipulación de la contratación pública, central, autonómica y local». Posteriormente, el Tribunal Supremo anuló este pronunciamiento, por extemporáneo e improcedente[164]. El PSOE registra, el 25 de mayo de 2018, una moción de censura que consagra a Sánchez como presidente del Gobierno.

Los soberanistas catalanes apoyaron aquella moción. Según revela Puigdemont en el citado libro, él mismo percibió tras un encuentro con el líder del PSOE que no estaba cerrado en banda a la posibilidad de celebrar algún día un referéndum sobre la independencia.

Decimotercer movimiento. Presidente. En la moción de censura, Sánchez prometió convocar elecciones lo más pronto

162 *El País*, 18/5/2018, "Sánchez ve a Torra como «el Le Pen de la política española»".

163 PUIGDEMONT, Carles y XIRGO i TEIXIDOR, Xevi, *Me explico. De la investidura al exilio*, Plaza & Janes, 2020.

164 El Supremo asegura que de esas frases «se deduce con claridad la toma de postura de este magistrado respecto de varias de las cuestiones relevantes, que no eran objeto estrictamente de enjuiciamiento». Además, el Alto Tribunal afeaba que nunca puede haber responsabilidad penal sin acusación o defensa: «Apuntar una responsabilidad no pretendida [no fue objeto de acusación al PP] es tanto como situarse en el lugar de la acusación y condenar sin instancia de parte». Es decir, Sánchez logra acceder a la presidencia del Gobierno con abuso de derecho.

posible, porque él había llegado para «dignificar la democracia»[165]. Poco después, se desdijo para agotar lo que quedaba de legislatura porque, como él mismo reconoce en su *Manual de resistencia*, la moción de censura que le llevó a la Moncloa suponía «un cambio de época» (mismo calificativo que le merece su regreso a la secretaría general del PSOE), que solo él podía protagonizar. Para empezar, «se puso fin al combate por la hegemonía dentro de la izquierda; esta cuestión quedó zanjada. A cambio, comenzó la pugna dentro de la derecha por esa misma preponderancia ideológica»[166].

Decimocuarto movimiento. El compromiso. Las elecciones de abril de 2019, las primeras que dan la victoria a Pedro Sánchez, otorgan al PSOE ciento veintitrés escaños frente a sesenta y seis de un PP liderado por Pablo Casado. Ciudadanos sube a cincuenta y siete, mientras Unidas Podemos consigue cuarenta y dos. Sánchez intenta formar gobierno con Ciudadanos, solicitando a Iglesias la abstención de su partido. La cosa no sale y se disuelven las Cortes. La irritación de Sánchez es superlativa y no se cansa de proclamar que él jamás podría dormir si accediese a sentar a los *podemitas* en el Consejo de ministros. Todavía les llama «la extrema izquierda». Cómo no sorprenderse al recordar entrevistas de Pedro Sánchez, como la concedida a Pepa Bueno, de Cadena Ser, en vísperas de las elecciones generales de junio de 2016, al explicar: «Se han escrito tantas cosas, ¿no? Se decía a principios de año que yo iba a vender mi alma para ser presidente del Gobierno e iba a aceptar el chantaje de Iglesias de la vicepresidencia con el CNI, cargándonos la independencia de los jueces y fiscales y que íbamos a hacer descansar la gobernabilidad en fuerzas independentistas». Luego lo dejó escrito en su *Manual de Resistencia*, al referirse a las *fake news:* «Siempre se llamaron bulos. Uno de los más dañinos que he sufrido en mi vida política, y ha habido varios, fue el que se difundió aquel verano de 2016 y que aseguraba que yo estaba dispuesto a pactar con los independentistas e incluso formar gobierno con ellos».

---

165 *Heraldo*, 1/6/2018, "Pedro Sánchez: «Vamos a escribir una nueva página de la democracia»".

166 SÁNCHEZ PÉREZ-CASTEJÓN, Pedro, *Manual de resistencia*, Península, 2019.

Decimoquinto movimiento. Bailando con los lobos. Las elecciones de 10 de noviembre de 2019, las segundas de ese año, arrojan un resultado muy similar al de las anteriores. Sánchez es consciente de que para alcanzar y conservar el poder tendrá que hacerlo con Pablo Iglesias, con el que había jurado no formar gobierno jamás. Los españoles, inmunizados a los cambios de opinión del presidente, no fueron conscientes de la enormidad de esta decisión. Con la brevísima excepción de los gobiernos que se formaron después de la derrota de los nazis, en Europa solo había habido dos gobiernos comunistas, el de Pierre Mauroy, en 1981, y el de Lionel Jospin, en 1997. Ambos terminaron mal. España es el tercero. Cada día que pasaba en Moncloa, Sánchez era menos secretario general del Partido Socialista y más el líder de un grupo heterogéneo de formaciones políticas unidas por el deseo de alcanzar el poder y desmontar lo que peyorativamente denominaban «el Régimen del 78». La asunción de la plurinacionalidad le permitió a Sánchez dar un nuevo paso y cortejar a los partidos nacionalistas de derecha e izquierda para ensanchar su base de poder.

Cinco años después de alcanzar por primera vez la presidencia del Gobierno, es palmario que Pedro Sánchez podría encajar con el perfil que da el historiador y periodista Gideon Rachman del «hombre fuerte» que está degradando las democracias desde dentro, con cuatro características comunes: «la creación de un culto a la personalidad; el desprecio por el Estado de derecho; la afirmación de que representan al pueblo real contra las élites (también conocida como populismo); y una política impulsada por el miedo y el nacionalismo. Los líderes fuertes quieren que se les considere indispensables. Su objetivo es convencer a la gente de que solo ellos pueden salvar a la nación»[167].

De hecho, el líder del PSOE puede culminar en esta legislatura la conversión de su partido en un partido populista. Pierre Rosanvallon[168] tipifica las cinco condiciones básicas que un par-

---

167 RACHMAN, Gideon, *La era de los líderes autoritarios. Cómo el culto a la personalidad amenaza la democracia en el mundo*, Crítica, 2023.

168 ROSANVALLON, Pierre, *El siglo del populismo: Historia, teoría y crítica*, Galaxia

tido debe reunir para ingresar en el club de los populismos: la construcción de una mayoría social *ad hoc* por razones de conveniencia política; el sometimiento de todos los poderes del Estado a los dictados del Ejecutivo; la adopción de decisiones económicas por razones ideológicas y no por razones de evidencia; la explotación de las identidades emocionales para polarizar la sociedad y el control de medios de comunicación para difundir sus consignas. Solo con esa conversión, muy avanzada, será posible su supervivencia en la presidencia del Gobierno.

EL «MURO» COMO PROGRAMA

A tres horas y pico de ser investido presidente del Gobierno, el 16 de noviembre de 2023, Pedro Sánchez contaba desde la tribuna de oradores de las Cortes que, poco antes, había estado hablando con su entonces vicepresidenta económica del padre del maquiavelismo, la doctrina de que todo vale, hasta la mayor de las inmoralidades, por tal de alcanzar un fin: «Venía comentando precisamente con la vicepresidenta Calviño que, efectivamente, hay que leer algo más a Maquiavelo de lo que generalmente se suele hacer». Respondía a la condenada por apoyo al terrorismo Mertxe Aizpurua, portavoz de HB Bildu, que acabó su intervención en el debate parafraseando al florentino, para jalear a Sánchez en su deriva, si quería contar con el apoyo en la legislatura para «frenar el acceso de las extremas derechas al Gobierno del Estado»: «No hay mucha diferencia entre obstáculo y oportunidad, y las personas sabias son capaces de aprovechar ambas».

Es evidente que, en su trayectoria, Sánchez ha seguido con obediencia jesuítica los consejos del florentino. Entre otras cosas, porque ha venido demostrando que es capaz de decir una cosa y la contraria; al tiempo de atacar a quien mantenga lo que él defendía un par de días antes. Reina una sensación de imprevisibilidad, de arbitrariedad, a los mandos de la nación. Precisamente, no se nos

Gutenberg, 2020. Citado por Jesús Cuadrado en el artículo "Por qué llamar al sanchismo izquierda si es populismo", aparecido en *Voz Populi, 9/8/2023.*

ocurre mejor forma de resumir la metamorfosis del líder del PSOE que trayendo a colación un párrafo del *Príncipe* de Maquiavelo, que dice: «Podría citar mil ejemplos modernos y demostrar que muchos tratados de paz, muchas promesas han sido nulas e inútiles por la infidelidad de los Príncipes, de los cuales, el que más ha salido ganando es el que ha logrado imitar mejor a la zorra. Pero es menester respetar bien ese papel, hace falta gran industria para fingir y disimular, porque los hombres son tan sencillos y tan acostumbrados a obedecer las circunstancias, que el que quiera engañar siempre hallará a quien hacerlo».

Del deterioro concreto de nuestra democracia y de cómo el presidente Sánchez comenzó a *iliberalizar* nuestro sistema democrático, por aquello de que el fin justifica los medios, damos detalles en los siguientes capítulos. Antes, tenemos que volver a referirnos a la investidura presidencial, pues condensa completamente los sesgos ideológicos de sus acciones, la conformación de una mayoría parlamentaria por estrictas razones de conveniencia política.

Por ejemplo, cuando el candidato socialista a la investidura justificó su proclamación y sus alianzas parlamentarias por la necesidad de erigir «un muro» para frenar la «involución» y separar España en dos bandos: «Por un lado, hay fuerzas conservadoras y reaccionarias representadas en el Partido Popular y en Vox que claramente quieren retroceder [...] Y por otro, están, estamos, los partidos que queremos avanzar». Es decir, el Gobierno de coalición de PSOE y la ultraizquierdista Sumar, apoyados parlamentariamente por una variopinta combinación de fuerzas «progresistas» (en palabras actuales de Sánchez) como Junts per Catalunya (definida por el *mismo* Sánchez hace unos años como «extrema derecha [...] xenófoba, supremacista»[169]), Esquerra Republicana de Catalunya (ERC); junto al ultraconservador Partido Nacionalista Vasco (PNV), el del lema «Dios y leyes viejas», fundado en torno al «culto a Sabino Arana», un gran xenófobo[170]; y su presunto rival

169 Tales calificativos en boca de Pedro Sánchez fueron repetitivos, como recoge, por ejemplo, *El Periódico*, 21/05/2018, "Pedro Sánchez: «Catalunya necesita un 'president', no un racista»".

170 GRANJA, de la, *Ángel o demonio: Sabino Arana. El patriarca del nacionalismo*

en Euskadi, la ultraizquierdista EH Bildu, muchos de cuyos dirigentes fueron condenados en su día por terrorismo. Decimos lo de la presunta rivalidad entre PNV y el mundo *abertzale* porque ahí están las hemerotecas y el insuperable resumen de la coincidencia de objetivos del PNV con ETA y su brazo político que hizo el histórico presidente del partido, Xabier Arzalluz, el que defendía la existencia de una raza vasca: «No conozco ningún pueblo que haya alcanzado su liberación sin que unos arreen y otros discutan; unos sacudan el árbol, pero sin romperlo para que caigan las nueces, y otros las recogen para repartirlas». Un acompañante de Arzalluz, el también histórico peneuvista Gorka Aguirre, sobrino del primer lehendakari, vaticinaba, en confianza: «Al final, tendremos que llegar a algún acuerdo porque, para conseguir lo que buscamos, tendremos que gobernar con vosotros», en referencia a Herri Batasuna (HB), la franquicia política de ETA que luego cambió su nombre al actual de EHB (Euskal Herria Bildu, traducible como «Reunir Euskal Herria», una coalición de Eusko Alkartasuna, Sortu y Alternatiba)[171].

Con el «muro» para evitar que gobiernen «las derechas» (el PP), se le da la razón y el poder a otros más de derechas, con mucha menos representación parlamentaria y que, además de saltarse las normas, ni siquiera las reconocen o aceptan.

El blanqueo y legitimación de los *bildutarras* ha llegado al punto de considerarlos un «partido progresista democrático». Un ministro de España, Óscar Puente, se felicitaba en sede parlamentaria porque, como uno de los pagos ocultos por su apoyo

---

vasco, Anaya, 2015.

171 Esas aseveraciones las recogía un documento redactado por Herri Batasuna como minuta de una reunión mantenida, en abril de 1990, con Arzalluz y Aguirre. El entonces presidente del PNV confió a los batasunos que «tenemos un plan diseñado ya y le hemos puesto fechas. La soberanía de Euskadi, estilo Lituania, a proclamar entre el 1998 y el 2002». En *El País*, 3/04/1994, "Sacudir el árbol para que caigan las nueces". También fue objeto de libros como GURRUCHAGA, Carmen y SAN SEBASTIÁN, Isabel, *El árbol y las nueces. La relación secreta entre ETA y PNV*, Temas de Hoy, Barcelona, 2000; BARBERÍA, José Luis, *Cómo hemos llegado a esto*, Taurus, Madrid, 2003. Hubo declaraciones públicas igual de polémicas, como recordaba, al fallecer, entre otros, *ABC*, 1/03/2019, "Las frases más polémicas de Xabier Arzalluz".

a la investidura, el PSOE le daba a Bildu la alcaldía de Pamplona, ciudad simbólica en el imaginario independentista, pues la considera capital de su ilusoria Euskal Herria y aspiran a integrar en el País Vasco en un futuro próximo el que fue Reino de Navarra. La moción de censura contra Unión del Pueblo Navarro estaba pactada secretamente, antes de la investidura, con EH Bildu, que aún hoy se niega a condenar los atentados terroristas, coloca a condenados por asesinatos y secuestros en sus listas electorales y tiene en su cúpula a exdirigentes de ETA, al igual que sigue homenajeando como héroes y llamando «presos políticos» a etarras penados por sangrientos asesinatos. «En pocos días, habrá en España otra alcaldía más progresista y una menos de derechas. Por tanto, yo le digo, sin ningún complejo, que no tengo ningún problema, ninguno, en que un partido progresista democrático de este país se haga con una alcaldía de una provincia de España»[172], afirmó Puente, dando la razón, de nuevo, a la madre de uno de los muchos socialistas asesinados por ETA, el jefe de policía de Andoain, Joseba Pagazaurtundúa, que vaticinó a Patxi López, el hoy portavoz del PSOE en el Congreso, lo que iba a pasar: «Harás y dirás más cosas que me helarán la sangre, llamando a las cosas por nombres que no son». En la misma misiva, le aconsejaba al exlehendakari socialista: «La defensa de la vida y de la libertad y de la dignidad es más importante que el poder o que el interés del Partido Socialista [...] te recordé que el que pacta con traidores se convierte en un traidor, y tú me dijiste que nada de eso pasaría»[173].

Mejor Bildu, o Junts y ERC, enemigos confesos de España, que el PP, según la lógica del PSOE actual. Pese al escándalo por la sinceridad del ministro Puente, es el mismo argumento que defendió años antes quien fuera vicepresidenta, Carmen Calvo. En el verano de 2019, patrocinaba la alianza del PSOE con Bildu

172 Sesión de control al Gobierno en el Congreso de los Diputados, respuesta del ministro de Transporte Óscar Puente al Partido Popular, 13/12/2023.

173 La carta de Pilar Ruiz Albisu, madre de Joseba Pagazaurtundúa, asesinado por ETA, fue publicada, entre otros diarios, en *ABC*, 12/5/2005, "Carta a los nuevos ciegos".

para gobernar la Comunidad Foral de Navarra, con el argumento de que «el adversario natural del PSOE son las derechas»[174].

ETA dejó de matar hace una década, defienden quienes, sin embargo, se precian de ser los impulsores de las leyes de Memoria Histórica y Memoria Democrática para usar como arma arrojadiza la Segunda República, la guerra civil y el franquismo.

Lo del «muro» es lo que el histórico socialista Gregorio Peces-Barba definía como «cultura del enemigo total», que se refleja «incluso en la propia personalidad de quienes la asumen [...] Esta cultura es inexorablemente fundamentalista e impulsa la destrucción del adversario, como enemigo sustancial, como incompatible absolutamente para la convivencia»[175].

Es evidente que, sin un enemigo, el PP, y sin esa causa mayor de tener que erigir un «muro» de protección, sin esa cortina de humo, es menos aceptable tomar decisiones que contradicen toda la historia del PSOE, como fraguar alianzas con fuerzas independentistas y antisistema. Además, ¿para qué rendir cuentas, si quien las pide queda extramuros, ilegitimado completamente? Con el envoltorio del «muro», no se buscaba sino lo que Junts admitió en el hemiciclo: «Arrebatar la presidencia del Gobierno español al Partido Popular»[176]. No es la primera vez que el PSOE excomulga al PP y llega a acuerdos con otras fuerzas para impedir que el partido de centroderecha gobierne, como hemos comentado en otro capítulo.

Que este «muro» y los acuerdos con las fuerzas independentistas son contra natura podríamos deducirlo hasta de declaraciones de Pedro Sánchez de no hace demasiado tiempo, sobre el independentismo catalán: «Debemos reclamar, ejercer y practicar la unidad de las fuerzas políticas que defendemos el orden constitucional. Esta no es una cuestión ideológica, es prepolítica. En todo caso, el PSOE al posicionarse enfrente

174 *El Español*, 30/7/2019, "Calvo justifica que Chivite gobierne gracias a Bildu".
175 *El País*, 1/7/2008, "La ideología del enemigo total".
176 Intervención de Nogueras en el debate de investidura de Pedro Sánchez, el 15/11/2023.

de este supremacismo y este racismo [el independentismo catalán] está haciendo un ejercicio de coherencia con nuestra historia»[177].

La inaugurada en noviembre de 2023 es una legislatura marcada por una apuesta redoblada por la polarización y por los objetivos particulares de los puntales del Gobierno, al que imponen su agenda para alterar el modelo político y territorial del país. Los nacionalistas, además, disfrutan del escándalo generado, como exteriorizó la expresidenta del Parlamento catalán, Laura Borrás, condenada por malversación y prevaricación por hechos ajenos al *procés* y probable amnistiada: «De momento todavía no tenemos más que un acuerdo firmado [entre PSOE y Junts, para votar la investidura de Sánchez] y el conflicto ya parece que es entre españoles. Ha dejado de ser entre catalanes y ahora el conflicto es entre españoles. [...] Lo que está teniendo lugar solo con un acuerdo está resultando más desestabilizador para el Estado que cualquier otra cosa»[178].

177 *El Periódico,* 21/5/2018, "Pedro Sánchez: «Catalunya necesita un 'president', no un racista»".

178 *El Nacional.cat,* 11/11/2023, "Laura Borràs: «El conflicto ha dejado de ser entre catalanes. Ahora el conflicto es entre españoles»".

CAPÍTULO 6.
LA CUESTIÓN CATALANA

Actualmente, podríamos parafrasear al catalanista Francesc Cambó, cuando, en una conferencia, ofrecida en 1923[179], dijo: «Desde 1898 a 1923, el problema catalán fue [...] el verdadero centro en torno al cual giró toda la política española [...]. Y [...] todos los acontecimientos de alguna importancia fueron provocados o influidos por el problema catalán». La cuestión catalana es hoy, como lo era entonces, o, incluso, más que entonces, el problema más grave que enturbia nuestra convivencia. La devaluación de la democracia española trae causa de la necesidad que tiene Pedro Sánchez de encajar las reivindicaciones de los separatistas catalanes que no tienen encaje en nuestra Constitución: necesitaba sus votos para la investidura y se comprometió a pagar un precio que supone hacer añicos el ordenamiento constitucional. Es posible que el presidente hubiese querido saltarse la norma fundamental como han hecho otros autócratas cuya conducta hemos examinado en capítulos anteriores, pero lo cierto es que con el tema de Cataluña encima de la mesa no tuvo otra opción. Lo resumió muy bien Puigdemont cuando le dijo aquello de que «las condiciones no las pone el que solicita, sino el que da los votos». Las condiciones son claras: amnistía y autodeterminación.

---

179 CAMBÓ, Francesc, *Por la concordia,* Compañía Ibero-Americana de Publicaciones, 1927. Página 15.

Lo novedoso de la situación actual es que no responde a una debilidad del Estado como en otras ocasiones históricas aprovechadas por el nacionalismo (el Desastre de 1898 o la Segunda República), sino al exclusivo interés de Sánchez y su necesidad de apoyos parlamentarios. El separatismo está hoy más débil que nunca y, sin embargo, está mucho más cerca de conseguir sus objetivos que en cualquier otro momento de la historia.

Con tal de mantenerse en la presidencia del Gobierno, Sánchez y su partido han desarmado al Estado de derecho y lo han dejado indefenso para enfrentar en el futuro intentos similares a los desafíos independentistas de 2014 y 2017. Es algo que va más allá del abaratamiento de delitos como el de malversación, la sedición o su culminación con la concesión de una escandalosa ley de amnistía, amén de otras cesiones del Estado, retratadas con plena crudeza por la portavoz de Junts en el Congreso, Míriam Nogueras: puesto el Estado en almoneda, en lo que es un canje de poder por impunidad, «en lugar de ir a tanto alzado, iremos a tanto la pieza. En lugar de asegurar la estabilidad de la legislatura de entrada, habrá que ganársela acuerdo a acuerdo. En lugar de hacer una lista de la compra siempre incumplida, nunca satisfecha, queremos hablar del supermercado entero»[180].

Arramblar con el «supermercado entero» o buena parte de él ni siquiera garantiza ni una renuncia a la unilateralidad o que Junts volviese al redil de la Constitución, como se había tratado de deslizar como una de las bondades de la amnistía: «No engañamos a nadie, somos fieles a nuestros derechos. No hemos dejado de ser aquella fuerza que promovió el referéndum de independencia», apuntó Nogueras desde la tribuna de oradores. Por si quedaba alguna duda, añadió: «Explicitamos que para nosotros el mandato del 1 de octubre está vigente y el compromiso con la independencia es irrenunciable, sin renuncias y sin engañar a nadie. Porque si alguien dice que este acuerdo sirve para pasar página, engaña a los ciudadanos». Puigdemont ya lo había advertido antes: «Para llegar hasta aquí nosotros no hemos tenido que pasar

180 Intervención de Nogueras en el debate de investidura de Pedro Sánchez, el 15/11/2023.

página, no hemos tenido que hacer lo que pretenden todavía algunos ni hemos asumido que hayamos cometido ningún delito, no hemos tenido que pedir perdón. Mantenemos la posición».

El pacto con Puigdemont tampoco asegura una legislatura estable, pues, si no se les da a los separatistas lo que se les antoje, «a tanto la pieza», nada de lo dicho sirve, pero sin marcha atrás con las prebendas conseguidas: son «irreversibles», según el líder de Junts. Sirva como prueba un texto aparecido hace tiempo en *Político*, el periódico más leído por funcionarios y trabajadores de las Instituciones Europeas en Bruselas, cuyo titular dice: "Puigdemont advierte que está dispuesto a derrocar a Sánchez"[181].

Los secesionistas no se fían de la palabra de Sánchez, según le afeó Míriam Nogueras en el debate de investidura: «Hoy usted debía empezar a desmentirnos a quienes decimos que usted no cumple los acuerdos, que su palabra no vale, que a usted solo le interesa el poder, y que es capaz de aliarse con quien sea para conservarlo. Algo de esto habrá cuando su partido tiene el estómago de arrebatar a Junts la alcaldía de Barcelona, con el apoyo y gracias al Partido Popular, y ahora pretende arrebatar la Presidencia del Gobierno español al Partido Popular gracias a los votos de Junts. Ahora que estoy en la parte inicial de mi intervención, querría darle un consejo, que, naturalmente, usted no tiene ninguna obligación de seguir. Con nosotros no intente tentar a la suerte, porque no le va a funcionar».

Junts escenificó la dimensión de la transacción. Molesto por las ambigüedades, su portavoz quiso que el socialista quemase sus naves en directo. Le reprochó que, en su discurso y réplicas del debate de investidura, hablase de «perdón» y de «medida de gracia» al referirse a la amnistía, o de «diálogo». Junts quería que constase que había sido una «negociación», «entre dos naciones» y que no se había perdonado nada, porque pactaron que nunca se delinquió.

A cambio de sus siete votos, Nogueras emplazó al candidato a la presidencia a que dijera si estaba «dispuesto a cumplir todos y

181 *Politico,* 29/11/2023, "Puigdemont warns he's willing to topple Spanish PM Sánchez".

cada uno de los puntos del acuerdo firmado y a ratificar las 1486 palabras del acuerdo, 1486 palabras, de las cuales ni una es casual o sobrera». Dócil, con la cabeza gacha, el líder de los socialistas respondió: «Cuente usted con el compromiso del PSOE y el mío propio para cumplir el acuerdo».

Más allá de la humillación al entonces presidente en funciones que vivimos en sede parlamentaria, hay otros aspectos significativos de los acuerdos del PSOE. Uno de los más graves es que el futuro de España, su sistema político y su gobernanza se decidan en el extranjero, con gentes que se arrogan la representación de todos los ciudadanos de Cataluña y un secretario de Organización del PSOE, vigilados por relatores internacionales que disponen cómo se gobierna nuestra nación. Junts y ERC solo representan a sus partidos, la quinta y cuarta fuerza política en número de votos de la región: Junts con un 11% y ERC con el 13%, con 134.741 y 407.051 votos menos que en las anteriores elecciones generales, respectivamente. Son los que van a decidir el destino de España y la suerte de nuestra democracia. Con la imposición de verificadores, mediadores de paz o inspectores internacionales, los soberanistas es evidente que buscan dar carácter de «conflicto internacional» a su causa. Lo dijo hace años el socialista Josep Borrell, cuando era ministro de Asuntos Exteriores de España con Pedro Sánchez y los secesionistas exigían un mediador: «El independentismo catalán pide un interlocutor internacional porque quiere internacionalizar el conflicto. Pretende presentarse ante el juicio del mundo como un héroe frente a una España incapaz de solucionar un problema político», para equiparar el presunto «conflicto histórico entre dos naciones» a otras situaciones como las de Irlanda del Norte, la antigua Yugoslavia o cualquier proceso de descolonización: «¿Quién se cree que Cataluña tenga algo que ver con Kósovo, Bosnia o Eslovenia en el peor momento de su historia? ¡Por el amor de Dios!»[182]

Lo peor es que, además de blanquear y legitimar los delitos cometidos (ni la ley de amnistía ni los pactos suscritos entre

182 *SWI, swissinfo.ch,* 5/03/2019, "No somos un caso extraño, sois vosotros los raros".

partidos mencionan que hubo un intento de golpe de Estado), se han asumido o aceptado «los antecedentes y el relato» de los independentistas catalanes. «Por primera vez se acepta por la parte española», decía Nogueras. «Lo verdaderamente disruptivo» es que la *cuestión catalana* «se reconozca como lo que es: un conflicto histórico y político entre dos naciones» y también «que por primera vez se plantee en un acuerdo político una ley de amnistía que acabe con la represión judicial y que se pueda plantear un referéndum de autodeterminación como una de las propuestas para resolver el problema de fondo».

Curiosamente, en 2019, en su *Manual de resistencia,* Sánchez recomendaba a los soberanistas aceptar la «realidad social. Están pidiendo un referéndum de autodeterminación cuando no cuentan siquiera con los dos tercios que son necesarios para modificar el Estatuto de Autonomía. Ni dos tercios del Parlamento catalán ni dos tercios de la sociedad. No representan ni a la mitad de los catalanes y catalanas».

Ciertamente, la mayoría de 2/3 se exige no solo para reformar el *Estatut,* sino para decisiones de importancia infinitamente menor, como podría ser la eliminación de organismos dependientes de la *Generalitat* como *TV3*.

Con respecto al diagnóstico del origen del «conflicto» entre las «dos naciones», tanto el acuerdo firmado por PSOE y Junts como las glosas hechas por Nogueras desde el hemiciclo de las Cortes y por el prófugo Carles Puigdemont en Bruselas nada más hacerse público el pacto se remontan a dos principales *humillaciones*: «El conflicto, y lo dice el documento, arranca cuando los Decretos de Nueva Planta de la monarquía española abolen las constituciones y las instituciones seculares de Cataluña y liquidan la soberanía histórica que teníamos», aseguró Puigdemont. Según convienen por escrito PSOE y Junts, el otro gran agravio histórico es «la sentencia del Tribunal Constitucional de 2010, a raíz fundamentalmente de un recurso del PP contra el *Estatut* aprobado por el *Parlament*, por las Cortes Generales y en referéndum», pues, explican, «con la aprobación de un nuevo *Estatut*, la sociedad catalana, que lo refrendó, buscaba tanto el reconocimiento de Cataluña como nación como la solución a las limitaciones del autogobierno y a los déficits acumulados» desde los Decretos de Nueva Planta.

Además, al margen del documento, tanto Nogueras como Puigdemont añadían al «relato» del conflicto entre «las dos naciones», asumido por el PSOE, históricas «tensiones políticas ante las que el Estado español, en muchas ocasiones, ha respondido a través de la represión política, militar, policial, judicial y también mediática. La manifestación máxima es la detención, la extradición, el consejo de guerra, la condena a muerte y la ejecución del *president* de la *Generalitat*, Lluís Companys», contó Nogueras. Puigdemont también sumó «cuando en nombre de la legalidad el Estado español fusiló al presidente de la *Generalitat*, Lluís Companys. Todo esto, y otras muchas cosas han agravado, han cronificado, el conflicto hasta el punto de que la convivencia política con España se ha llegado a hacer insostenible».

De ahí la trascendencia de que el PSOE asumiese «este relato como origen y perpetuación del conflicto. Por primera vez se acepta por la parte española y esta parte de nuestro acuerdo es especialmente relevante porque enmarca los avances en la resolución del reconocimiento nacional de Cataluña», según Míriam Nogueras, para «acordar una vía de restitución de nuestros derechos históricos perdidos». En palabras de Puigdemont, «éste es el corazón del problema y ese problema había que señalarlo y acordarlo como relato compartido del conflicto. La persecución de nuestra lengua, de nuestra cultura y de nuestras instituciones es a partir de este acuerdo un relato compartido, como lo es reconocido y compartido también en el acuerdo firmado hoy, que una parte relevante de la sociedad catalana no se siente identificada con el sistema político vigente en España». Por eso, «el documento que hemos firmado significa un cambio de enfoque en la narrativa oficial que hemos ido escuchando hasta ahora y es bueno que se avance en esta línea, porque sin ello, sin ello ninguno de los logros podrá resistir el paso del tiempo y si algo será necesario a partir de ahora es que los acuerdos a los que se pueda llegar sean irreversibles»[183].

Tanto se asimiló por parte del PSOE el relato independentista que, el mismo día de la investidura, el secretario de Organización del partido, Santos Cerdán, expresaba sobre Carles Puigdemont «que no han tenido que ser fáciles sus años fuera de España, en el exilio»[184].

MITO Y REALIDAD DE CATALUÑA

Vaya por delante la siguiente afirmación: Cataluña nunca ha sido un reino independiente, ni un Estado. Como bien ha escrito Jordi Canal, de la École des Hautes Études en Sciences Sociales de París, «ni Cataluña es una antigua nación, ni fue un Estado, sino parte de la Corona de Aragón, ni una entidad que avanzaba hacia la democracia»[185]. Solo en los últimos años ha reivindicado un Estado propio. Sin embargo, sí se ha distinguido a lo largo de toda su historia por una voluntad de ser perfectamente compatible con la idea de España: «Lo que nosotros queremos en definitiva es que todo español se acostumbre a dejar de considerar lo catalán como hostil; que lo considere como auténticamente español; que ya de una vez para siempre se sepa y se acepte que la manera que tenemos nosotros de ser españoles es conservándonos catalanes; que no nos desespañolizamos ni un ápice manteniéndonos muy catalanes. Y, por tanto, debe acostumbrarse la gente a considerar ese fenómeno del catalanismo no como un fenómeno antiespañol, sino como un fenómeno españolísimo», decía Francesc Cambó, en 1931[186].

---

183 Comparecencia de Carles Puigdemont en el Club de Prensa de Bruselas (Bélgica), el 9/11/2023, horas después de que fuera hecho público el documento del pacto de investidura de PSOE y Junts.

184 *El Diario.es*, 16/11/2023, "Santos Cerdán: «Cuando alguien acuerda negociar, renuncia a la vía unilateral»".

185 CANAL, Jordi, *Historia mínima de Cataluña,* Turner, 2015.

186 *Hoja del Lunes,* 27/10/1980, "Separatistas castellanos", recogido en SECO SERRANO, Carlos, *El correr de los días. Crónicas de la Transición, 1975-1993,* Editorial Complutense, 1994.

La historia mitificada por el nacionalismo nada tiene que ver con lo que sucedió en realidad. Como apunta Santos Juliá, «cuando uno mira el pasado para justificar una acción en el presente, le hace decir al pasado lo que él quiere en el presente». Para Fradera y Portillo, «las tradiciones inventadas siempre son, en definitiva, una mezcla de hechos que son innegables solo en un marco interpretativo nacionalista para creyentes». La guerra de Sucesión no fue una guerra de secesión, a pesar de que a ambos términos les separe sólo una letra. Es falso que fuera un conflicto entre Cataluña y España. Fue una guerra dinástica en la que intervinieron prácticamente todas las potencias europeas de la época; un conflicto sucesorio, internacional y también una guerra civil, pues en Cataluña, como en el resto de España, los ciudadanos estuvieron divididos entre Felipe de Borbón y Carlos de Austria. Lo explica bien Antonio de Capmany, la figura más importante de la historiografía catalana del siglo XVIII: «Estaba la Nación dividida en dos partidos, como eran los rivales; pero ninguno de ellos era infiel a la Nación en general, ni enemigo de la patria [...]. Era un pleito de familia entre dos nobilísimos príncipes, muy dignos cada uno de ocupar el trono de las Españas»[187]. Los hechos relatados por los nacionalistas se circunscribieron, además, a la ciudad de Barcelona, pues el resto de Cataluña hacía tiempo que había jurado lealtad a Felipe de Borbón.

Mucho más tarde, el tantísimas veces citado Jaime Vicens i Vives escribió que «los catalanes que seguían al archiduque de buena fe, y estaban por ello bien convencidos, defendían la verdadera causa de España», como explica Laínz. Lo que vino después de esa guerra ha sido descrito —y distorsionado— hasta la saciedad. Es rigurosamente cierto que la Nueva Planta de 1716 supuso la supresión de los fueros, el Consejo de Aragón, el cronista general de Aragón, la Universidad de Barcelona y las Cortes catalanas (que se habían reunido solo dos veces desde 1640). Igualmente, las causas ante la Real Audiencia tendrían que sustanciarse en castellano a partir de entonces. Se mantuvo todo el Derecho Civil, sin

187 LAÍNZ, J., *Op.Cit.*, página 230.

embargo. Jordi Canals explica que la monarquía aprovechó para «llevar a cabo una reforma político-administrativa. Nada excepcional, en cualquier caso, en la Europa del siglo XVIII. Con la victoria de Felipe V se puso fin al modelo de monarquía compuesta o agregativa, y coronas, reinos y principados quedaron reducidas a provincias. Cataluña iba a ser una de ellas, en la que el pactismo dejaba de ser la forma de relación con la monarquía. La racionalización primó por encima de la voluntad castellanizadora».

Para el historiador Pierre Vilar, con la Nueva Planta, «lo que se suprimió fue lo que quedaba de un Estado medieval (y en este caso, el término Estado es discutible)»[188]. Según Vicens Vives, la Nueva Planta «echó por la borda del pasado el régimen de privilegios y fueros de la Corona de Aragón; pero, en cambio, se conservaron en el País Vasco y Navarra, adeptos a la causa de Felipe V». Sin embargo, «el desescombro de privilegios y fueros benefició insospechadamente a Cataluña, no sólo porque obligó a los catalanes a mirar hacia el porvenir, sino porque les brindó las mismas posibilidades que a Castilla en el seno de la común monarquía»[189].

Vilar distingue entre el hecho y el fenómeno catalán. Para él, «el hecho catalán es de orden lingüístico y cultural. Se inscribe en un largo periodo de tiempo [...]. El fenómeno catalán se inscribe dentro de la duración media de los siglos XIX y XX, y se desliza, igual que los distintos movimientos nacionales europeos, de un renacimiento cultural a una exigencia política»[190]. Hasta hace poco más de una centuria, los historiadores catalanes nunca habían cuestionado la inserción de Cataluña en España. Lo que sí hicieron siempre fue confrontar la identidad de Cataluña con la de Castilla, y subrayar —de paso— la pluralidad de las Españas. Es decir: reivindicar el hecho catalán.

Solo después de 1898 la defensa de la identidad propia (el hecho) se convierte en la reivindicación de la independencia política (el

188 VILAR, Pierre, *Breve historia de Cataluña*, Edicions UAB, 2011, página 91.

189 VICENS VIVES, Jaime, *Aproximación a la historia de España*, Editorial Vicens-Vives, Barcelona, 1966, página 144.

190 VILAR, Pierre, *Breve historia de Cataluña*, Edicions UAB, 2011, páginas 34 y 35.

fenómeno). No olvidemos que la famosa bandera estelada es una creación relativamente reciente —de hacia 1908— y que su seña de identidad, la estrella, se inspira en la bandera de Cuba. El deslizamiento desde el hecho catalán hasta el fenómeno catalán tiene sin duda en el franquismo un catalizador considerable, en la medida en que la oposición al régimen de Franco y la lucha por las libertades comienzan a confundirse con la oposición a España y la lucha por la independencia.

No pocos argumentan que las tensiones secesionistas han crecido en los últimos años como consecuencia de las renuncias en educación y el establecimiento de un «sistema propagandístico y educativo que ha supuesto que dos generaciones hayan sido educadas en el odio a todo lo español»[191], como ha señalado el actor y dramaturgo catalán Albert Boadella, a quien nadie puede cuestionar su compromiso personal y artístico con la lucha por las libertades. El exministro socialista Ernest Lluch, asesinado por ETA, aludía, en 1994, al «pujolismo-leninismo» empeñado en atraer a historiadores para construir el mito nacionalista de Cataluña como cualquier otro totalitarismo[192]. De similar opinión son distintos historiadores, como Óscar Uceda, que menciona la puesta en marcha por parte de Jordi Pujol al frente de la *Generalitat* «de un proyecto de catalanización encaminado a conseguir la ansiada mayoría crítica para, llegado el momento, declararse independientes del resto de España. La frase *Avui paciencia, demà independencia* se solapaba con mensajes al poder central de respeto a la Constitución y compromiso con la gobernabilidad de España». Señala que «década tras década, los catalanes se fueron desespañolizando en una de las más inteligentes campañas de ingeniería social realizadas por un territorio secesionista bajo el amparo y los recursos del Estado que pretende romper»[193].

---

191 *La Vanguardia*, 3/4/2013, "Albert Boadella cree que la independencia de Catalunya es «irreversible» y puede darse en «3 ó 4 años»".

192 Lo hizo en artículos, por ejemplo, como los titulados "Pujolismo-Leninismo" y "Leninistas pujolistas", publicados en *La Vanguardia*, los días 13 de enero y 10 de febrero de 1994, respectivamente.

193 UCEDA MÁRQUEZ, Óscar, *Cataluña, la historia que no fue: mentiras, ficciones, manipulaciones y ocultaciones*, Espasa, 2023.

Umberto Eco escribió hace años que, junto al fomento de la polarización, «el victimismo también es típico de todos los populismos [...] es una de las muchas formas con las que un régimen sostiene la cohesión de su frente interno sobre el chovinismo: para exaltarnos, hay que demostrar que son los otros los que nos odian y quieren cortarnos las alas». Igualmente, apuntaba que «toda exaltación nacionalista y populista presupone el cultivo de un estado de continua frustración. No solo eso. La posibilidad de quejarse diariamente del complot permite aparecer todos los días en los medios para denunciar al adversario. Se trata también de una técnica antiquísima, conocida incluso por los niños: le das un empujón a tu compañero del banco de delante, él te tira una bolita de papel y tú te quejas al maestro»[194].

LA AUTODETERMINACIÓN

La cuestión territorial fue una de las que más dolores de cabeza provocó en los constituyentes. Nada más muerto Franco, las calles de Cataluña se llenaron de masivas manifestaciones unitarias con un solo lema: «*Llibertat, amnistía y Estatut de Autonomía*». Adolfo Suárez decidió coger el toro por los cuernos y, tras ganar las primeras elecciones democráticas, lanzó una de las operaciones más audaces de la Transición. En otoño de 1977, Salvador Sánchez-Terán, en representación de Suárez, negoció con Josep Tarradellas y con los principales líderes catalanes el Acuerdo de Perpiñán, que supuso el restablecimiento de la *Generalitat* y el retorno del *president* a Barcelona.

Se adoptó por unanimidad, el 28 de septiembre. En su discurso del célebre «*Ja sóc aquí*», Tarradellas pronunció una frase emblemática: «Nosotros hemos de ser la avanzada del bienestar, de la prosperidad y de la democracia de todos los pueblos de España». El 24 de noviembre de 1977, Tarradellas tomó posesión como

194 ECO, Umberto, *A paso de cangrejo*, Debate, 2007.

presidente simbólico de la *Generalitat*. El presidente Suárez pronunció un discurso histórico que merece ser recordado:

> «Cataluña está de fiesta, Cataluña recobra su más arraigada institución. Hoy, Cataluña inaugura para España un prometedor futuro de concordia. Por eso es también de esperanza en el resto de España; porque del acto de toma de posesión del presidente de la Generalidad [...] se desprende la evidencia de que a los pueblos de España les ha llegado [...] la hora de su autogobierno. [...] Pero hay que decir algo más. Hay que decir que, por primera vez desde hace siglos, el hecho catalán se aborda desde el Gobierno de la Monarquía y desde Cataluña, sin pasiones, sin enfrentamientos, sin violencias, sin plantear a priori hechos consumados ni acciones de fuerza. [...] Si el respeto es esencia de la democracia, los negociadores de la Generalidad hicieron gala permanente de él. Si la democracia implica comprensión, la comprensión ha sido el gran factor permanente de tres meses de diálogo. Si la democracia supone serenidad y voluntad de pacto, éstas han sido las constantes de un proceso que hoy cierra uno de sus grandes capítulos con la toma de posesión».

La aprobación de la Constitución, un año después de la investidura de Tarradellas, nos reafirmó a los que entonces estábamos en las Cortes en la convicción de que la cuestión catalana podía tener una solución duradera y no una conllevancia, como dejó dicho Ortega y Gasset. Basta repasar algunas intervenciones durante los debates de enmiendas para refrendar esa convicción. El diseño del Estado de las autonomías fue, según el comunista Solé Tura, el «problema clave» de la Constitución, salvado gracias al consenso de todos los grupos parlamentarios. Jordi Pujol, diputado por entonces del Grupo Minoría Catalana, destacaba «que ahora hayamos, quizás, pecado de exceso de consenso», con el mérito de que «éste es un país con tradición de guerra civil, con tradición de enfrentamiento, es un país donde el trágala, y no el acuerdo, ha sido habitual en la vida colectiva». Recordaba, en la última de las sesiones dedicadas al debate de enmiendas al texto de la Constitución, que «los problemas que han desatado las pasiones» en el hemiciclo «han sido los problemas de psicología colectiva o de identidad colectiva, que son realmente los difíciles, que son los que llevan una gran carga emocional: los problemas de las nacionalidades, de las autonomías»[195]. Por su parte, el diputado y líder del PSOE Felipe González señalaba que «como todos los demás, pienso que el tema de la estructuración del estado es tal vez el tema clave con que se enfrenta esta Constitución, y probablemente va a ser el tema por el cual se defina esta Constitución»[196].

En los debates, surgió también el planteamiento de la «autodeterminación». El único diputado de la coalición vasca Euskadiko Ezquerra[197], Francisco Letamendía (militante de Euskal Iraultzarako Alberdia, EIA, marxista e independentista que luego acabó en HB) propuso una enmienda para incluir en la Constitución un título nuevo que proponía llamar «Del ejercicio del derecho de autodeterminación», para que «los pueblos del Estado español», después de constituirse como Comunidad Autónoma de acuerdo a la Constitución, pudieran «en consecuencia optar entre seguir formando parte del Estado o separarse pacíficamente de éste y constituir un Estado independiente». Por cierto, Letamendía coincidió con uno de los autores de este libro, José Manuel García-Margallo, años antes, en San Sebastián, y después en las Cortes Constituyentes.

El diputado de Unión de Centro Democrático (UCD) Miguel Herrero y Rodríguez de Miñón, uno de los redactores de la Constitución, contestó a Letamendía, aclarando que «dos son las principales dimensiones de la autodeterminación: por una parte, la técnico-jurídica, correspondiente más al plano internacional que al estatal; de otra parte, la político-constitucional, que es la que a todos nos interesa aquí». La primera era el derecho consagrado por la Carta de las Naciones Unidas para colonias, «territorios geográficamente separados de la metrópoli, distintos étnicamente de aquélla y arbitrariamente sometidos a la misma mediante un estatuto de inferioridad». Al respecto, constataba que «no sólo los actos propios de España y el criterio universal al respecto, sino la

195 *Diario de Sesiones del Congreso de los Diputados*, nº 116, 21/7/1978, página 4594.
196 *Diario de Sesiones*, nº 112, 18/7/1978, página 4381.
197 EE aceptó la Constitución posteriormente y acabó integrado en el PSOE de Euskadi.

realidad de los diversos territorios españoles, peninsulares o no, excluye la aplicación de esta categoría a cualquiera de los pueblos de nuestro país». Asimismo, estimaba que esa figura del derecho internacional, «que tan ligeramente se invoca, no es, por lo tanto, aplicable allí donde suponga el desmembramiento de un pueblo ya constituido en Estado».

Herrero recordaba que la autodeterminación podía ejercerse «a través de tres vías: la independencia, la asociación con otro estado ya independiente y la plena integración con él», siempre de acuerdo a la Resolución 1514 de Naciones Unidas. Y, «cuando se produce la autodeterminación por vía de integración, el cuerpo político resultante es el único capaz de autodeterminarse en el futuro. La autodeterminación no es reversible. ¿Y qué? ¿Acaso la decisión ocasional de un referéndum ha de tener más consistencia que la de los siglos y generaciones, contando, por supuesto, la presente generación y el presente siglo, cuya opción abrumadoramente mayoritaria no deja lugar a dudas?»

A continuación, entraba en la segunda dimensión: «En efecto, la autodeterminación expresa el hecho metajurídico y protoestatal, la profunda corriente de subterránea energía política que da vida a todo Estado y a toda ley. Cuando esa corriente emerge a la superficie histórica en ocasiones solemnes y excepcionales con la presión y la temperatura propia de las caldas gallegas, se habla de soberanía; cuando esta corriente circula fecunda y silenciosa en los estratos más profundos del vivir colectivo se llama legitimación».

Herrero y Rodríguez de Miñón explicaba que «los pueblos recién llegados a la Historia inauguran su presencia con un acto formal de autodeterminación irreversible» y ponía como ejemplo la formación de los EE.UU. Así, «“los representantes de los Estados Unidos de América, convocados en Congreso general, tomando como testigo al Juez supremo del Universo, se declaran independientes y libres”. Pero “nosotros, el pueblo de los Estados Unidos” no toleró secesión alguna e, incluso, recurrió a una guerra sangrienta para mantener lo que su Tribunal Supremo llamó “unión indestructible de Estados Unidos”».

De igual modo, «si los recién llegados recurren a un acto de autodeterminación, los pueblos que hace siglos campan por la

Historia se autodeterminan también, no ya en un acto singular, sino en el acto ininterrumpido que es el plebiscito cotidiano. Pretender sustituir este continuo manar de la Historia, del que nuestra Constitución es un eslabón más, por un principio abstracto o por su formalización en una decisión puntual y ocasional, es un gran fraude a la condición histórica de toda vida humana, y, por ende, de toda vida política también».

Como apuntó Herrero, «España, Señorías, preexiste a sus pueblos y a los españoles que, en cada momento, son sus ciudadanos». En ese sentido, recordaba que, a lo largo de la historia, había ejemplos como «"la fidelidad e lealtad" a la Corona de España, que reiteradamente predica de la provincia de Guipúzcoa su Fuero» o los del «Señorío de Vizcaya, como las provincias Vascas, [...]. Y cuando se recurre, y se recurre bien, a los viejos Reinos de España para reivindicar una personalidad histórica propia e *infungible*, no debe olvidarse que la España "una" subyacía a todos ellos y los hacía homogéneos y centrípetos entre sí. Por eso, ni los pueblos que germinan en el seno de España como las ramas frondosas de un solo tronco, ni el voto de los ciudadanos, puede poner en tela de juicio la propia existencia española. Y ello no en virtud de ninguna interpretación determinista, sino de un principio de libertad, de una libertad honda que ni el error de siglo y medio, ni el terror de muchos días, pueden desarraigar de nuestro suelo, porque escrito está que el vivir juntos los hermanos es bueno y alegre».

En ese sentido, «la autodeterminación de los pueblos de España no es cosa de hoy [...] es algo que subyace y fundamenta la Constitución misma, porque es nuestra propia existencia histórica. Los pueblos de España se están autodeterminando desde hace siglos y se autodeterminan hoy en la voluntad irreversible de vivir en común».

El político de UCD abogaba por la «vida autónoma para los diferentes pueblos de España», pero aclaraba que «la autonomía, pues, y esto me interesa recalcarlo sobremanera, no es el pórtico ni el sucedáneo de la autodeterminación secesionista, es, junto a esa magnitud permanente que llamamos España, el fruto de nuestra autodeterminación, no menos permanente, de una autodeterminación esencial en la que vivimos, nos movemos y somos; su fruto es un Estado, el estado de los españoles, en el que sin duda caben cuantos centros de poder autonómico, cuantos fragmentos de Estado, como diría una acreditada doctrina, exija la realidad vital y diversa de España».

Al aceptar la Constitución de 1978, «y al darle el "sí" los diferentes pueblos de España se autodeterminarán una vez más como su estructura histórica exige, como la unión de su variedad». Este *padre* de la Constitución recordaba, asimismo, que siempre que «se ha querido desconocer nuestra infungible diversidad y las personalidades indestructibles de nuestros pueblos» o, por el contrario, nuestra voluntad «históricamente decantada de vivir juntos» como españoles, «el hogar vital ha saltado hecho añicos y se ha abandonado la libertad, libertad honda que nace del fondo de los siglos para seguir el camino de la tiranía, tiranía de un hecho de Procusto uniformador o hiperestésicamente particularista».

«YA NOS HEMOS AUTODETERMINADO»

Tras la intervención de Herrero, se votó la enmienda de Letamendía sobre la inclusión del título de autodeterminación en la Constitución. Fue rechazada por cinco votos a favor, once abstenciones y doscientos sesenta y ocho en contra. A continuación, cada grupo parlamentario quiso explicar el sentido de su voto. Tal vez las más significativas fueron las intervenciones de los nacionalistas catalanes, representados por Ramón Trías Fargas, sustituto en aquella sesión del también convergente Miquel Roca Junyent, otro de los *padres* de la Constitución, y Carlos Güell de Sentmenat, del Grupo Mixto, por Unión Democrática de Cataluña.

Trías señaló: «Muy concretamente, yo diría que la exposición del señor Herrero de Miñón de esta mañana interpreta perfectamente la idea positiva que en principio y en términos generales podemos tener, y tenemos, de la autodeterminación [...] Y en ese sentido nosotros ya nos hemos autodeterminado. Nosotros somos partidarios de esta Constitución, que hemos votado y votaremos hasta el final, y somos partidarios de la autonomía y de los estatutos que este Parlamento, en su momento, votará, y de nada más, absolutamente nada más».

Ramón Trías, que fue presidente de Convergencia Democrática de Cataluña hasta su muerte, en 1989, cuando participaba en un mitin, abundó: «Quisiera insistir sobre este punto, y lo hago con énfasis porque creo que tengo un cierto derecho a hacerlo. He publicado mil veces, he escrito mil artículos, he hablado en mil ocasiones, en Cataluña, que es donde deben decirse estas cosas, y no aquí, que yo no era separatista, que no era independentista, que nosotros nos sentimos solidarios de una España moderna, democrática y progresista, que íbamos a arrimar el hombro en ayuda de todos como uno más, siempre que se nos tratara en condiciones de igualdad, y como se nos ha tratado en condiciones de igualdad, yo digo solemnemente ante esta Cámara que se puede contar con nosotros».

Por su parte, el diputado Güell explicó que votó en contra porque consideraba que la enmienda «podía ser una clara vía de independentismo de los diversos pueblos de España; pueblos que, a lo largo de su prolongada, difícil y tantas veces áspera historia común, han mantenido una permanente voluntad de buscar fórmulas de entendimiento y unión [...] Nos encontramos hoy precisamente en el umbral de culminar una etapa altamente positiva en la búsqueda de una Constitución que, respetando y potenciando la diversidad de nuestros pueblos, nos permita vivir unidos y en concordia»[198].

Otro diputado de la Minoría Catalana, quien luego se convertiría en presidente de la *Generalitat* por veintitrés años, Jordi Pujol, celebraba posteriormente en el mismo hemiciclo la postura de su grupo, basado en «los principios de democracia, de solidaridad y de doble fidelidad a Cataluña y a España; espíritu pactista que celebramos que esta vez haya sido asumido de una manera general por las grandes fuerzas políticas españolas, que han permitido de esta forma eliminar el clásico cliché de una España intransigente [...] abocada siempre a la lucha fratricida; espíritu pactista que ha

198 *Diario de Sesiones del Congreso de los Diputados*, nº 116, 21/7/1978, páginas 4563 a 4571.

conducido a la política del "consensus", tan vilipendiada a veces, tan criticada, tan sarcásticamente tratada, pero que, en realidad, ha sido una manifestación del espíritu de concordia».

Pujol destacaba, asimismo, lo a gusto que se encontraba con la Constitución de 1978: «Nuestra Minoría ha aceptado plenamente la Constitución, ha aceptado plenamente el marco constitucional». Manifestaba su «voluntad de trabajar, y de hacerlo ilusionadamente» en los pilares que significaba la Constitución, «los grandes objetivos colectivos de democracia, autonomía, de reconocimiento de las identidades colectivas, de solidaridad, y, más precisamente, de superación de la crisis económica y de la crisis social y, en términos más generales, de creación de ese clima colectivo, de creación de ese saber convivir, saber vivir juntos, saber trabajar juntos, saberse, en algún caso, soportar juntos, sin todo lo cual ningún país sale adelante. Esta es la última consideración que quería hacerles. Muchas veces en España se ha fracasado. La Historia de los últimos ciento setenta o ciento ochenta años, es la historia de los fracasos, del intento de estructurar, de construir, de estabilizar, de poner las bases para el progreso del país, de todo el país. Nosotros, esta vez, no queremos fracasar. Desde nuestra perspectiva catalana, desde la cual a veces hemos fracasado doblemente, doblemente por nuestra condición de españoles y, además, porque hemos fracasado en aquello que nos afectaba directamente como catalanes»[199].

Convergencia Democrática (centroderecha) y Unión Democrática de Cataluña (democristiana) se coaligaron poco después en Convergència i Unió (CiU), que gobernó ininterrumpidamente Cataluña desde 1980 a 2003, bajo la presidencia del convergente Jordi Pujol. De 2010 a 2015, CiU volvió al Gobierno de la *Generalitat*, hasta su ruptura por la apuesta independentista de la Convergència de Artur Mas, luego derivada en Junts per Catalunya.

Los diputados catalanistas que participaron en los debates de enmiendas a la Constitución de 1978 no fueron los únicos que

199 *Diario de Sesiones del Congreso de los Diputados*, nº 116, 21/7/1978, páginas 4593 a 4595.

se manifestaron en ese mismo sentido. Antes, en el debate sobre la introducción del término «nacionalidades» en la redacción del artículo 2º, una concesión a los nacionalistas para que se sintieran más identificados con la Carta Magna, el representante del Partido Nacionalista Vasco (PNV), Xabier Arzalluz, apuntó que «no buscamos ni en la palabra "nacionalidades", repito, ni en la autonomía, un trampolín para la secesión»[200]. Pujol cuenta en sus memorias que el término lo introdujeron Miquel Roca y él, dado que «el concepto *nación* no era aceptado por las fuerzas políticas españolas y la palabra *región* no se correspondía con nuestra realidad histórica [...] Lo hicimos contra la opinión del *president* Tarradellas, que no quería que se hablara ni de nación ni de nacionalidad»[201].

Tras el giro de los acontecimientos de los últimos tiempos, dichos nacionalismos parecen haber olvidado el papel que desempeñaron en la Transición y la Constitución, una labor de la que hoy reniegan. Alfonso Guerra, vicesecretario general y diputado del PSOE por aquel entonces, desempeñó un trabajo muy importante junto a Fernando Abril Martorell (UCD) para desatascar los trabajos constitucionales. «La historia fallida del constitucionalismo español, siempre con constituciones de parte en función de quién ganaba las elecciones, no podía repetirse. Ahora dicen que fue fácil, pero no: fue dificilísimo», a base de renuncias de unos y otros para lograr consensos, apunta el histórico socialista, quien no duda en considerar que los nacionalistas «ahora han traicionado ese discurso» de considerarse parte de España y de su solución, «y es verdad que nosotros debíamos haber pensado en el 31 y en el 34, cuando ya traicionaron a la República. Pero la verdad es que teníamos tantas ganas de que esta vez saliera adelante, y de que saliera con el concurso de aquellos que nunca habían estado comprometidos en la construcción del Estado, que aceptamos cosas que hoy no aceptaríamos».

Quien luego fue vicepresidente del Gobierno pone como ejemplo la disposición adicional primera sobre los derechos forales: «Hoy

200 *Diario de Sesiones del Congreso de los Diputados*, nº 66, 12/5/1978. Página 2312.
201 PUJOL, Jordi, *Historia de una convicción. Memorias (1930-1980),* Destino, 2012.

no lo haríamos. Pero ya Agustín Argüelles legitimó el foralismo en 1812 para justificar la importación de las ideas de la Revolución francesa, como si los derechos históricos fueran un precedente válido para el régimen liberal, una argucia bienintencionada que luego ha dado muchos problemas». Podríamos enmarcar en ese contexto otras cesiones, como permitir que Cataluña adoptase, en 1980, como día de Fiesta Nacional de Cataluña una «jornada que, si por una parte significaba el doloroso recuerdo de la pérdida de las libertades, el 11 de septiembre de 1714, y una actitud de reivindicación y resistencia activa frente a la opresión, suponía también la esperanza de una total recuperación nacional. Ahora, cuando Cataluña reemprende su camino de libertad, los representantes del pueblo creen que la Cámara Legislativa tiene que sancionar lo que la Nación unánimemente ya ha asumido»[202].

«NACIÓN DE NACIONES»

Que en España convivan pueblos con una identidad diferenciada propia muy marcada no significa que sea un Estado plurinacional. Tampoco que sea una nación de naciones, como defiende ahora el PSOE, como sinónimo de Estado plurinacional. Hubo un tiempo en que Pedro Sánchez no se llamaba a engaño sobre la confiabilidad y objetivos de sus hoy socios y tutores, mutados en nacionalismos excluyentes. En *Manual de resistencia,* asegura: «La supuesta defensa que hace el independentismo del sistema republicano no deja de ser nada más que eso, una supuesta, por falsa, defensa de tal régimen. En realidad, el independentismo catalán ya en la Segunda República cuestionó la integridad territorial y el orden constitucional republicano de igual forma que lo hace ahora con la monarquía parlamentaria. No es un cuestionamiento al tipo de sistema que nos gobierna, sino al ser de España

202 Ley 1/1980, de 12 de junio, por la que se declara Fiesta Nacional de Cataluña la jornada del 11 de septiembre.

lo que subyace en sus ataques hoy a la Corona como lo fue ayer a la Segunda República»[203].

El plurinacionalismo no es un concepto constitucional, obviamente, y solo figura en la Constitución de Bolivia, en su artículo 1, que reza exactamente: «Bolivia se constituye en un Estado Unitario Social de Derecho Plurinacional Comunitario, libre, independiente, soberano, democrático, intercultural, descentralizado y con autonomías. Bolivia se funda en la pluralidad y el pluralismo político, económico, jurídico, cultural y lingüístico, dentro del proceso integrador del país». La administración central boliviana es «el Gobierno plurinacional». El artículo 2, por cierto, también alude al soñado derecho a la autodeterminación, pero siempre dentro de la unidad incuestionable del país sudamericano: «Dada la existencia precolonial de las naciones y pueblos indígena originario campesinos y su dominio ancestral sobre sus territorios, se garantiza su libre determinación en el marco de la unidad del Estado, que consiste en su derecho a la autonomía, al autogobierno, a su cultura, al reconocimiento de sus instituciones y a la consolidación de sus entidades territoriales, conforme a esta Constitución y la ley».

En realidad, ni eso del «Estado plurinacional», la «confederación» o la «nación de naciones» son compatibles con ningún Estado democrático, por más federal que sea. El Estado de las autonomías que es España tiene ya los elementos estructurales propios de un Estado federal, donde tanto el Poder Legislativo como el Ejecutivo están territorialmente repartidos. En España hemos denominado los territorios autónomos como comunidades autónomas, de igual manera que los *Länder* («países») en Alemania o Austria, o las «comunidades» de Bélgica tampoco se llaman «estados».

Los partidos nacionalistas no están tampoco a gusto con un estado federal, porque éste, en esencia, tiende a ser común para todos los ciudadanos, iguales en derechos y obligaciones. Como señala *España: Democracia menguante*, «los nacionalistas afirman

203 SÁNCHEZ PÉREZ-CASTEJÓN, Pedro, *Manual de resistencia*, Península, 2019.

que son representantes de una "nación" (identitaria) que no está "cómoda" (sic) en la posición que ocupa dentro de otra "nación" (política), la española. Pero cuando los representantes de esta última les ofrecen alguna solución para su mejor "encaje" (sic) y alcanzar así una mayor "comodidad", la aceptan inmediatamente y, a la vez, dicen que es insuficiente porque el listón de sus exigencias ya ha aumentado. Sin embargo, cuando al cabo de un cierto tiempo se les plantea negociar este "listón más alto", de nuevo lo aceptan, pero, a renglón seguido, ya exigen otro de mayor nivel. Y así indefinidamente, hasta que los sectores más extremos —y más auténticamente nacionalistas—les empujan, como se ha visto en Cataluña, a su finalidad última: la separación de España para constituirse en un Estado independiente»[204].

El Estatuto de 1979 supuso un paso más en este proceso de reconocimiento de la personalidad y el autogobierno de Cataluña dentro de España. Su aprobación fue una gran noticia para todos. Con la Constitución y el Estatuto, Cataluña obtuvo plena y definitivamente sus instituciones de autogobierno y alcanzó un grado de autogobierno en todos los ámbitos (político, económico y cultural) como nunca había tenido. Baste aquí recordar cinco testimonios que avalan lo que estamos diciendo:

«Y hemos de felicitarnos todos [...], porque si el tema de Cataluña [...] es de todos, también todos estamos seguros, en esta gozosa hora, de que una buena y positiva solución para Cataluña contribuirá definitivamente a consolidar este Estado difícil, pero que hay que alcanzar, de autonomías en libertad»: Rodolfo Martín Villa (Unión de Centro Democrático).

«Quiero expresar la satisfacción de los socialistas de toda España y nuestro reconocimiento [...] a todo ese pueblo catalán, que durante tantos años no ha podido gritar "*Visca Catalunya*"»: Alfonso Guerra (PSOE).

«Hoy estamos viviendo [...] una situación en la que "viva España" quiere decir democracia, libertad; y aquí la novedad de hoy: autonomía para Cataluña. Por ello, hoy y aquí quiero gritar

204 *España: Democracia menguante*, páginas 183 y 184.

por primera vez y sin contradicción: "Viva Cataluña", "*Visca Espanya*"»: Joan Reventós i Carner (PSC).

«Que nadie intente creer que [...] los catalanes vamos a encerrarnos en nosotros mismos. Con esta operación se rompe este vicio del ensimismamiento para contribuir con todas nuestras fuerzas a hacer lo posible no únicamente [para] que la Generalidad funcione, sino [para] que España en su conjunto como Estado funcione»: Miquel Roca i Junyent (Minoría Catalana).

«Permitidme que diga para terminar: "*Ara sí, catalans, ens podem sentir orgullosos d'esser espanyols i poder cridar ¡visca Espanya!* Y, ahora sí, españoles, todos podemos sentirnos orgullosos de ser españoles y gritar *¡Visca Catalunya!*"»: Antonio de Senillosa i Cros (Coalición Democrática).

No es nuestro propósito comentar el Estatuto de 1979, que ya ha sido superado por el Estatuto de 2006, pero sí conviene recordar que en aquel momento se rechazó la propuesta de Ramón Trías Fargas de pedir un concierto económico; una cuestión que se volvió a suscitar en el llamado «pacto del Majestic» (1996) y, más tarde, por Artur Mas en sus conversaciones con Mariano Rajoy. Es esta una cuestión que, de nuevo, ha sido rescatada por Carles Puigdemont en el pacto del 9 de noviembre de 2023 entre el PSOE y Junts. En sus memorias, Jordi Pujol sostiene que eso fue un tremendo error, imputable a los círculos académicos e intelectuales de Cataluña, que en ese momento se dejaron llevar por las modas y desdeñaron el concierto por «reaccionario, medieval, insolidario y no moderno»[205]. Lo cierto es que cuando Pujol tuvo la ocasión de reclamar un concierto —el antes aludido pacto del Majestic— no lo hizo, a pesar de que ése fue el consejo que le dio Joaquim Molins, entonces presidente del grupo parlamentario catalán en el Congreso. Años después, fue Artur Mas el que hizo *casus belli* de esta misma reivindicación.

Con la aprobación del *Estatut*, las aguas parecieron calmarse, pero en el mundo nacionalista ya había quien pensaba que la Constitución y el Estatuto no eran más que un paso hacia la

205 *La Vanguardia*, 17/4/2012, "Pujol y Roca lamentan que Catalunya no quisiera el concierto en la Transición".

independencia. Cuenta Josep López de Lerma, diputado convergente, que, en pleno debate constitucional, Jaume Ciurana i Galceran (CiU) le espetó a Jordi Pujol: «Pero ¿sabes qué?, yo distingo entre "táctica" y "estrategia". Hay que tener clara la estrategia (el objetivo último) para no errar en la táctica. Y para mí no hay otro objetivo que la independencia de Cataluña. ¿Tú dónde te encuentras? No hubo respuesta por parte de Pujol»[206].

Jordi Pujol no respondió, pero sí se puso manos a la obra, con una clara política de «recatalanizar» la sociedad durante sus veintitrés años ininterrumpidos en la *Generalitat*, haciendo bueno el eslogan de «Hoy, paciencia; mañana, independencia».

La aparente paz del *oasis catalán* se rompe cuando el sucesor de Pujol en la *Generalitat*, el socialista Pasqual Maragall, el 15 de diciembre de 2003, anuncia una reforma del *Estatut de Autonomía* que pone encima de la mesa cuestiones que apenas se habían suscitado en los años anteriores. El pacto del Tinell entre PSC, ERC e Iniciativa per Catalunya i Els Verts, además de pretender aislar al PP en Cataluña y el resto de España, produce una aceleración soberanista por parte de las autoridades autonómicas y la ruptura del principio que postula que cualquier reforma del bloque constitucional debe consensuarse con los grandes partidos nacionales. No es nuestro propósito analizar el Estatuto en profundidad, pero sí recordar algunas de sus disposiciones que hoy vuelven a ser reclamadas tanto por Junts como por ERC, a pesar de haber sido declaradas inconstitucionales, en 2010. La Constitución no ha cambiado y, en consecuencia, el Tribunal tendrá que cambiar de criterio, si se ve forzado a aceptar las reivindicaciones de los secesionistas.

En su Preámbulo, aquel Estatuto empezaba por afirmar que Cataluña como pueblo tiene carácter de sujeto político y jurídico; es decir, deja de ser una nacionalidad para pasar a ser una nación o, al menos, una realidad nacional. Para reafirmar esta singularidad, el Estatuto prescribe que el conocimiento de la lengua catalana es un deber y, en consecuencia, es la lengua preferente

206 LÓPEZ DE LERMA, Josep, *Cuando pintábamos algo en Madrid: breviario crítico de un diputado en la Carrera de San Jerónimo*, Economía Digital, 2017. Página 20.

en la enseñanza. En materia de competencias, consagra el principio de bilateralidad y atribuye a la *Generalitat* la totalidad de las competencias que no hubiesen sido expresamente asumidas por la Administración Central, cuya jurisdicción tendría carácter residual. En la práctica, supondría la desaparición del Estado en Cataluña. En materia de financiación, el nuevo Estatuto estableció una agencia tributaria compartida con la estatal y recortó la capacidad de decisión del Consejo de Política Fiscal y Financiera; pretensión rescatada por Carles Puigdemont cuando aspira a establecer «una cláusula de excepción de Cataluña».

Y, ahora, llega la pregunta del millón: ¿por qué Pasqual Maragall se echó en brazos de ERC en el Pacto del Tinell y se empecinó en una reforma estatutaria que nadie le había pedido rompiendo con el principio que postulaba que cualquier reforma del bloque constitucional debía consensuarse entre los dos grandes partidos nacionales? Nadie conoce la respuesta, pero aventuramos que tal vez se debió a su voluntad de reafirmar su pertenencia a la comunidad nacional catalana, a la articulación de un discurso político propio. Los socialistas se sabían actores principales en el proceso de recuperación de las libertades colectivas de Cataluña y sintieron que los nacionalistas les habían robado la cartera. Por eso, encomendaron la dirección del partido a los sectores más nacionalistas y, por cierto, más burgueses, sacrificando al sector más obrerista, en donde radicaba su fuerza electoral. La pregunta puede parecer extemporánea pero no lo es porque los socialistas catalanes tienen, hoy como entonces, una enorme capacidad de fijar el rumbo del socialismo español. Sánchez sabe que su reserva electoral está en Cataluña y muchos nos tememos que haga cualquier cosa con tal de conservarla.

Sospechar que el socialismo español anda siempre a remolque de lo que digan sus compañeros catalanes es todo menos una paranoia. En aquellos tiempos, José Luis Rodríguez Zapatero, secretario general del PSOE, se comprometió a ratificar a ciegas cualquier texto que aprobase el Parlamento catalán, ignorando que su obligación era verificar la constitucionalidad del texto remitido. Lo hizo pensando que sería Rajoy quien tendría que lidiar aquel morlaco, pero ganó las elecciones generales y se encontró con unas letras que no podía pagar. Para salir del trance, ordenó a Alfonso Guerra, entonces presidente de la Comisión Constitucional, que «cepillase» el *Estatut*. El exvicepresidente no dudó en calificar de «infumable» el texto aprobado por el Parlamento catalán, al tiempo de advertir que suponía una «reforma encubierta de la Constitución», por lo que «tiene pocas posibilidades de prosperar». Entre otros aspectos, objetaba que el *Estatut* definiese Cataluña como una nación, puesto que en la redacción de la actual Constitución se llegó a un acuerdo para que las comunidades autónomas pudieran ser «nacionalidades», pero no naciones, término reservado a España, tal y como establece el artículo 2 de la Carta Magna. Además de suponer, según Guerra, «una ruptura del pacto del 78», «si pretenden calificarse ahora de nación, queda poca duda de que dentro de muy poco tiempo vayan a argumentar que, si somos una nación, necesitamos un Estado»[207]. Eran «muchos artículos los que plantean dificultades de encaje constitucional». Entre otros detalles «que también se escapa de la legislación actual» citaba la financiación o «la utilización de las modificaciones de leyes orgánicas que corresponde al Parlamento nacional y no a un parlamento de una comunidad autónoma; y el blindaje de las competencias para que el Estado no pueda hacer leyes base»[208].

Gregorio Peces-Barba, ya retirado de la política, resumió la situación como «una acumulación de despropósitos» y criticó «la irresponsable actitud de Zapatero, dando vía libre a los excesos». Para él, «no tuvieron los políticos catalanes del tripartito y de la oposición la suficiente mesura para saber los límites constitucionales, y para autocontrolarse, dejando que el tema llegase a extremos que cualquiera puede entender que superan con exceso los textos de la Carta Magna de 1978. Ponían así de relieve una

207 *El País*, 8/7/2005, "Guerra advierte de que el nuevo Estatuto catalán es «una reforma encubierta de la Constitución»".

208 *El Mundo*, 30/9/2005, "Alfonso Guerra cree que 'muchos artículos' del Estatut 'plantean dificultades de encaje constitucional'".

falta de respeto, de afecto y de lealtad a la norma suprema y una utilización oportunista de sus competencias»[209].

Carod-Rovira se negó en redondo a «pulir» el texto del *Parlament* y tuvieron que echarlo del Gobierno autonómico. Rodríguez Zapatero se volvió entonces a Artur Mas y logró cerrar un Estatuto que era menos brutal que el que había llegado, pero que seguía incluyendo disposiciones de dudosa constitucionalidad.

Las decisiones de Maragall y Rodríguez Zapatero implicaron un cambio importante en el PSC, en Cataluña y en el escenario de la Transición. El PSC deja de ser un partido internacionalista comprometido con la igualdad para pasar a ser un partido nacionalista más. Los partidos nacionalistas clásicos —CiU y ERC— sintieron el aliento de los socialistas en el cogote y abandonaron el pragmatismo del que habían hecho gala hasta entonces *—peix al cove—* para acentuar sus perfiles secesionistas. En el conjunto de España se enterró la idea del consenso que hizo posible la Transición para sustituirlo por una polarización que, a juicio de Rodríguez Zapatero, les garantiza la permanencia en el poder.

La resaca del *Estatut* fue muy importante. En realidad, como señala el tan citado acuerdo PSOE-Junts, la movilización en favor de la independencia no puede comprenderse sin la Sentencia 31/2010 (de 28 de junio) del Tribunal Constitucional, a raíz, fundamentalmente, de un recurso del PP (hubo también recursos del Defensor del Pueblo y cinco comunidades autónomas gobernadas por el PP). Declaraba nulos, por inconstitucionales, catorce de los doscientos veintitrés artículos del *Estatut* que había sido aprobado previamente por el *Parlament*, las Cortes Generales y en referéndum.

Aquello provocó una reacción ciudadana, al grito de «*Som una nació. Nosaltres decidim*», que es encabezada por el entonces presidente de la *Generalitat*, el socialista José Montilla, quien dice no reconocer legitimidad alguna al Tribunal para modificar las decisiones del pueblo catalán. Para poner las cosas en su sitio, diremos que a nadie le preocupan demasiado los artículos que

209 *El País*, 30/6/2010, "El Estatuto catalán y el respeto".

fueron anulados. Como ya contamos en *Por una convivencia Democrática* (Deusto, 2017), cada vez que en Barcelona hemos preguntado a nuestros interlocutores cuántos y cuáles son los artículos del Estatuto que el Tribunal Constitucional declaró nulos, nunca obtenemos respuesta. Es más, ni los mismos juristas catalanes críticos con esa sentencia formulan objeciones de fondo. Ello nos lleva a sospechar que no les preocupan tanto los artículos impugnados como el hecho mismo de la impugnación. Lo que los soberanistas cuestionan es la legitimación del Tribunal Constitucional para enjuiciar una norma fruto de un pacto político entre el Parlamento catalán y las Cortes y ratificada por la ciudadanía catalana en referéndum.

En realidad, estamos ante una muestra elocuente más de lo que importan a los populismos/ nacionalismos las leyes y la separación de poderes. Es lógico, teniendo en cuenta que los nacionalismos siempre invocan una identidad étnica como fuente de sus derechos, anterior y superior a esa modernez de la Edad Contemporánea en la que hasta los desheredados del mundo aspiran a la igualdad de todos los ciudadanos a través de la ley.

LA ESPIRAL SECESIONISTA

En la Cataluña de Artur Mas, con la campaña de conmemoración de la mayor afrenta supuestamente perpetrada contra Cataluña en marcha, el tricentenario de la toma de Barcelona de 1714, los ánimos ya estaban calientes. El Parlamento de Cataluña aprueba, el 23 de enero de 2013, una *Declaración de soberanía y del derecho a decidir del pueblo de Cataluña* (Resolución 5/X), en la que se dice que «el pueblo de Cataluña tiene, por razones de legitimidad democrática, carácter de sujeto político y jurídico soberano». Dicha resolución no se limita a romper el orden constitucional, sino que, dando un paso más, «anima a todos los ciudadanos y ciudadanas a ser protagonistas activos en el proceso democrático del ejercicio del derecho a decidir del pueblo de Cataluña».

Como era de esperar, el Tribunal Constitucional, en su sentencia 42/2014, de 25 de marzo, admite que «el planteamiento de concepciones que pretendan modificar el fundamento mismo del orden constitucional tiene cabida en nuestro ordenamiento, pero siempre que el intento de su consecución efectiva se realice en el marco de los procedimientos de reforma de la Constitución, pues el respeto a esos procedimientos es, siempre y en todo caso, inexcusable». Eso es lo que hizo en su día el lehendakari Ibarretxe, y es lo que deben hacer los responsables de la *Generalitat* de *Catalunya* si pretenden seguir avanzando por el camino de la secesión.

Sentado lo anterior, la sentencia se cuida de precisar que el único soberano en nuestro orden constitucional es el pueblo español. En consecuencia, «el reconocimiento al pueblo de Cataluña de la cualidad de soberano, no contemplada en nuestra Constitución para las nacionalidades y regiones que integran el Estado, resulta incompatible con el artículo 2 de la Constitución española, pues supone conferir al sujeto parcial del que se predica dicha cualidad el poder de quebrar, por su sola voluntad, lo que la Constitución declara como su propio fundamento en el citado precepto constitucional: la indisoluble unidad de la nación española».

En realidad, no es preciso ser catedrático en Derecho para entender que la decisión de un Parlamento de una Comunidad Autónoma de lograr una separación del Estado (democrático y altamente descentralizado) al que pertenece, con la intención de constituirse sin más en un Estado propio, no es compatible con los más elementales postulados jurídicos. Como bien dejó dicho el Constitucional, «la primacía incondicional de la Constitución requiere que toda decisión del poder quede sujeta a la Constitución, sin que existan, para el poder público, espacios libres de la Constitución o ámbitos de inmunidad frente a ella»[210].

En febrero de 2013, la *Generalitat* creó el Consejo Asesor para la Transición Nacional, encargado de planificar una consulta sobre la independencia de Cataluña y la creación de estructuras de Estado. El 27 de septiembre de 2014, el presidente de la *Generalitat* de Cataluña firma el decreto de convocatoria de una consulta en la que se pregunta a los catalanes y residentes en Cataluña mayores

210 STC 42/2014, de 25 de marzo, FJ 4 c.

de dieciséis años de edad dos cuestiones: «¿Quiere que Cataluña se convierta en un Estado? Sí o no»; y, en caso afirmativo, la segunda era: «¿Quiere que ese Estado sea independiente? Sí o no». Eran las mismas preguntas que habían pactado los independentistas en diciembre de 2013.

El 29 de septiembre de 2014, el Tribunal Constitucional suspendió de forma cautelar el decreto de convocatoria. El 14 de octubre de ese año, la consulta deja de llamarse así para pasar a denominarse «proceso participativo». El presidente Mas no aclaró en qué marco jurídico se basaba esta nueva consulta para no dar pistas al Estado, pero llegó a decir que «había que engañar al Estado»[211].

El 9 de noviembre siguiente, se celebra el «proceso participativo». Los locales de votaciones abren sin incidencias en el horario previsto. La vicepresidenta de la *Generalitat* proporciona datos de participación y se produce el recuento de votos como en cualquier otra consulta. El despliegue informativo es impresionante, y la repercusión en el extranjero, importante. No resultó nada fácil en los meses siguientes explicar las sutilísimas diferencias entre «referéndum», «consulta» y «proceso participativo». Porque, al final, si anda como un pato, nada como un pato y parpa como un pato, es un pato.

Según los datos facilitados por la *Generalitat*, votaron por el «doble SÍ» 1.861.753 personas (el 80,76% de los 2.236.086 ciudadanos que participaron); votaron «SÍ a la primera pregunta y NO a la segunda» 232.186 personas (el 10,7 por ciento del total), y votaron «NO a la primera pregunta» (lo que impedía votar a la segunda pregunta) 104.772 electores (el 4,54%). La participación fue del 37,02% de los posibles votantes, muy lejos del «porcentaje claro» que exigiría la Ley de Claridad canadiense, puestos a hacer comparaciones. En relación con la legalidad o ilegalidad de tal consulta, poco hay que decir que no se haya dicho ya, porque el Tribunal Constitucional, en innumerables ocasiones (STC 103/2008, STC 42/2014, STC 31/2015, STC 32/2015, STC 43/2015

211 *El Periódico de Cataluña*, 25/10/2014, "Mas: «Tenemos que engañar al Estado»"

y, finalmente, la STC 259/2015), ha venido declarando de forma reiterada y constante que un referéndum de autodeterminación no se puede llevar a cabo sin una previa reforma constitucional que lo autorice.

De la jurisprudencia del Tribunal Constitucional se deduce, en otras palabras, que la reforma de la Constitución debe preceder a un hipotético referéndum de autodeterminación, y no al revés. Ítem más: la decisión final sobre esta reforma correspondería en todo caso a las Cortes Generales y, en última instancia, al pueblo español (artículo 168 de la Constitución española). La articulación contraria supondría autorizar una consulta «territorializada» para que los ciudadanos de una Comunidad Autónoma ejercieran un hipotético derecho a decidir sin que el pueblo español haya decidido incorporar a la Constitución el derecho a la autodeterminación. Eso, como señala el doctor en Derecho Mariano Bacigalupo, «entraña un elevadísimo riesgo de choque de legitimidades que sería políticamente irresoluble. En efecto, no existe ninguna garantía de que fuera a prosperar la posterior reforma agravada para traducir constitucionalmente los efectos políticos de la previa consulta sobre el encaje de un territorio en el Estado español»[212].

Sobre la cuestión del acierto o desacierto de haber permitido la celebración del proceso participativo hay distintas escuelas de pensamiento. Nuestra postura era muy clara. En un desayuno informativo organizado por *Europa Press*, el 16 de septiembre de 2014, uno de los autores de este ensayo, el entonces ministro de Asuntos Exteriores José Manuel García-Margallo, sostuvo que el Gobierno estaba obligado a impedir que la consulta se celebrase. Uno de los periodistas presentes formuló la siguiente pregunta: «¿Estaría usted dispuesto a aplicar el artículo 155 de la Constitución española para evitarlo?». Y recibió un indubitado «Sí». A la pregunta de cómo podría hacerse, se contestó que ordenando a la *Generalitat* catalana la requisa y destrucción de las urnas de cartón y de las papeletas que se estaban haciendo en una cárcel de

212 *El Confidencial*, Blog FIDE, 7/4/2016, "¿Permite la Constitución un referéndum de autodeterminación en una comunidad?".

Lérida e impidiendo que los colegios electorales se abriesen el día de la votación. En el caso de que la *Generalitat* no atendiese esta orden, los *Mossos d'Esquadra* se deberían poner a las órdenes del Gobierno de la nación para hacer cumplir unas obligaciones que la *Generalitat* se niega a cumplimentar. Al mismo tiempo, añadió el citado coautor, abriría conversaciones con la *Generalitat* sobre una reforma constitucional, sobre una ley de lenguas y sobre un nuevo sistema de financiación basado en el principio de corresponsabilidad fiscal. En uno de nuestros libros anteriores, *Por una convivencia democrática* (Ediciones Deusto, 2017), se desarrollaron estas tres propuestas, que fueron contempladas con cierta *simpatía* por Artur Mas y avaladas expresamente por Alfredo Pérez-Rubalcaba, entonces secretario general del PSOE, en el epílogo que tuvo la amabilidad de escribirnos. Firmeza en el cumplimiento de la ley, flexibilidad en el diálogo dentro de la ley.

La celebración de esta consulta supuso un gran impacto para los partidos políticos españoles. El Partido Popular se hundió en Cataluña y sufrió un daño muy considerable en el resto de España, porque fue tildado de poco decidido en una cuestión tan importante como la unidad de España. Los votantes del PP que comulgaron con esta tesis nutrieron las filas de Ciudadanos y Vox.

Como moraleja de este episodio quisiéramos subrayar que en lo que está por venir no se trata de discutir lo que no se puede discutir, es decir, la soberanía del pueblo español, la unidad de España, la igualdad de los españoles y la solidaridad interterritorial; pero sí de discutir todo lo que quepa dentro del marco de la ley. No se trata tampoco de abordar la reforma de la Constitución para resolver la cuestión catalana, aunque esta reforma debería dar también respuesta a esta cuestión.

SOSTENELLA Y NO ENMENDALLA

La expresión «sostenella y no enmendalla» define el comportamiento de los viejos hidalgos castellanos, decididos, incluso a sabiendas, a desenvainar antes de reconocer un error. Probablemente, el ejemplo más conocido de esta actitud es la del padre de doña Jimena (esposa de Rodrigo Díaz, el Cid), al que retratan los versos de Guillem de Castro en *Las mocedades del Cid* (1618): «Esta opinión es honrada. / Procure siempre acertalla / el honrado y principal; / pero si la acierta mal, / defendella y no enmendalla».

Como consecuencia de los subsiguientes resultados electorales, el nuevo Parlamento catalán aprueba otra «Resolución sobre el inicio del proceso político de Cataluña» (Resolución 1/XI de 9 de noviembre de 2015), que establece negro sobre blanco la ruta hacia la constitución de un Estado propio. Dicha resolución declara iniciado «el proceso de creación de un Estado catalán independiente en forma de República», así como «la apertura de un proceso constituyente [...] para preparar las bases de la futura Constitución catalana». Además, el Parlamento catalán se autoatribuye la condición de «depositario de la soberanía» y «expresión del poder constituyente». Si se nos permite la expresión, esta (como poco) «imprudente» declaración del Parlament encarna en términos jurídicos una suerte de «rebelión constitucional». Establecer sin tapujos que el Parlamento catalán y el llamado «proceso de desconexión» del Estado español «no se supeditarán a las decisiones de las instituciones del Estado español, en particular a las del Tribunal Constitucional, que considera falto de legitimidad y competencia» o que el Parlamento y el Gobierno catalanes cumplirán «exclusivamente las normas o los mandatos emanados de esta Cámara» constituye una decisión inaceptable en un acto institucional de un Parlamento autonómico. Pero, en todo caso, el objetivo resulta evidente. Se trata de abrir un proceso de desconexión unilateral respecto a España con la intención de, una vez creadas las necesarias estructuras de Estado dentro y fuera de Cataluña, constituir un Estado propio en la comunidad internacional.

Poco ha cambiado la actitud de los *progresistas* socios de Sánchez de Junts, que no renuncian a ese planteamiento, ya que, según explicó Carles Puigdemont, «los únicos límites los pone el *Parlament*, nadie más, y el *Parlament* es, y lo dice el acuerdo, el representante legítimo del pueblo de Cataluña. Por eso Junts per Catalunya hace constar el acuerdo que defiende la legitimidad del referéndum del uno de octubre y de la declaración de independencia del 27 de octubre de hace seis años. Y lo hace porque son decisiones tomadas en nombre del pueblo de Cataluña y por sus legítimos representantes». Acerca de qué tratarían las negociaciones futuras entre Junts y PSOE, recomendaba: «Quien tenga interés en saber de qué hablaremos, qué quiere y qué pide el pueblo de Cataluña, puede repasar las decisiones que ha tomado el *Parlament* y tendrá una idea exacta y precisa».

Cierto es que el Tribunal Constitucional tardó menos de un mes en declarar por unanimidad la inconstitucionalidad manifiesta de tal Resolución (STC 259/2015, de 2 de diciembre). Pero verdad es también que el Parlamento catalán ha perseverado en su intención de alcanzar la imaginaria Arcadia perdida de un Estado propio en sucesivas decisiones que bien merecerían un añadido en las *Bucólicas*, de Virgilio: creación de una Comisión de Estudio del Proceso Constituyente (Resolución 5/XI, de 20 de enero de 2016); ratificación del informe y de las conclusiones de dicha comisión (Resolución 263/XI, de 27 de julio de 2016); y reiteración de las resoluciones previas sobre el referéndum y el proceso constituyente (Resolución 306/XI, de 6 de octubre de 2016). Como era de esperar, estas resoluciones han merecido la consabida reprimenda constitucional en sucesivos incidentes de ejecución (autos del Tribunal Constitucional de 19 de julio de 2016, de 6 de octubre de 2016 y de 14 de febrero de 2017), así como la remisión de las actuaciones a la Fiscalía General del Estado por si pudieran ser constitutivas de responsabilidad penal. Con todo, y más allá de los poderes del Estado, se entraba en una peligrosa espiral de consecuencias (políticas) difícilmente predecibles.

Lo que importa subrayar ahora es que estas dos resoluciones —la 5/X, de 23 de enero de 2013, y la 1/XI, de 9 de noviembre de 2015— equivalen a un órdago en toda regla. Como señala Josep Maria Castellà Andreu, de lo que aquí se está hablando es de «una crisis que cuestiona la propia unidad del Estado [...], la crisis político-constitucional por excelencia, porque afecta a la integridad y a la continuidad del sujeto político —el pueblo y la nación españoles— que lo fundamentan, y no sólo a las formas de organizarlo (forma de estado y forma de gobierno) ni a los concretos problemas de su funcionamiento ordinario»[213].

El 27 de septiembre de 2015, como hemos contado en otro de nuestros libros, *España en su laberinto*, se celebraron elecciones autonómicas anticipadas, presentadas por los independentistas como un plebiscito sobre la independencia. La coalición «Junts pel Sí» (integrada, entre otros, por Convergencia y ERC) obtuvo sesenta y dos escaños, que, unidos a los diez de la CUP (Candidatura de Unidad Popular), otorgaban mayoría absoluta a los independentistas (Ciudadanos obtuvo veinticinco; el PSC, dieciséis; el PP, once; y el conglomerado «*Catalunya sí que es pot*», en el que entraban ICV y Podemos, once).

En las negociaciones posteriores entre los partidos independentistas, la CUP vetó a Artur Mas como presidente del *Govern*, y el elegido para sucederle, como solución de compromiso, fue Carles Puigdemont, un periodista que había sido alcalde de Gerona y que tenía un probado pedigrí independentista. El líder de ERC, Oriol Junqueras, asumió la vicepresidencia. Bajo la batuta de ambos, el «*procés*», como se conocía a la dinámica proindependentista, se aceleró. No entraremos en detalles de esta etapa, que suponemos de sobra conocidos por el lector y sobre la que existe abundante bibliografía.

En junio de 2017, Puigdemont anunció un referéndum, esta vez vinculante, con la pregunta «¿Quiere que Cataluña sea un estado independiente en forma de república?». El 6 de septiembre, en una sesión plagada de irregularidades y con una sala medio vacía, el Parlamento de Cataluña aprobó la ley de referéndum, y el Gobierno catalán firmó la convocatoria. La reacción del Ejecutivo español ante todas estas iniciativas —y las posteriores— se centró en la vía jurídica y no en la política, tampoco en la mediática. Persiguió, y logró, que los tribunales fuesen anulando, por manifiestamente ilegales e inconstitucionales, todas las decisiones y medidas que el *Parlament* y el Gobierno de la *Generalitat* iban

213 "Tribunal Constitucional y proceso secesionista catalán: respuestas jurídico-constitucionales a un conflicto político-constitucional", en *Teoría y Realidad Constitucional*, nº 37, UNED, 2016, p. 562.

adoptando. Así, por ejemplo, el Constitucional suspendió cautelarmente la convocatoria del referéndum. Pero este procedimiento, ayuno de medidas más contundentes y huérfano de una contraofensiva de carácter político, tan solo sirvió para dar brío a los secesionistas y enfangarse con ellos en un torneo jurídico (por ejemplo, a la citada suspensión cautelar del TC respondió el *Parlament* aprobando una Ley de Transitoriedad Jurídica).

A estas alturas del partido, eran ya muchas las voces que reclamaban la aplicación del artículo 155 de la Constitución y la consiguiente suspensión de la autonomía de Cataluña o de parte de ella, pero el Gobierno se resistió a dar tal paso. Ni siquiera cuando el Parlamento catalán aprobó las leyes de desconexión, que eran un flagrante acto de rebeldía que hubiera justificado sobradamente la aplicación de tal artículo. Es cierto que el PSOE no ayudaba precisamente, y al Gobierno, o al PP, le debía preocupar la adopción en solitario de una medida de tal gravedad. Pero estos son los gajes del poder: a veces los Gobiernos deben adoptar las decisiones apropiadas aun a riesgo de hacerlo en soledad. Tampoco está nada claro que una medida así hubiese tenido un coste político. Tal vez, al contrario, la opinión pública lo habría respaldado.

En un ambiente de crispación y belicosidad crecientes, la fecha del referéndum, fijado para el día 1 de octubre, se fue acercando. Los tribunales y la policía judicial se fueron encargando de ir desmontando todos los pasos que los independentistas intentaban dar para hacer posible el referéndum (censo electoral, juntas electorales, urnas, papeletas…), y el Gobierno pareció pensar que en estas condiciones aquella pantomima no se produciría, salvo algunos simulacros menores (tal vez alguna urna testimonial y poco más).

Por fin, llegó el día señalado, y, desgraciadamente, hubo un referéndum ilegal, carente de las mínimas garantías, descalificado por todos los «observadores», plagado de irregularidades, algunas de grosera desfachatez, con personas votando varias veces, urnas que llegaban a las mesas ya previamente rellenas de papeletas y recuentos efectuados en privado por los propios independentistas. Sin embargo, a los ojos de las televisiones de medio mundo, hubo mesas, hubo urnas, hubo papeletas y hubo personas votando.

Curiosamente, en el pacto de investidura del PSOE con Junts se apunta que contó «con una participación masiva en favor de la independencia de Cataluña». La portavoz de Junts en las Cortes aseguró: «La participación fue masiva y el apoyo a la independencia superó el 90%». Para colmo, la propaganda independentista fue tremendamente eficaz a la hora de difundir una imagen falsa de pacíficos votantes siendo objeto de brutales cargas policiales. Se difundieron imágenes falsas, se lanzó a los vientos la cifra falsa de mil personas heridas por la policía, se inventaron incluso historias de agresiones sexuales… La imagen de España en el mundo quedó seriamente erosionada. Y el Gobierno español, anonadado, no fue capaz de articular una respuesta. Durante cuarenta y ocho horas agónicas, los ciudadanos españoles asistieron atónitos y estremecidos a una crisis institucional y política de tremenda gravedad, cuyo desenlace no se atinaba a vislumbrar. Tuvo que ser el Rey quien, el 3 de octubre, en un vibrante mensaje ante las cámaras de televisión, hiciera frente a la sedición y devolviera la confianza a los españoles.

Consecuentes con su programa, los independentistas, amparados en la supuesta legitimidad y mandato que los votantes catalanes les habían dado, continuaron con su programa. El 10 de octubre, Puigdemont proclamó la independencia para suspenderla acto seguido, y, por fin, el Gobierno español se decidió a iniciar los trámites para la aplicación del artículo 155. Días después, el 27 de octubre, en una sesión pretendidamente emotiva y un tanto fúnebre (los asistentes sabían lo que se les venía encima), el Parlament declaró solemnemente la independencia de Cataluña. Ese mismo día, el Senado aprobaba la aplicación del artículo 155 de la Constitución y el presidente Rajoy suspendía la autonomía de Cataluña.

El órdago separatista terminó con Puigdemont fugado a Bélgica y los principales cabecillas juzgados y sentenciados a severas penas de prisión. También con la demostración de que *in extremis* el Estado era más fuerte (y la muestra añadida, nada irrelevante, de que el valor de los independentistas y su disposición a arriesgar vidas y haciendas por la patria eran manifiestamente mejorables). Pero, en la otra cara de la moneda, es menester advertir que la máquina independentista, aunque coyunturalmente derrotada, quedó intacta. En las elecciones de 21 de diciembre de 2017, y aunque por primera vez un partido constitucionalista, Ciudadanos, quedara el primero en número de votos (25,37 %) y escaños (36), la suma de los partidos independentistas revalidó su mayoría absoluta en el *Parlament*. Con el control de la *Generalitat* en sus manos, los independentistas continuarían utilizando la educación, los medios de comunicación afines (en especial, *TV3*) y las «embajadas» en el exterior (todo ello con abundancia de recursos públicos), para seguir adelante con el *procés*.

Lo que vino después es conocido. Pedro Sánchez, como ya sabemos, fue elegido presidente del Gobierno en la moción de censura que se debatió en los primeros días de junio de 2018 con el apoyo tanto de ERC como del PdeCAT de Puigdemont. En 2019, se celebraron dos elecciones: el 28 de abril y el 10 de noviembre. El 30 de diciembre del mismo año, se firmó el acuerdo de coalición entre el PSOE y Podemos, pacto en el que no figura ni media palabra sobre la cuestión catalana. Sin embargo, el Gobierno adoptó medidas extraordinariamente discutibles sobre el *procés*: indultos para los implicados pese a no haber sido solicitados formalmente por los condenados, no contar con el informe favorable del tribunal sentenciador y no poder apoyarse ni en el arrepentimiento ni el propósito de enmienda de los beneficiarios.

Posteriormente, el Gobierno que se formó el 21 de noviembre de 2023 fue mucho más lejos: un giro copernicano en la política hasta ahora seguida que amenaza la unidad de España y la democracia liberal. Lo que está ocurriendo no puede ser más grave, porque las crisis económicas se remontan, los conflictos políticos se superan; pero, si nuestro país se disuelve, eso será un hecho irreversible: un parteaguas en la historia de España, e, incluso, de nuestra civilización. Para mantenerse en Moncloa, Pedro Sánchez se ha plegado a todas las exigencias de Junts, a las que se unen las de ERC, las de Bildu y las del PNV (a rebufo, sin hiperventilación, para lograr el vaciado del Estado en su región y en Navarra, para irla asimilando tranquilamente como parte de la mítica Euskal Herria. Tras la incorporación de la Comunidad Foral, apegada al procedimiento constitucional, empezará la solicitud firme de independencia de ese País Vasco ampliado, quién sabe si con una fórmula similar a la del Estado Libre Asociado). Le toca ahora intentar encajarlas en el ordenamiento constitucional, pero es consciente de que para hacerlo deberá *okupar* los tres poderes del Estado, especialmente el Judicial. Ni más ni menos.

CAPÍTULO 7.
EL ASALTO AL ESTADO DE DERECHO

«Todas las autocracias tienen en común que retuercen la Constitución y la legalidad en vigor hasta moldearlas a las exigencias del "amado líder"; se sirven de la democracia para llegar a la autocracia. El refinamiento golpista de Polonia o Hungría es el modelo seguido por el Gobierno populista de Sánchez: apoderarse poco a poco de todos los poderes del Estado retorciendo o violando de lleno la Constitución y las leyes de organización del Estado». Quien se pronunciaba con esta contundencia, mucho antes de que tomase posesión el último Gobierno de Pedro Sánchez ahormándose a los deseos más extremos de sus apoyos parlamentarios, era la jurista Araceli Mangas Martín, de la Real Academia de Ciencias Morales y Políticas, además de catedrática de Derecho Internacional Público y Relaciones Internacionales de la Universidad Complutense de Madrid[214].

La profesora Mangas es una de las personalidades responsables del ya mencionado *España. Democracia menguante.* Tan grave veían la situación política en el momento de su publicación, 2022, como para afirmar que «los peligros que nuestra democracia corre son de tal gravedad que ponen en alto riesgo su propia supervivencia»[215].

214 *El Mundo*, 20/12/2022, "Autocracia parlamentaria".
215 ARAGÓN, M., CARRERAS, F., y otros, *España: Democracia menguante*,

La democracia es una flor delicada. No consiste simplemente en celebrar elecciones periódicas para elegir gobernantes. Como hemos visto en el anterior capítulo, la mayoría parlamentaria no otorga patente de corso, no puede interpretarse como «la voluntad del pueblo» que faculta para violentar la ley, coartar los derechos de las minorías o colonizar todos los poderes e instituciones del Estado. Una democracia plena, lo que venimos calificando como «democracia liberal», que es la que se consagra en la Unión Europea, es indisoluble del Estado de derecho, del imperio de la ley, a la que se deben someter todas las instituciones del Estado, incluido el propio Parlamento, y, por supuesto, el Gobierno.

Ese imperio de la ley, ese Estado de derecho, implica que las leyes, empezando por la Constitución, deben cumplirse en su letra y también en su espíritu (por los ciudadanos y, más aún, por los poderes públicos), que su modificación, si se hace, debe efectuarse por los procedimientos establecidos, que la separación de poderes debe ser real, y eso significa asegurar el respeto a los procedimientos parlamentarios y el ejercicio real de los derechos de las minorías, así como respetar, igualmente, la independencia del poder judicial. Como también significa asegurar la neutralidad de instituciones que lo son del Estado y no del Gobierno ni del partido que lo sustenta. Quebrantar todo esto debilita la democracia, porque otorga al partido gobernante una ventaja sobre la oposición, porque impide que todas las fuerzas políticas concurran a las elecciones con las mismas armas y porque, en consecuencia, aunque los comicios puedan ser limpios en su realización, sin presiones, coacciones ni manipulaciones en el recuento de votos, pueden estar en buena medida viciados previamente. Basta mirar la historia reciente de Venezuela para comprobarlo.

Fundación Colegio Libre de Eméritos, Madrid, 2022. Página 82.

A GOLPE DE DECRETO

Una de las vías del deterioro de nuestra democracia viene de la mano de la usurpación del Poder Legislativo por parte del Ejecutivo, corroborada por especialistas tan acreditados como el citado grupo de profesores del Colegio Libre de Eméritos. Hay un uso abusivo de decretos leyes, que se han convertido en el modo ordinario de legislar de los gobiernos presididos por Sánchez. Los constituyentes españoles fuimos muy conscientes de la menor calidad democrática de los decretos leyes respecto a las leyes aprobadas en Cortes. Probablemente, porque ocupamos los escaños que días antes habían abandonado los procuradores del régimen anterior. Sabido es que la Constitución habilita al Gobierno a promulgar disposiciones con rango de ley y naturaleza provisional que adopta la forma de decretos leyes. Semejante habilitación, dice Germán José María Barreiro González, «conlleva romper el esquema de cualquier sistema fundado en la clásica división de poderes, dejando en manos del Ejecutivo competencias en puridad sólo predicables del legislativo [...] en cuanto pone a su disposición [...] un instrumento con el que atender necesidades que reclaman una acción legislativa inmediata, permitiéndole modificar y reformar las normas del Parlamento, incluso a riesgo de incurrir en supuestos más que discutibles de deslegalización»[216].

Precisamente, porque se trata de una figura excepcional y extraordinaria en las democracias liberales, la Constitución establece límites muy precisos. El artículo 86 dice así: «En caso de extraordinaria y urgente necesidad, el Gobierno podrá dictar disposiciones legislativas provisionales que tomarán la forma de Decretos-leyes y que no podrán afectar al ordenamiento de las instituciones básicas del Estado, a los derechos, deberes y libertades de los ciudadanos regulados en el Título I, al régimen de las Comunidades Autónomas ni al Derecho electoral general».

216 BARREIRO GONZÁLEZ, Germán José María, "Sobre la extraordinaria y urgente necesidad de los decretos-leyes", en *Derecho Privado y Constitución,* número 17. Enero-diciembre de 2003.

Como en todas las cosas de la vida, el diablo está en los detalles y lo importante en este campo es saber qué se entiende por «extraordinaria y urgente necesidad». Los Gobiernos —todos los Gobiernos— se sienten más cómodos con el decreto ley que con la ley votada en Cortes. Es el Consejo de ministros el que los aprueba y las Cortes, en una primera instancia, se limitan a convalidarlos o a rechazarlos, sin que los parlamentarios puedan formular una enmienda o modificar una coma. Pero lo que la Constitución llama «convalidación» no es sino la mera constatación de que hay una situación de necesidad que justifica que se haya optado por el decreto ley y no por una ley ordinaria. Cualquier comentarista político confirmará que solo en rarísimas ocasiones las Cortes se han negado a convalidar un decreto emanado del Gobierno, que, antes de su promulgación, ha procurado buscarse los apoyos políticos necesarios para que sus pretensiones no queden en agua de borrajas[217]. Es más, en la mayoría de las ocasiones, las Cortes refuerzan la intención del Ejecutivo y tramitan por el procedimiento de urgencia el decreto ley.

Conocida la cintura de la que hace gala Pedro Sánchez, a nadie le extrañará que su Gobierno, usurpando indebidamente las funciones de las Cortes Generales, se haya convertido en el auténtico legislador por el uso abusivo de los decretos leyes, que ha pasado a ser progresivamente el modo ordinario de legislar. Entre los años 2000 y 2015, el promedio de decretos leyes alcanzó el 40% de la actividad legisladora, según el Colegio Libre de Eméritos. Desde 2016 hasta octubre de 2021, se dictaron ciento veintiséis decretos leyes frente a solo sesenta y nueve leyes (que, además, en su mayoría, provenían de la conversión en leyes de decretos leyes previamente convalidados por el Congreso). A mediados de 2023, esta figura jurídica suponía ya el setenta por ciento de la actividad legislativa. Sánchez se convertía en el presidente del Gobierno que ha firmado más decretos leyes de toda nuestra historia democrática. Al final de la legislatura, acumulaba ciento cuarenta y dos decretos leyes, de los que solo veinte se convirtieron en ley.

217 BARREIRO GONZÁLEZ, Germán, *Op. Cit.*

Estos decretos leyes hurtan el debate parlamentario, pues impiden que los representantes públicos puedan opinar o presentar enmiendas, con lo que se menoscaba el principio democrático de separación de poderes. En alguna ocasión lo ha dicho el Tribunal Constitucional: «El decreto ley no es una alternativa a la ley, ni un cheque en blanco, sino un remedio excepcional para supuestos de extraordinaria y urgente necesidad». También advierte que no debería confundirse «necesidad con conveniencia u oportunidad política con extraordinaria y urgente necesidad», que es lo que ha estado ocurriendo. Además, con el decreto ley se evita el análisis y estudio por parte del Consejo General del Poder Judicial, el Consejo de Estado o el Consejo Económico Social.

También choca, junto al número de decretos leyes *sanchistas*, su exuberancia, su facilidad para colar en el articulado asuntos que poco o nada tienen que ver con su contenido. Muchos han sido lo que podríamos llamar «supercontenedores» u «ómnibus», para embutir en el articulado de la norma asuntos de diversa índole, muy poco o nada relacionados entre ellos. Por ejemplo, en el famoso decreto de ahorro energético se contenían multitud de medidas nada relacionadas con el compromiso de nuestro país de reducir la dependencia del gas. Solo cinco de sus cincuenta páginas tenían que ver con eso. El grueso estaba destinado a medidas de apoyo a empresas de transporte, así como abonos gratuitos para el transporte público y becas para estudiantes. Otro caso llamativo fue el decreto ley antisequía, de 11 de mayo de 2023, que incluía rebajas para viajeros de entre 18 y 30 años en Interrail, trenes y autobuses, durante el verano, a las puertas de las elecciones municipales y autonómicas del 28 de mayo. Y, probablemente, uno que se llevó la palma fue el decreto ley 8/2020, de 17 de marzo, de medidas urgentes extraordinarias para hacer frente al impacto económico y social de la pandemia del Covid, en el que el Gobierno coló la inclusión del entonces vicepresidente Pablo Iglesias en la Comisión Delegada para Asuntos de Inteligencia, de la que depende el CNI, donde se tratan los secretos más sensibles y críticos del Estado. El Constitucional anuló este nombramiento, en mayo de 2021, afeando al Ejecutivo la utilización de un decreto ley, que hurtaba «la intervención de las minorías en el procedimiento parlamentario», así como la inexistencia de conexión entre las circunstancias de urgente necesidad generadas por el virus y el cambio en la composición de dicha comisión, cuando hacía pocos meses que se podría haber reorganizado la comisión, al reestructurar los departamentos ministeriales y vicepresidencias por varios reales decretos.

Similar estrategia fue la de tres polémicos decretos de principios de 2024, uno de los cuales se llamó, precisamente, «decreto ómnibus» y venía a reformar varias leyes de diferentes áreas: digitalización de trámites judiciales, gestión de recursos humanos del funcionariado, el ingreso de diez mil millones de euros correspondientes al cuarto desembolso de fondos europeos, y sobre el régimen de incentivos para el mecenazgo. Otro estaba referido a medidas anticrisis, para establecer una rebaja del transporte interurbano, la gratuidad de los trenes de cercanías y media distancia, la rebaja del IVA a la luz y el gas, así como la subida de pensiones o la extensión de la prohibición de los desahucios para hogares vulnerables. La convalidación del tercero, sobre reforma del subsidio de desempleo para mayores de 52 años, fue la única que no salió adelante, pues los cinco diputados de Podemos votaron en contra, en su estrategia de hacerse valer antes que disolverse en Sumar sin pena ni gloria. Los otros salieron adelante después de que Junts se hiciera notar, al amenazar con tumbarlos por no haber sido consultada antes. Optaron por abstenerse a cambio de una serie de cesiones, entre las que sobresalía la trasferencia a Cataluña de «la gestión integral de la inmigración». Según el secretario general de Junts, Jordi Turull, indultado tras ser condenado por sedición y malversación, «el PSOE fue cediendo, cediendo y cediendo. Fue casi hasta el último minuto o segundo»[218].

En el mismo sentido de coartar el control parlamentario, recordemos que el Tribunal Constitucional declaró inconstitucional el primero (STC 148/2021) y el segundo estado de alarma de la

218 *El Mundo,* 11/1/2024, "Juns quiere que Cataluña pueda expulsar a inmigrantes reincidentes y Oriol Junqueras le acusa de «abrazar los discursos de la extrema derecha»".

pandemia (STC 183/2021), debido a que solo podría haberla acordado la Cámara Baja con la declaración del estado de excepción y no el Gobierno a través de su declaración del estado de alarma, en el primer caso. La segunda declaración, además, se sentenció igualmente inconstitucional, por haberse delegado en las comunidades autónomas potestades excepcionales exclusivas e irrenunciables del Estado, así como por la amplísima duración (medio año) de su prórroga. La ley establece que el Congreso debería haber intervenido y decidido cada quince días sobre el mantenimiento o no de dicha medida. De manera reiterada, el Poder Ejecutivo suplantó al Parlamento, «sin fundamento discernible y en detrimento, por ello, de la irrenunciable potestad constitucional del Congreso de los Diputados para decidir en el curso de la emergencia, a solicitud del Gobierno, sobre la continuidad y condiciones del estado de alarma», reza la sentencia[219]. El entreguismo del Congreso, cuya Mesa dictó su cierre por la pandemia, provocó una tercera sentencia del Constitucional declarándolo nulo y dictaba que vulneró el derecho fundamental a la participación política de los diputados. Curiosamente, los principales ideólogos de aquella pifia son hoy miembros del Tribunal Constitucional, gracias a su designación directa desde el Ejecutivo.

En el ámbito del derecho comparado, basta recordar su uso y abuso por parte de los dictadores de manual o aprendices. Mussolini, en su primera época utilizó el decreto ley profusamente, y con tan solo ocho decretos leyes, desde la supresión de los pasaportes hasta la exclusión de la administración de quienes no pertenecían al partido fascista, convirtió a Italia en un Estado totalitario. Carlos Menem, por poner un ejemplo más reciente, mostró una tendencia similar a abusar del decreto. Gracias a la ambigüedad de la Constitución argentina de 1853, promulgó en un solo mandato trescientos treinta y seis decretos, frente a los apenas veinticinco emitidos por sus predecesores en algo más de ciento treinta y cinco años.

219 STC 183/2021, de 27 de octubre.

EL ATAJO DE LA PROPOSICIÓN DE LEY

Las oportunidades que el ordenamiento institucional ofrece al Gobierno para adulterar las relaciones que mantiene con el Parlamento no se agotan con el uso abusivo de los decretos leyes. Las proposiciones de ley también amplían su capacidad para alterar esta relación.

Los proyectos de ley emanan del Gobierno. Las proposiciones de ley tienen su origen en los grupos parlamentarios del Congreso o del Senado, en las comunidades autónomas o responden a la iniciativa popular. La experiencia demuestra que los proyectos de ley tienen muchas más posibilidades de convertirse en ley que las proposiciones de ley, porque una vez presentados por el Gobierno se procede de forma inmediata a su tramitación parlamentaria, mientras que las proposiciones de ley han de superar la fase de toma de consideración antes de ser debatidas por las Cámaras y eso permite a la mayoría parlamentaria —controlada por el Gobierno— cercenar la iniciativa de los grupos que no forman parte de esa mayoría.

Planteadas así las cosas, pudiera parecer que no tiene sentido que el Gobierno recurra a la proposición y no al proyecto de ley. El truco está en que la proposición de ley no debe pasar por el filtro de los organismos encargados de la pureza del procedimiento, como el Consejo del Poder Judicial o el Consejo de Estado, contrapesos constitucionales. Por eso, el Gobierno recurrió a la proposición de ley cuando decidió corregir los desastrosos defectos de la ley del «Sí es Sí» y, más importante, cuando intentó consumar el asalto a la justicia, rebajando la mayoría necesaria para elegir los miembros del Consejo del Poder judicial.

En este asalto a la justicia, se habrá podido observar cómo el caballo de Troya es normalmente la proposición de ley, y no el proyecto. Esta técnica no solo la han empleado para modificar la Ley Orgánica del Poder Judicial, sino que también la utilizaron con anterioridad para modificar el Código Penal y dar cabida a las exigencias nacionalistas. La conversión del delito de sedición en el mucho más liviano de desórdenes públicos agravados, la rebaja de las penas por el delito de malversación, realizada al dictado de

ERC y que supuso la rebaja de hasta un máximo de tres años en prisión (antes doce años) y cuatro de inhabilitación para cualquier autoridad o funcionario público que, sin ánimo de apropiación personal, destine a usos particulares y ajenos a la función pública, el patrimonio puesto a su cargo por razón de sus funciones o con ocasión de las mismas, sigue en esa misma técnica. También esa ha sido la fórmula para tramitar la amnistía del *procés*.

La necesaria existencia de controles mutuos, equilibradores de los poderes del Estado, ha devenido en estos tiempos en papel mojado. Es palmaria la anulación sistemática que ha sufrido el control parlamentario de la acción del Gobierno, establecido claramente en el artículo 66.2 de nuestra Constitución: «Las Cortes Generales ejercen la potestad legislativa del Estado, aprueban sus Presupuestos, controlan la acción del Gobierno y tienen las demás competencias que les atribuya la Constitución».

Concretando, observamos que, desde el 26 de abril de 2023 hasta finales de ese mismo año no existió ninguna sesión parlamentaria de control al Gobierno. Con la presidencia del Congreso de la expresidenta de Baleares Francina Armengol, las cosas solo han cambiado a peor: tras dos meses desde la constitución de las Cámaras (17/08/2023) solo hubo dos plenos, uno para la reforma del reglamento para autorizar el uso de las lenguas cooficiales y otro de investidura de Núñez Feijóo. Esa tendencia, «el extremo decaimiento (por no decir la práctica desaparición) de la función parlamentaria de control e incluso de la propia potestad legislativa parlamentaria» lleva a los autores de *España. Democracia menguante* a afirmar que «resulta indudable que en estos momentos se ha agudizado de tal manera que nuestro modelo de parlamentarismo está amenazado de ruina»[220].

Por eso no es extraño que la mayoría de los comentaristas nacionales y extranjeros hayan manifestado sus dudas sobre la posibilidad de que un Gobierno de estas características esté en condiciones de garantizar la gobernanza del país y, mucho menos, abordar los problemas que España va a afrontar en un mundo que

220 *España. Democracia menguante*. Página 53.

nada tiene que ver con el anterior a la pandemia, a la invasión de Ucrania o a la nueva revolución industrial digital.

Tampoco venían resultando muy elocuentes las ruedas de prensa celebradas por el Gobierno tras los Consejos de ministros, dada la costumbre de contestar preguntas acordadas solamente con determinados periodistas, si acaso. Sánchez, que en múltiples ocasiones acusó a Rajoy de ser «el presidente del plasma», no predica con el modelo que promulgó desde la oposición y deja entrever un doble rasero que irrita a los periodistas.

También se ha evitado el debate parlamentario en las normas de ingeniería social que a lo largo de la pasada legislatura se fueron aprobando, como las llamadas ley «trans», la ley del «sí es sí», las normas sobre violencia de género, la de bienestar animal o incluso la ley de educación conocida como ley «Celáa», normas que se aprobaron no solo en desprejuiciada aplicación del rodillo parlamentario, sino hurtando los informes de órganos consultivos como el Consejo de Estado o el CGPJ, así como su discusión en el Congreso prescindiendo de las asociaciones y colectivos de interesados; en suma, de la sociedad civil.

El problema ya no es tanto el contenido de tales normas, sino la forma en que se han tramitado y se les ha dado el visto bueno, sin el menor ánimo de consenso, incluso sin debate alguno.

Unas normas de tal envergadura, que afectan a los usos y costumbres sociales, no pueden aprobarse desde el puro prejuicio partidista, intentando modificar la vida social para amoldarla a determinadas imposiciones ideológicas. No se pueden imponer con un trágala, porque no es misión de los gobiernos adoptar posturas mesiánicas para moldear la sociedad a su gusto, según su ideología, de forma coercitiva. Por el contrario, se deben abordar con más humildad y tolerancia y con menos soberbia doctrinaria. Para legislar en estas materias se requiere un diálogo amplio y sereno, que implique a toda la sociedad civil, un debate parlamentario suficiente y una búsqueda sincera de consenso.

Por tal razón, en todas estas materias será preciso replantear las leyes aprobadas, no para derogarlas o modificarlas por el mismo procedimiento de imposición, sino para abrir un debate en el que participen los partidos con representación parlamentaria y todas las entidades y organizaciones de la sociedad civil pertinentes, de forma que se alcance un razonable consenso y se dote a tales normas de estabilidad y aceptación social.

Cometería un error la oposición si, para evitarse problemas y librarse de la posible reacción furibunda de quienes impusieron dogmáticamente las normas citadas (que intentarán agitar la calle), optara por dejar de lado estas cuestiones. Con ello no se haría otra cosa que premiar la estrategia de intimidación de los extremistas y defraudar a buena parte de la sociedad que no comulga con estas imposiciones.

LA COLONIZACIÓN DE INSTITUCIONES

Hay otra parte que también incide en la degradación del Estado de derecho. Nos hemos referido ya a la radicalización de los mensajes políticos, la búsqueda de la polarización y la confrontación, posiblemente por puro cálculo electoral —la gente frente a «los poderosos» o «la casta», los ciudadanos frente a los empresarios, los deudores frente a los bancos, los inquilinos frente a los caseros... que caracterizaban el discurso antisistema de Unidas Podemos—, que terminaron por reproducirse también en el discurso del propio Gobierno. En ese sentido es significativa e insuperable la frase del presidente Sánchez refiriéndose a «cenáculos de la típica villa de Madrid de los señores con puro» que conspirarían contra él[221], como la plutocracia o la derecha de las caricaturas de los años 1930 de chaqué, panza y puro. Comentarios peyorativos sobre bancos y empresas, sobre personas concretas, incluso, eran inéditos en nuestros pagos y han terminado por crear un clima que no favorece precisamente el emprendimiento ni la inversión. Incluso figuras impositivas de nuevo cuño introducidas para reforzar la recaudación, y que podrían justificarse sobradamente por la simple necesidad de aportar ayuda a los más desfavorecidos, se vistieron innecesariamente de un tono agresivo,

221 *El Español,* 30/6/2022, "Sánchez confirma que será candidato y carga contra los «cenáculos madrileños de señores con puro»".

beligerante, de reacción justiciera ante la codicia depredadora de bancos y empresas. De nuevo, el Gobierno de la gente frente a los poderosos.

En esa dinámica se deben sumar episodios como la desprejuiciada toma de control de la empresa Indra, las maniobras intimidatorias contra Ferrovial ante el anuncio de dicha empresa sobre el traslado de sede a Holanda, la nueva Ley de Vivienda que permite poner tope al precio de los alquileres y dificulta el desahucio de inquilinos morosos (medidas agravadas en el caso de los «grandes tenedores»), la tibieza ante el desbordamiento del problema de los «okupas» que siembra la alarma entre tantos propietarios de pisos y que afecta, precisamente, a los que viven en los barrios más humildes (no hay «okupas» en el barrio de Salamanca ni en Pedralbes). En la tradicional manifestación del 1 de mayo de 2023, cinco miembros del Gobierno se sumaron a las filas de los sindicatos manifestantes reclamando a los empresarios subidas salariales y amenazando con movilizaciones en caso contrario. Pensar que todo esto no fuera a afectar a la inversión, que de este clima de inseguridad jurídica y de hostilidad hacia la clase empresarial no fueran a tomar nota los inversores extranjeros, es un grave error. Lo harán, y las consecuencias pueden ser muy negativas para la economía, y para el propio modelo socioeconómico que forma parte del legado de la Transición.

Hay una estrategia de Sánchez de colonizar hasta el último recodo del Estado. No es consecuencia de ninguna política de alianzas ni forma parte de un proyecto de cambio del modelo constitucional (aunque vaya por el mismo camino), sino que responde a la simple lógica de afianzamiento del poder. Ocupar las instituciones, anular el Parlamento, pervertir el procedimiento legislativo, someter al poder judicial, controlar los medios de comunicación y, últimamente, meter mano en la Función Pública, responden simplemente a una estrategia encaminada a fortalecer la posición propia y jugar con ventaja frente a los partidos opositores, de cara a futuras citas electorales. En definitiva, asegurarse, en la medida de lo posible, la conservación del poder.

Por eso, el nombramiento de conspicuos e incondicionales militantes al frente de las instituciones seguirá, la colocación de señeras figuras del PSOE en empresas del Ibex, como mal menor para estas, irá ganando masa crítica, y a ello se añadirán, entre otras cosas, otras dos piezas de caza mayor: el Banco de España y los altos cuerpos de funcionarios de la Administración del Estado.

En el Banco de España, el pacto de caballeros que, desde 1978, aseguraba un razonable equilibrio entre los grandes partidos hace tiempo que se quebró, y el resultado actual, dentro del Consejo de Gobierno de la entidad, es una amplia mayoría de consejeros cercana al partido gubernamental: cuatro de los seis consejeros no natos (frente a solo uno propuesto por el principal partido de la oposición), más los consejeros natos (secretario general del Tesoro y vicepresidente de la CNMV), también obviamente afines. Esto ya es de por sí merecedor de preocupación, pero las perspectivas son sustancialmente peores: en junio de 2024, se ha de producir el término del mandato del actual gobernador y no creemos que nadie dude que Pedro Sánchez se ocupará de nombrar a alguien con un grado tal de fidelidad que le permita asegurar el control de una institución cuya independencia le ha resultado tan molesta. Por supuesto, la domesticación del Banco de España no sale gratis. Si el nombramiento del nuevo gobernador sobrepasa los límites del decoro que no hubo reparo en rebasar en los casos del Tribunal Constitucional, la Fiscalía o el CIS, las consecuencias pueden ser muy serias. Ni Frankfurt ni Bruselas, ni el Banco Central Europeo, ni el Consejo ni la Comisión, van a permitir una pérdida de independencia palmaria de uno de los grandes bancos centrales nacionales del Eurosistema. Sin embargo, con la suficiente astucia, hay márgenes suficientes para encontrar candidatos que puedan superar, siquiera por los pelos, el escrutinio de las instituciones europeas y, aun así, garantizar al Gobierno un Banco de España más dócil y menos crítico.

Queremos abundar sobre la mención que hacíamos de la Función Pública, que es otro frente de preocupación. Es decir, los funcionarios de la Administración General del Estado y, más concretamente, los grandes cuerpos (los Inspectores de Hacienda, los Técnicos de Administración Civil, los Técnicos Comerciales y Economistas del Estado, los Diplomáticos...), cuya independencia de criterio, unida a su profesionalidad, su cualificación y su espíritu de servicio, al Estado más que al Gobierno, constituye uno de los pocos valladares que aún subsisten frente a la ocupación de todas las instituciones y todos los ámbitos del poder por parte del sanchismo.

Bajo el pretexto aparentemente razonable de modernizar la administración y actualizar el sistema de oposiciones para recortar su exceso de memorismo e introducir criterios de evaluación del desempeño y promoción por méritos, entre otras consideraciones no menos razonables, se esconde en realidad un propósito de «desembarcar» en los grandes cuerpos de los que dependen cosas tan sensibles como la gestión fiscal o el manejo de la política económica. Y en esta línea se inscribe el proyecto de ley de reforma de la Función Pública que el Gobierno estaba preparando y que quedó en el limbo al convocarse elecciones generales en julio de 2023.

La idea es «complementar» el acceso a los cuerpos de la Función Pública por oposición mediante otras vías de acceso basadas en la antigüedad, el concurso de méritos o la promoción a partir de cuerpos funcionariales inferiores, algo así como lo que supuso en su día el «cuarto turno» en la carrera judicial.

Mucho nos tememos que la opinión pública no es consciente de lo tremendamente importante que es el sistema de oposiciones como vía para la provisión de plazas en los cuerpos especiales del Estado. Se reprocha al sistema de oposiciones su carácter memorístico o su falta de consideración a otras características personales del candidato que no sean su capacidad para asimilar un temario determinado. También se reprocha a tales cuerpos especiales un cierto espíritu elitista e, incluso, un cierto hálito antidemocrático (*whatever it means*), olvidando que tal sistema supone, precisamente, el triunfo de la democracia, la transparencia y la neutralidad en el funcionamiento de la Administración del Estado. Frente al sistema decimonónico en que todos los puestos de la Administración eran ocupados en cada momento por el partido en el poder, y eran cesados y sustituidos cuando un nuevo Gobierno de otro color ocupaba el poder (lo narra Pérez Galdós en su novela *Miau*), el sistema de oposiciones asegura la transparencia e imparcialidad en el proceso de nutrir los cuerpos de funcionarios, pero también la meritocracia y la igualdad de oportunidades, los principios constitucionales de igualdad, mérito y capacidad. En estos tiempos que corren, la izquierda olvida que la meritocracia siempre fue su aspiración: que el esfuerzo y el talento, que eso es el mérito, acabasen con las ventajas y privilegios de nacimiento. Por lógica, solo pueden oponerse a la meritocracia los privilegiados celosos de sus prebendas de cuna o por contactos.

Exámenes basados en temarios conocidos, juzgados por tribunales de amplio espectro y con exámenes públicos a los que todo espectador tiene acceso, aseguran que los resultados sean objetivos y que las arbitrariedades por razón de amistad, parentesco o afiliación política sean, si no imposibles, sí, al menos, sumamente difíciles. Que los así nombrados lo sean a perpetuidad (solo pueden ser separados del cuerpo por causas tasadas), y que determinadas áreas de competencia les estén reservadas por ley (la inspección de Hacienda a los inspectores de Hacienda, los consulados a los diplomáticos, etc.) aseguran razonablemente su independencia y les convierte en servidores del Estado y no en servidores del Gobierno.

Que este sistema tenga sus defectos, como toda construcción humana, nadie lo niega, pero cualquier otro sistema que rompa estas cautelas de neutralidad y transparencia corre serio riesgo de abrir el camino a la colonización de la Administración Pública por parte del Gobierno de turno. Dados los antecedentes de Pedro Sánchez, no es preciso ser muy mal pensado para sospechar que, detrás de las elocuentes proclamas en pro de la modernización, agilización y democratización de la Función Pública, no se esconde otra cosa que el propósito de someterla y culminar así el proceso de ocupación de todos los resortes e instituciones del Estado.

Son inquietantes, en ese sentido, las presiones a que se han visto sometidos funcionarios públicos para plegarse a las instrucciones del Gobierno, que olvida que dichos trabajadores se deben a los intereses del Estado. Al respecto, Edmundo Bal denunció los apremios en el caso del *procés* en el Tribunal Supremo, en el que ejerció como abogado del Estado. Sus superiores quisieron imponerle un cambio de criterio, para no acusar finalmente a los líderes independentistas por rebelión, sino por sedición, y ocultar en su escrito hechos que finalmente sí acreditaría el tribunal. Al no acceder, Bal fue cesado. El fiscal, sin embargo, mantuvo la calificación de rebelión, con mayor pena.

En otros casos, la prensa ha denunciado «purgas», como en el caso de traslados en el cuerpo de letrados del Congreso de los Diputados para «allanar la aprobación de una norma que quiebra el principio de igualdad [la proposición de ley de amnistía]. Se trata de decisiones arbitrarias, que además pretenden intimidar al resto de funcionarios públicos en sus tareas», apuntaba *El Mundo*[222].

En abril de 2023, en el diario *El Debate*, Ramiro Fernández-Chillón destacaba que, hasta esa fecha, había veinticinco entes institucionales del Estado, organismos públicos y empresas que permiten al Ejecutivo controlarlas directa o indirectamente[223]. Comienza la lista con el Consejo de Estado, máximo órgano consultivo del Estado, en el que, tras los últimos cambios, se ha garantizado una mayoría socialista. Le sigue el Tribunal Constitucional, en el que de los once miembros que lo componen en la actualidad conforman una mayoría *progresista* de siete frente a cuatro, entre los que se encuentran el exministro de Justicia a quien debemos los indultos de los responsables del *procés* y un presidente que fue fiscal general del Estado en la época de Zapatero. Luego nos referiremos con más detalle a esto. El Tribunal de Cuentas, encargado de la fiscalización de los partidos políticos y el enjuiciamiento de la responsabilidad contable de quienes manejen fondos públicos, no fue menos y, desde noviembre de 2021, de sus doce miembros la mayoría son progubernamentales. Por supuesto, su presidenta lo es a propuesta del Partido Socialista. En cuanto se incorporaron nuevos miembros, se operó un cambio de criterio sorprendente: de rechazar avales de la *Generalitat* para cubrir las posibles responsabilidades contables de veintiocho exaltos cargos autonómicos encausados por el *procés* y ordenar el embargo de sus bienes personales, el nuevo Tribunal de Cuentas reculó y los aceptó, coin-

222 *El Mundo*, 8/12/2023, "El PSOE y la insoportable colonización de las instituciones".
223 *El Debate*, 6/4/2023, "El asalto de Sánchez a las instituciones: ya hay 25 entidades públicas lideradas por personas afines al PSOE".

cidiendo con necesidades del Gobierno de limar asperezas con sus apoyos parlamentarios independentistas.

Por cierto, en dicho Tribunal colaron a un abogado de Podemos, dueño de una empresa inmobiliaria que compartía sede con el diario amigo *La última hora*, Desarrollo Inmobiliario Sogtulakk, S.L., acrónimo de «ese ojete huele a caca», tan berlanguiano como estupefaciente. Ese es el nivel.

Curiosamente, nada más ser elegido secretario general del PSOE, Sánchez proponía un pacto nacional por la limpieza o regeneración democrática que incluía cambiar el sistema de nombramiento de los órganos constitucionales. Él hablaba específicamente de «descolonizar órganos como el Tribunal de Cuentas de representantes políticos» para «cerrar la brecha de desconfianza entre ciudadanos y las instituciones»[224]. Otra información al respecto añadía: «La idea sobre la que trabaja el PSOE es lo que Sánchez denomina la "descolonización" de las instituciones, es decir, evitar la apariencia de reparto de los órganos constitucionales que son renovados por el Parlamento. La medida afectaría al Consejo General del Poder Judicial, el Tribunal Constitucional, el Banco de España, la Comisión Nacional del Mercado de Valores, la Comisión Nacional de los Mercados y la Competencia y la Junta Electoral Central, entre otras instituciones», informaba la prensa. La propuesta barajaba la posibilidad de que los nombramientos se hicieran «tras un proceso que incluya un plazo de presentación de candidaturas por parte de los interesados. Hay precedentes en otros países en los que se ha fijado el PSOE, como en la elección del gobernador del Banco de Inglaterra que se hizo tras abrir un plazo para la presentación de candidaturas». Las propuestas serían examinadas por «un Comité de Expertos» adscrito a las Cámaras y, tras una comparecencia de los interesados, por votación de los partidos, «por las mayorías requeridas», elegiría, después de valorar de forma «transparente» el «mérito de los aspirantes»[225].

224 El País, 27/6/2014, "Pedro Sánchez, candidato a la secretaría general del PSOE: «Haremos asambleas abiertas de la ejecutiva ante los militantes»".

225 El País, 24/8/2014, "El PSOE planteará despolitizar los nombramientos de instituciones".

Los intentos de convertir todas las instituciones en *sucursales* del Gobierno han tenido, en algunas ocasiones, reprobación de los tribunales. A finales de 2023, el Tribunal Supremo anuló por sentencia el nombramiento de la exministra socialista Magdalena Valerio como presidenta del Consejo de Estado, después de llevar más de un año en el cargo, por no cumplir los requisitos legales. Básicamente, el de «jurista de reconocido prestigio» exigido por el artículo 6 de la Ley Orgánica del Consejo de Estado, órgano encargado de emitir dictámenes sobre leyes e iniciativas legislativas del Gobierno, por más que Valerio, letrada de la Seguridad Social, cumpliese un segundo criterio obligatorio, el de contar con experiencia en asuntos de Estado, por haber sido ministra en el primer Gobierno de Pedro Sánchez con la cartera de Migraciones y Seguridad Social. La resolución del Alto Tribunal, adoptada por unanimidad, señalaba que «el tenor literal del artículo sexto es cristalino: son dos las condiciones que debe reunir quien asuma la presidencia de este órgano. No hay excepción, ni matización, ni preferencia de la una sobre la otra. Y la razón de ser de ambas es distinta pero concurrente: asegurar que quien esté al frente del Consejo de Estado reúna la doble cualificación que quiere el legislador. Es decir, prestigio jurídico y conocimiento experto de los asuntos de Estado».

El secretario de Estado de Relaciones con las Cortes, Rafael Simancas, replicó que «la representación del pueblo español soberano en el Congreso ha reconocido la idoneidad de Magdalena Valerio para presidir el Consejo de Estado». De nuevo, el argumento de «el pueblo soberano» por encima de las leyes y los tribunales.

Como recordaba un diario en un titular, "Ningún presidente del Consejo de Estado ha visto cuestionado su nombramiento en 40 años de democracia hasta Valerio"[226]. También es cierto que todos los predecesores de la exministra fueron catedráticos, doctores en Derecho, letrados del Consejo de Estado y hasta, en el caso de Miguel Herrero y Rodríguez de Miñón, ponente de la Constitución.

226 *El País*, 1/12/2023.

El fallo judicial se produjo tras un recurso de la Fundación Hay Derecho, una entidad independiente sin ánimo de lucro en defensa del Estado de derecho. Mucho antes de esta sentencia, en su *Primer Informe del Estado de Derecho, 2018-2021*, explicaba que «la politización de los organismos constitucionales, de contrapeso y reguladores se encuentra tan extendida que se llega incluso al extremo de desconocer la regulación vigente respecto de los nombramientos de forma palmaria».

El mismo documento critica «la politización de estos organismos de contrapeso y la ocupación partidista de los mismos», y cómo cambia el criterio técnico con los cambios de composición: «En este sentido, no deja de llamar la atención que el cambio de composición de estos organismos suponga en no pocas ocasiones un cambio de criterio técnico en la adopción de decisiones. Por ejemplo, puede citarse el cambio de criterio de la Fiscalía del Tribunal de Cuentas respecto a la admisibilidad del aval otorgado por el instituto Catalán de Finanzas, lo que permitiría devolver a ERC los 2,1 millones que depositó como garantía de la presunta responsabilidad contable de excargos del Govern por el presunto desvío de fondos para la acción exterior —las "embajadas catalanas" y el Diplocat—en el marco del "*procés*". Sin entrar en lo correcto o incorrecto de la decisión sobre el fondo del asunto, lo que no parece razonable es que los cambios en la composición de un organismo de contrapeso como el Tribunal de Cuentas determinen la modificación de criterios técnicos en los procesos de enjuiciamiento que tiene encomendados este organismo».

En la lista de los organismos que dependen de la Administración están el CIS, AENA, SEPE, RENFE, la Fábrica de Moneda y Timbre, el CSIC, la Sociedad Estatal de Loterías y Apuestas del Estado, la CNMC, y el Consejo de Transparencia.

Entre las empresas participadas por el Estado, el Ejecutivo controla la SEPI, la Agencia EFE, Indra, Navantia, Correos, Red eléctrica, el Hipodrómo de la Zarzuela, CETARSA, ENUSA, SEPIDE, MERCASA, MAYASA.

El País criticó el nombramiento como presidente de la agencia pública de noticias EFE de Miguel Ángel Oliver, ex secretario de Estado de Comunicación entre 2018 y 2021, militante que figuró en las listas del PSOE a la Asamblea de Madrid en 2019, con una dilatada experiencia en medios de comunicación, como en el mismo Grupo Prisa, editor de *El País*. El rotativo expresó en un editorial: «Pedro Sánchez sitúa al frente de Efe a una persona sin la más mínima apariencia de imparcialidad. El nombramiento daña la imagen de la agencia y del propio Ejecutivo, primer responsable de establecer los estándares de decoro institucional en una democracia. Las críticas están plenamente justificadas. [...] Como responsable de Comunicación de La Moncloa, la gestión de Oliver destacó por la protección militante del Gobierno por encima del servicio a los medios. Llegó a provocar la protesta colectiva de cientos de profesionales por tratar de imponer un control previo en las preguntas al Ejecutivo [...] Su cualificación profesional es irrelevante en este debate. La agencia Efe tiene unos criterios editoriales sólidos y públicos, recogidos en un Estatuto, y rinde cuentas al Parlamento».

El diario se refería, igualmente, a otro organismo colonizado: «La propuesta [de nombramiento] de Oliver se suma a la ratificación del presidente del CIS, José Félix Tezanos, quien, más allá de su capacitación técnica, contamina con su discurso la imagen de necesaria imparcialidad de un centro de estudios cuya credibilidad es capital para el debate público, al margen del acierto o el error de sus pronósticos». Apuntaba, por otro lado, que «la progresiva pérdida de credibilidad institucional en la que profundiza cada uno de estos nombramientos tiene consecuencias más allá de la imagen de La Moncloa a corto plazo, que parece no preocupar a Sánchez. Esta imagen partidista de las instituciones no es un juego inocente. Los precedentes se utilizan de forma revanchista por turnos y el daño dura décadas, hasta que alguien decide tomarse en serio la regeneración».

Consideraba el rotativo, por otra parte, que «en política, y en la vida, el descuido de las formas se puede pasar por alto cuando es ocasional y se acompaña con explicaciones o disculpas. Pero hasta el momento, el Gobierno ha demostrado un absoluto desinterés por la debida apariencia de imparcialidad en los nombramientos directos. Se puede considerar ya un patrón de conducta continuado que carece de explicación coherente más allá de la decisión de la ocupación sin complejos de los espacios de poder por los más próximos. [...] Nombrar a Oliver al frente de Efe ahonda en el empeño incomprensible del Gobierno por justificar con sus acciones el relato paranoico de una oposición que sostiene que se va camino de una dictadura»[227].

Por cierto, pocos días después, un columnista del mismo diario, Daniel Gascón, aprovechaba ese editorial para, sarcástico, ridiculizar a *El País* por llegar un poco tarde al descubrimiento de la colonización de las instituciones: «Nombrar al exsecretario de Estado de Comunicación presidente de la agencia pública de noticias española puede llevarnos a una pendiente resbaladiza que acabe con exministros del Gobierno en la Fiscalía o en el Tribunal Constitucional». Añadía: «Sin ánimo de ser agoreros, podría suceder que un organismo como el Centro de Investigaciones Sociológicas acabase al servicio de un partido político. Podría ocurrir incluso que una exministra de Justicia fuera nombrada fiscal general del Estado, o que un exministro o un exalto cargo del Ejecutivo pasaran a formar parte del Tribunal Constitucional. Podría llegar a pasar que un líder se mostrara dispuesto a perdonar delitos a cambio de votos para una investidura, y que un socio de gobierno amenazara a jueces y periodistas en una intervención parlamentaria. Estos fenómenos parecen lejanos, pero no son completamente imposibles. Es importante detener estas dinámicas iliberales antes de que sea demasiado tarde»[228].

Las páginas de *El Mundo* de ese día se referían también a otra polémica, relativa a una segunda parte del nombramiento de un miembro del Gobierno, ligado al PSOE desde su juventud, como letrado mayor del Congreso de los Diputados. El Cuerpo de Letrados del Congreso es un órgano que brinda asesoramiento jurídico y técnico a la presidencia, la mesa de la Cámara Baja y diputados en cualquier acción parlamentaria. El letrado mayor tiene también las funciones de secretario general y de él dependen el resto de letrados y los servicios jurídicos del Congreso. En el pasado, su informe impidió que se tomara en consideración la

227 *El País*, 8/12/2023, "Respeto a la agencia Efe".
228 *El País*, 14/12/2023, "Efe, un precedente peligroso".

proposición de ley de amnistía presentada por ERC, PdeCAT y CUP, en 2021, al considerarla inconstitucional.

En el verano de 2023, cuando el PSOE negociaba la investidura de Sánchez con Junts y ERC a cambio de una amnistía para los involucrados en el *procés,* el puesto de letrado mayor del Congreso estaba vacante. La presidenta Armengol eligió a Fernando Galindo, ligado desde joven al PSOE y subsecretario del ministerio de Política Territorial de Isabel Rodríguez, portavoz socialista. Para la prensa, «dados los movimientos de las negociaciones del PSOE con los independentistas para dar luz verde a la amnistía de cara a la investidura de Pedro Sánchez, este nombramiento ha sido minuciosamente pensado. Armengol necesita a Galindo para registrar la proposición de ley con la medida de gracia en el Congreso. Y Galindo asegurará ese apoyo»[229].

El Mundo contaba que «el plan que podría registrarse hoy mismo en el Congreso será una proposición de ley, aun cuando haya sido auspiciado por miembros del Ejecutivo, a fin de no tener que topar con los informes preceptivos de los órganos constitucionales -Consejo General del Poder Judicial, Consejo de Estado y Consejo Fiscal- y, además, tendrá como primer avalista para ser admitido a trámite por la Mesa del Congreso a un nuevo secretario general y letrado mayor de la Cámara, con marchamo socialista, propuesto por la presidenta Francina Armengol y cuyo nombramiento será aprobado mañana por la mayoría de PSOE y Sumar en la Mesa de la Cámara».

Así, Galindo «será el encargado de permitir que la proposición de ley de amnistía [...] sea calificada sin problemas por el órgano rector del Congreso, y emprenda los trámites para su aprobación». El letrado mayor saliente, Carlos Gutiérrez, había dictaminado la «palmaria inconstitucionalidad» de la proposición de ley de amnistía de 2021. Su informe, recordaba el diario, «pese a no ser un dictamen en profundidad, bastó para que fuera "inadmitido a trámite en términos absolutos"»[230].

229 *Vozpópuli,* 2/11/2023, "Fernando Galindo, el nuevo letrado mayor de las Cortes que coincidió con Sánchez en el Ayuntamiento de Madrid".

230 *El Mundo,* 2/11/2023, "Armengol lima el primer obstáculo para que la ley de

El informe de Fernando Galindo fue contrario al de su predecesor. Estimaba que «no parecen existir en la Constitución ni en la jurisprudencia constitucional parámetros o elementos suficientes para determinar si se produce una contradicción evidente y palmaria con la Constitución». Por tanto, no se oponía a la tramitación parlamentaria y señalaba que correspondería en exclusiva al Tribunal Constitucional la decisión última sobre si la proposición de ley se adecúa a la Carta Magna.

Esta polémica tuvo segunda parte, a la que se refería *El Mundo* con el titular, en portada, "El letrado de Armengol purga al jurista que fue crítico con la amnistía"[231]. Se trataba de Manuel Fernández-Fontecha, letrado de las Cortes, segundo en el escalafón, y el más crítico con la futura ley de amnistía, amén de exletrado del Tribunal Constitucional. Mantenía que los pactos entre el PSOE y Junts «no son propuestas de gobierno, sino modificaciones constitucionales que afectan a la relación entre los poderes públicos». Galindo, su superior, le comunicó verbalmente su traslado a la Comisión de Hacienda, desde la Constitucional y le negó su solicitud de ir a la de Justicia, donde también podría conocerse la proposición de ley de amnistía.

EL MINISTERIO FISCAL

El referido periódico situaba también «en este contexto de falta de decoro institucional», además del nombramiento del presidente de la primera fuente de información en español en el mundo, la ratificación de Tezanos en el CIS o la purga entre los letrados del Congreso, la confirmación «de Álvaro García Ortiz en la Fiscalía General del Estado —pese a que el Tribunal Supremo apreció "desviación de poder" en el ascenso de Dolores Delgado—», pues «prolongan una impresentable política de nombramientos

amnistía prospere"; *El Mundo,* 2/11/2023, "Armengol blinda la amnistía con un letrado muy vinculado al PSOE".

231 *El Mundo,* 8/12/2023.

[…] confundir las siglas de partido con el Estado supone uno de los mayores atropellos de Pedro Sánchez».

El presidente decidió confirmar en el cargo a García Ortiz, pese a que el CGPJ se pronunciase sobre su falta de idoneidad. Llovía sobre mojado. El 6 de noviembre de 2019, Pedro Sánchez era entrevistado en Radio Nacional de España y en un pasaje en particular se comprometió a traer a Puigdemont a España para colocarlo ante la justicia. El locutor intentó matizar esta declaración argumentando que los fiscales actúan con autonomía:

> «-La fiscalía ¿de quién depende, de quién depende?
> - Del Gobierno —contesta el periodista—.
> - Pues ya está —asevera Sánchez—»[232].

El Consejo de ministros del 13 de enero de 2020, cuando no habían pasado ni tres meses desde la entrevista radiofónica, nombró a la ministra de Justicia y diputada del PSOE, Dolores Delgado, nueva fiscal general del Estado.

Las asociaciones profesionales pusieron el grito en el cielo. Cristina Dexeus, presidenta de la Asociación de Fiscales, se pronunció en términos claros: «Que un ministro de justicia que formaba parte de un Gobierno, de un partido determinado, pase a ostentar el cargo máximo de la carrera fiscal no me parece adecuado». La Asociación Francisco de Vitoria, la segunda más representativa entre los magistrados españoles, lamentó que el nombramiento se hubiese efectuado no por sus méritos profesionales sino por su procedencia, ya que todavía era ministra de justicia.

La decisión obviaba el Estatuto Orgánico de la institución, que la considera independiente e integrada en el Poder Judicial, con autonomía funcional y regida por el principio de imparcialidad. Su misión, tal como establece su artículo primero, es la de «promover la acción de la justicia en defensa de la legalidad, de los derechos de los ciudadanos y del interés público tutelado por la ley, de oficio o a

232 *El Mundo*, 6/11/2019, "Pedro Sánchez presume de que la fiscalía depende del Gobierno para prometer que traerá a Puigdemont".

petición de los interesados, así como velar por la independencia de los Tribunales, y procurar ante éstos la satisfacción del interés social».

El CGPJ avaló el nombramiento, pero lo hizo de manera dividida, por doce votos a favor y siete en contra. Los disidentes emitieron un voto particular muy crítico. Los siete magistrados disidentes estimaban que «las circunstancias que concurren en ella crean una apariencia de vinculación con el Poder Ejecutivo que no contribuye a la percepción de independencia de la Fiscalía», por lo que consideraba que el nombramiento era «un serio impedimento para garantizar a la ciudadanía la imagen de autonomía e imparcialidad que ha de exigirse al Fiscal General del Estado».

El informe del CGPJ, preceptivo, aunque no vinculante, no evitó el nombramiento. El Tribunal Supremo dictó sentencia al ser impugnada la designación, pero no entró en el fondo de su idoneidad, porque no se admitió la legitimidad de los grupos políticos que interpusieron el recurso. Sin embargo, es significativo un voto particular emitido por el magistrado Antonio Fonseca, que manifiesta: «Es indudable que para el desempeño del cargo de Fiscal General del Estado la idoneidad debe entenderse referida a la aptitud, adecuación, capacidad que alguien tiene para el desempeño imparcial del cargo». Añadía, igualmente: «Su nombramiento no solo no es conveniente, sino que resulta contrario a la apariencia de imparcialidad que persigue el legislador». Estas frases describieron a la perfección por qué cada día que pasó se incrementaron las dudas sobre su gestión, agravadas por convertir de facto la Fiscalía en un órgano al servicio del Gobierno.

La Fiscalía de Delgado auxilió al Ejecutivo del que había formado parte, por ejemplo, solicitando la inadmisión en bloque de diecinueve querellas contra el Gobierno por su gestión de la pandemia. El Constitucional acabó considerando ilegales las dos declaraciones de estado de alarma, como veíamos antes.

Asimismo, se le acusó de premiar la afinidad ideológica o la amistad en los llamados órganos de gobierno de la Fiscalía, relegando los criterios de mérito y capacidad. La Fundación Hay Derecho refiere «interferencias de todo tipo en la política de nombramientos (y ceses) de los fiscales que trabajan en casos delicados».

Por ejemplo, en el llamado Caso Stampa, por el nombre del fiscal Ignacio Stampa, encargado del Caso Tándem o Villarejo, objeto de un *podcast* interesante, *El País de los Demonios,* de Álvaro de Cózar[233]. Hay sospechas de un boicot al fiscal Stampa en un concurso de méritos donde se cubrieron diversas plazas en la Fiscalía Anticorrupción, denunciado, entre otros, por Hay Derecho[234].

Al dimitir, en julio de 2022, Delgado fue sustituida por su mano derecha y jefe de su secretaría técnica, el fiscal Álvaro García Ortiz, cuya gestión tampoco se libró de polémica. Un año más tarde, García, sembraba la controversia, al plantear que el Gobierno promocionase a Delgado a la máxima categoría de la carrera fiscal, al nombrarla como fiscal de Sala de Memoria Democrática y Derechos Humanos, una plaza creada por la propia Delgado cuando era fiscal general. El nombramiento se efectuó con las Cortes disueltas, en junio de 2023, con el Gobierno ya en funciones, y pese al rechazo de la mayoría del Consejo Fiscal.

Dicho nombramiento fue anulado por el Tribunal Supremo, en noviembre de 2023, tras un recurso de otro candidato a la misma plaza. El Supremo asegura que el fiscal general, García Ortiz, ignoró el criterio de la mayoría del Consejo Fiscal, en un claro caso de «desviación de poder», que califica de «visible e innegable», que supondría, según la nota de prensa del propio tribunal, «el ejercicio de potestades administrativas para fines distintos de los fijados por el ordenamiento jurídico»[235].

Pocos días después de esta sentencia, el Consejo General del Poder Judicial se oponía a la confirmación del candidato del Gobierno a fiscal general, Álvaro García Ortiz, por considerarlo «no idóneo»[236].

233 Es recomendable en este sentido la columna "Balta, Lola y la memoria democrática", de José Ignacio Torreblanca (*El Mundo,* 12/6/2023). «Así mueren las democracias», concluye.

234 Fundación Hay Derecho, *Primer Informe sobre la situación del Estado de derecho en España, 2018-2021*, F. Hay Derecho, Madrid, 2022. Página 61.

235 Nota de Prensa del Poder Judicial, "El Tribunal Supremo aprecia desviación de poder en la propuesta del Fiscal General del Estado para promover a Dolores Delgado como fiscal de Sala".

236 *El Mundo,* 30/11/2023, "El CGPJ se opone por primera vez en democracia al candidato del Gobierno a fiscal general: «No es idóneo»".

Un columnista del diario *El Mundo*, el locutor de *Onda Cero Radio* Rafa Latorre, apuntaba que «una lectura superficial de los nombramientos institucionales de este Gobierno es que a Pedro Sánchez no le importa arrostrar el escándalo. El tránsito de Dolores Delgado del Ministerio de Justicia a la Fiscalía General del Estado ya permitía adivinar que el escándalo no es una consecuencia indeseada de la colonización de las instituciones, sino el objeto mismo de esta política. Ese arrojo desafiante con el que Sánchez dispone lo inaceptable tiene un efecto intimidatorio en sus adversarios y pretende servir como garantía para sus socios de que no hay obstáculo, moral o institucional, no hay pudor siquiera, que impida satisfacer sus demandas»[237].

EL CONSEJO GENERAL DEL PODER JUDICIAL

La defensa por parte de los populistas de la prevalencia de la voluntad de los políticos, como representantes del pueblo, sobre los tribunales y las leyes, ha estado muy presente en los Gobiernos de Sánchez desde temprano, a la hora de criticar diversos fallos judiciales. En la polémica por la Ley de Garantía de la Libertad Sexual, conocida como ley «del solo sí es sí», que ha puesto en la calle y ha rebajado las penas de más de mil violadores y pederastas, entonces ministras como Irene Montero acusaron a los jueces de prevaricar en masa. Llegó a insultarles como «fachas con toga» y «jueces machistas». La ministra Ione Belarra estimaba que «parte de los jueces de este país se ha erigido como oposición al Gobierno de coalición y especialmente al Ministerio de Igualdad, que está llevando los avances más lejos que nunca». Los «fachas con toga quieren reventar cualquier legislación feminista»[238]. Dichos ataques, repetimos, se efectuaron desde el mismísimo Gobierno de la nación, sin que su presidente los desautorizase.

---

237 *El Mundo,* 7/12/2023, "Del escándalo como sustancia política".

238 *Europa Press,* "Podemos respalda a Irene Montero y denuncia que «fachas con toga» tratan de boicotear la Ley del 'sólo sí es sí'", 16/11/2022.

Ese mismo partido que tuvo responsabilidades de gobierno en España ha llegado a proclamar sobre un caso ya investigado y judicializado que «eso es corrupción por mucho que los tribunales digan lo que digan»[239]. No en vano, en 2015, Podemos llegó incluso a plantear que «los ciudadanos elijan directamente a los miembros del Consejo General del Poder Judicial, es decir, al órgano de gobierno de los jueces», tras ser previamente los candidatos «avalados por asociaciones, sindicatos o plataformas ciudadanas»[240].

Según la Constitución, el Consejo General del Poder Judicial «estará integrado por el Presidente del Tribunal Supremo, que lo presidirá, y por veinte miembros nombrados por el rey por un periodo de cinco años. De estos, doce entre Jueces y Magistrados de todas las categorías judiciales en los términos que establezca la Ley Orgánica; cuatro a propuesta del Congreso de los Diputados y cuatro a propuesta del Senado [...] elegidos por mayoría de tres quintos de sus miembros, entre abogados y otros juristas de reconocida competencia y con más de quince años de ejercicio en su profesión».

Lo que los constituyentes buscaron con esta redacción fue robustecer el principio de separación de poderes y garantizar la independencia judicial.

La Constitución establece dos *cupos*: uno judicial y otro profesional. Prescribe cómo se nombrarán los miembros de este último cupo, por el Congreso y por el Senado, pero no dice cómo se nombrarán los miembros pertenecientes al cupo judicial. Se limita a decir que se nombrarán entre jueces y magistrados en los términos que establezca una Ley Orgánica, pero no dice quién los nombra. Los constituyentes decidieron, como en tantas otras cosas trasladar la responsabilidad de los nombramientos al futuro legislador. Y de ahí arranca el problema que llevamos arrastrando durante demasiado tiempo.

La primera norma que desarrolla el mandato constitucional es la Ley Orgánica 1/1980, de 1 de enero de 1980, gobernando la

239 *ABC*, 25/5/2023, "Iglesias arremete contra Carmena y la culpa de la derrota de la alcaldía de Madrid en 2019".

240 *El Mundo,* "Podemos propone que los ciudadanos elijan a los miembros del CGPJ para despolitizar la Justicia", 31/10/2015.

Unión de Centro Democrático. La ley establecía que «los vocales del Consejo General de Poder Judicial serán elegidos por todos los jueces y magistrados que se encuentren en servicio activo». Es decir, correspondía a los jueces elegir a los colegas que les representarán en el Consejo al que corresponde el gobierno del Poder Judicial. Es de justicia reconocer que «en 1980 solo había en España una asociación judicial, la llamada Profesional de la Magistratura [...] y no es extraño que en tales circunstancias sus candidatos obtuvieran el 100% de los representantes: los doce puestos. El resto, los ocho miembros a designar por Congreso y Senado fueron resultado de un pacto entre UCD y PSOE. Tres a propuesta de cada uno de estos partidos y los dos restantes por acuerdo de ellos con otros grupos», explica un grupo de profesores del Colegio Libre de Eméritos[241].

En 1985, el Gobierno de Felipe González, con una abrumadora mayoría absoluta, procede a reformar la Ley Orgánica del Poder Judicial modificando la forma de elección de sus vocales de procedencia judicial que serán nombrados por las Cámaras, seis por el Congreso de los Diputados y seis por el Senado. Eso quiere decir que los veinte miembros del Consejo del Poder Judicial serían nombrados por las Cortes. En la práctica, por acuerdo de los partidos allí representados, lo que aseguraba el control absoluto del Partido Socialista. Como señala el citado informe de los eméritos, el objetivo de la ley era claro como el agua: la toma del Palacio del Consejo que, con la mayoría aplastante de los socialistas en las Cortes, estaba asegurada.

En 2000, se invierten las tornas, y es el Partido Popular el que obtiene mayoría absoluta: ha llegado la hora de cambiar las reglas para elegir a los miembros del Consejo y eso es lo que hace la Ley Orgánica 2/2001. Los doce miembros del *cupo judicial* que tendrían que ser votados por los diputados y senadores, debían haber sido presentados por las asociaciones profesionales o por un número de jueces y magistrados que representasen al menos el 2% de los que estuviesen en el servicio activo. Conviene recordar para

241 *España. Democracia menguante.* Página 126.

hacerse cabal cuenta de la situación que, en aquel momento, ya había cuatro asociaciones profesionales muy activas: la Asociación Profesional de la Magistratura, Juezas y Jueces para la Democracia, Francisco de Vitoria y Foro Judicial Independiente. Parecería que se había dado un gran paso adelante para desligar a los jueces del Gobierno, pero muy pronto se comprobó que en la práctica cada asociación respondía a una ideología determinada, y no había crónica que no aludiese al carácter «conservador» o «progresista» de los jueces que intervenían en cada procedimiento.

En abril de 2013, es el gobierno del PP el que cambia ligeramente la Ley Orgánica, de forma que pudiesen ser elegidos en el llamado *cupo profesional* jueces y magistrados que no se encuentran en servicio activo en la carrera judicial y que cuenten con más de quince años de experiencia profesional. De nuevo, en 2020, la forma de la designación estará en el punto de mira, pero esta vez serán Unidas Podemos y el PSOE quienes traten de cambiar la mayoría de dos tercios de la Cámara por una mayoría absoluta, para poder prescindir del Partido Popular, sorteando el *bloqueo* al que según ellos tenían sometido al Consejo del Poder Judicial. Esta última modificación no prosperó. Este cambio —hecho burlando, de nuevo, los informes preceptivos— fue criticado por la Comisión Europea, que advirtió al Ministerio de Justicia de que se desviaba de los estándares que el Consejo de Europa había establecido respecto a la composición de los Consejos judiciales y a la elección de sus miembros, lo que obligó a los proponentes a meterla en un cajón.

La moraleja de esta historia es clara: no ha habido partido político que no haya intentado reformar la composición del Consejo del Poder Judicial para contar con un mayor número de leales en sus filas. Para salir de este laberinto, el PP aboga por que sean los jueces y magistrados los que designen directamente a los vocales del Consejo, argumentando que no basta con renovar las instituciones, sino que hay que hacer un esfuerzo para regenerarlas. Por su parte, Vox propuso volver al sistema anterior de doce vocales elegidos por jueces y ocho por las Cortes y Más País aboga por un nuevo sistema que incluya un sorteo para designar a algunos de los vocales entre los jueces que hayan pasado un filtro que evalúe la profesionalidad, la experiencia y el currículum acreditado.

Pero, ¿por qué es tan importante la elección de los veinte miembros del CGPJ? Pues, entre otras cosas, porque son los que nombran los magistrados que compondrán el Tribunal Supremo, la Audiencia Nacional y los Tribunales Superiores de Justica, amén de los que proponen a quienes presidirán sus salas y las de las Audiencias. Asimismo, lo que no es menos importante de cara a los políticos, seleccionan a los magistrados competentes para enjuiciar las causas que les afecten al estar aforados, además de que proponen por mayoría de tres quintos a dos magistrados del Tribunal Constitucional y son los dueños de los ascensos y sanciones dentro del cuerpo.

La imparcialidad de los jueces exige el cumplimiento de varios extremos como son la selección mediante pruebas públicas de acceso libre, el derecho a una carrera reglada y, sobre todo, la estricta separación entre judicatura y política. Se recoge muy bien en el libro *España, democracia menguante*, en su página 132: «Tan malo o peor que esos nombramientos discrecionales es que el ascenso a las alturas judiciales no sea el final, sino el comienzo, de otra carrera, la política, (si el juez se porta bien y complace a los partidos que pueden promocionarle aquí o allá: a magistrado del Tribunal Constitucional, a ministro, a consejero de Estado a diputado...) Existe un trasiego execrable porque la democracia española tolera -¿o fomenta?- el paso de la justica a la política y de la política a la justicia sin que tales saltos acrobáticos dejen huella alguna en el juez que los practica».

¿Y dónde estamos ahora? En la peor de las situaciones. El Consejo caducó su mandato hace más de cinco años y los partidos políticos no se han puesto de acuerdo para su renovación. La Ley Orgánica 1/1980 del Consejo del Poder Judicial que recoge las funciones del Pleno estableció la continuidad en el ejercicio de sus funciones de los órganos existentes que cesarían al constituirse el nuevo Consejo. Los actuales vocales deberían haberse sustituido en 2018. No se hizo así, pero —de acuerdo con los precedentes— el Consejo debería haber seguido funcionando. La causa de este retraso, como hemos visto, es la divergencia entre los partidos políticos en la forma de designación de sus miembros. Para forzar la renovación del Consejo, se aprobó la Ley Orgánica 4/2021, que limitó las atribuciones del Consejo hasta que no se hubiera producido su renovación. Mientras estuviera en funciones, el Consejo no podía proponer el nombramiento de jueces, magistrados, magistrados del Tribunal Supremo, ni los dos del Tribunal Constitucional.

El Gobierno no había previsto que estas limitaciones impedirían al Consejo designar los dos magistrados del Tribunal Constitucional. Y eso sí que suponía una contrariedad. Para resolverlo se *reformó la reforma* y se autorizó al CGPJ a elegirlos. Con eso se resolvió un problema, pero no todos, porque el Consejo se vio privado de legitimación para promover nombramientos y promover conflictos de competencias entre los órganos constitucionales. El rechazo en el ámbito judicial fue sonoro, hasta el punto de que los jueces y magistrados denunciaron ante Bruselas una intromisión política en el Poder Judicial por vulnerar los valores consagrados en la UE, en cuanto proclaman la obligación de todos los Estados de preservar el Estado de derecho. Por añadidura, la reforma se presentó mediante proposición de ley al Congreso, para evitar los informes del Consejo de Estado y del propio Consejo del Poder Judicial.

El penúltimo capítulo se produjo cuando, en junio de 2023, el PSOE presentó de nuevo al Congreso una proposición de ley modificando de nuevo la Ley Orgánica del Poder Judicial con el fin de reinstaurar entre sus atribuciones *exclusivamente* la capacidad de proponer a dos magistrados del Tribunal Constitucional, a la vez que introducía una enmienda conminando al CGPJ a nombrar a los dos nuevos vocales del Tribunal Constitucional en el plazo perentorio de tres meses.

Posteriormente, a finales del año 2023, los líderes del PP y del PSOE acordaron iniciar negociaciones para la renovación del Consejo y avanzar en la reforma, bajo supervisión de Bruselas, dada la desconfianza entre las partes, una situación sin precedentes.

EL TRIBUNAL CONSTITUCIONAL

Dentro del vaciamiento de la democracia liberal operado en los últimos años, la colonización más grave tal vez haya sido la experimentada en el Tribunal Constitucional. Como ya hemos señalado, en julio de 2022, el Gobierno y sus socios intentaron reformar la Ley Orgánica del Poder judicial (después de modificarla en marzo de 2021), para que el Consejo General del Poder Judicial pudiera proponer sus dos candidatos para el Constitucional. Vivimos el bochorno de que el Constitucional tuviera que suspender la votación en la Cámara Alta de dos enmiendas que nada tenían que ver con el objeto de una norma a la que se incorporaban y que buscaban el nombramiento por parte del Gobierno de dos personas de su confianza para que entraran en el Tribunal Constitucional, lo que no era posible si antes el Consejo General del Poder Judicial no designaba a sus dos candidatos.

Las enmiendas iban incluidas en la reforma del Código Penal para despenalizar el delito de sedición y rebajar las penas para el de malversación, y buscaban modificar otras dos leyes orgánicas: la del Poder Judicial y la del Tribunal Constitucional. La primera enmienda perseguía rebajar las mayorías para que el CGPJ eligiera a los dos magistrados del Constitucional: del requisito de que los candidatos propuestos desde el Consejo General del Poder Judicial obtuviesen el respaldo de tres quintos de los vocales, se pasaba a una mayoría simple. Asimismo, se introducía la posibilidad de acusar de prevaricación a cualquier vocal que tratase de bloquear el nombramiento o rechazase participar en esta forma de elección. La otra enmienda buscaba eliminar el examen previo de idoneidad de los nuevos magistrados.

La ley y la jurisprudencia son claras y avalaban la medida cautelar del Constitucional: cuando una iniciativa legislativa ha sido aceptada por el Congreso, no puede alterarse su objeto mediante enmiendas para reformar otra ley, ya que tal pretensión evita el debate parlamentario, vulnerando los derechos de los parlamentarios y de los ciudadanos.

Pedro Sánchez invocó: «Estamos ante un intento de atropellar la democracia, no sólo de la derecha política, sino de la judicial, jaleada por la mediática, y eso no es aceptable», «la democracia va a prevalecer frente al atropello, ya sea de los magistrados conservadores, la derecha política o la mediática que han intentado esta operación incalificable», «la derecha y la ultraderecha han secuestrado la Constitución» o «hay que respetar la democracia y en una democracia los poderes emanan del pueblo». Llegó a calificar la medida del Constitucional como «este complot tan burdo de la derecha y de la extrema derecha»[242].

La palma se la llevó el presidente de la Comisión de Justicia en el Congreso, el diputado y portavoz socialista Felipe Sicilia, comparando la medida cautelar ordenada por el Constitucional con el intento de golpe de Estado de 1981: «Hace 41 años, la derecha quiso parar un pleno y la democracia. Lo hizo con tricornios. Hoy, señorías, han querido hacerlo con togas»[243]. Sus socios de Gobierno no anduvieron a la zaga: "Podemos acusa al TC de consumar «el golpe a la democracia» e Iglesias pide «salir a la calle»", titulaba la prensa[244].

El Ejecutivo, finalmente, consiguió lo que buscaba. El pleno del CGPJ se reunió de urgencia y eligió por unanimidad a dos magistrados «progresistas». Pedro Sánchez, además, colocaba a otros dos candidatos que correspondían por designación directa al Gobierno: el exministro de Justicia Juan Carlos Campo; así como la exdirectora general del Ministerio de la Presidencia Laura Díez.

Como guinda del pastel, resultó elegido como presidente del alto tribunal Cándido Conde-Pumpido, fiscal general del Estado durante el Gobierno de Rodríguez Zapatero.

Inquieta la postura de algún vocal del TC que no ha ocultado su idea de que la función del tribunal de garantías sea

---

242 *ABC*, 16/12/2022, "Sánchez carga contra el Tribunal Constitucional por «atropellar la democracia»". *El Mundo*, 16/12/2022, "Sánchez carga contra «el atropello de la derecha política, judicial y mediática» y exige al TC que «impere el sentido común y la Constitución» en su próximo pleno". *El País*, 15/12/2022, "Sánchez: «La derecha y la ultraderecha intentan atropellar la democracia, pero la Constitución prevalecerá».

243 *El Diario*, 15/12/2022, "Felipe Sicilia, al PP: «Quisieron parar la democracia con tricornios y hoy han querido hacerlo con togas, pero no lo han conseguido». *El Español*, 15/12/2022, "El PSOE acusa al PP de actuar como Tejero el 23-F".

244 *El Español*, 20/12/2022.

«constructivista», que pueda «superar la ley» o «ir más allá de la ley». Esto confronta el principio de que un tribunal constitucional debe ser precisamente lo que se ha llamado un «legislador negativo», que tiene que limitarse sencillamente a garantizar que las leyes sean conformes a la Constitución.

Estos planteamientos preocupan porque coinciden con la interpretación torticera de quienes abogan por una interpretación flexible de las leyes en general y de la Constitución del 78, en particular, como estrategia para lograr unos fines políticos diferentes, pero igualmente perversos.

Desde su renovación, este Constitucional ha avalado la ley del aborto de Zapatero, la de educación de Celáa, la de eutanasia, las fórmulas de juramento extravagantes, e, incluso, la reforma del CGPJ. Mientras, la minoría lleva desde entonces avisando en cada voto particular de que se está reformando la Constitución por la puerta de atrás, poco a poco.

Va abriéndose paso la tesis de que sería pueril intentar una reforma constitucional, puesto que no dan los números, por lo que se ha impuesto vaciar de contenido la actual Constitución y transformar la realidad española vía hechos consumados. La tesis de que la interpretación que puede hacerse de algún artículo de la Constitución es tan laxa como para no tener que modificarla fue hace tiempo esgrimida por el propio Pablo Iglesias.

En su alocución en una *herriko* taberna de Pamplona, disponible en Internet, el hoy exdirigente de Podemos expresa, por un lado, que es difícil cambiar el sistema o el orden constitucional de manera legal, pues «ese proceso de metamorfosis del franquismo que se llama Transición española» hizo que hubiera «una Constitución material que va mucho más allá de lo que se escribiera en el papelito aquel de 1978». Apuntaba que «con el papel en la mano, en el Estado español podría haber un sistema federal, o un sistema puramente jacobino y centralizado. La Constitución permitiría todas esas cosas», pero las «élites económicas y también políticas» controlan «los principales mecanismos y dispositivos de poder del Estado español».

A renglón seguido, justificaba la actividad terrorista por ese supuesto inmovilismo tutelado por las «élites» de siempre: «Me gusta contar esto aquí porque quien se dio cuenta de eso desde el principio fue la izquierda vasca y ETA: por mucho mecanismo democrático que haya, hay determinados derechos que no se pueden ejercer en el marco de la legalidad española, por muchas cosas que diga la legalidad española. Quedaba todo atado y bien atado».

Explicaba que «la política no funciona por mayorías y minorías. Aunque el ochenta por ciento de los ciudadanos vascos dijeran "queremos ser independientes", eso no basta para doblegar el poder de un Estado. Si dijéramos que sí basta, estaríamos desconociendo los últimos treinta años de historia. Pero en un momento de debilidad de las instituciones del Estado, se abren oportunidades que permiten redefinir todo el entramado jurídico que ha, de alguna forma, establecido eso que se llama régimen político español».

EL DERECHO A LA CARTA

El envite al Estado de derecho aún no ha terminado: en la cola están la amnistía, el referéndum consultivo de autodeterminación en territorio catalán, la previsible incorporación de Navarra al País Vasco, y la incorporación a nuestro ordenamiento jurídico de un nuevo término, *lawfare*, la guerra legal que consiste en el empleo de las herramientas propias del poder jurídico para anular o debilitar el ejercicio de derechos políticos. Un término que atenta directamente contra la separación de poderes y la independencia judicial, porque podría permitir frenar las actuaciones de los jueces a requerimientos del poder político.

Hablar de la independencia del Poder Judicial es referirse a uno de los pilares básicos de la democracia, garante de la igualdad de todos los españoles y de la vigencia de las libertades públicas. Por eso, para garantizar su imparcialidad, el poder judicial requiere que su vinculación sea exclusiva y única a la legislación y a la jurisprudencia. Lo habitual en las democracias parlamentarias es que el Gobierno controle las Cámaras legislativas, pero no lo es tanto ni que suplante la labor legislativa, como hemos visto ya, ni que controle el Poder Judicial. Muchas disposiciones legislativas son *legales*, en cuanto son aprobadas por las mayorías parlamentarias que apoyan al Gobierno, pero no es seguro que sean respaldadas, si contravienen la legalidad, por los jueces si son independientes. Por eso, el control del Poder Judicial es el último bastión de la democracia liberal.

La experiencia comparada demuestra que el apetito por controlar el Poder Judicial es común a todos los autócratas. Ahora y antes. Es la trinchera que todos intentan asaltar cuando ya se han hecho con el control del Legislativo y del Ejecutivo. En Hungría, Viktor Orbán llenó la Fiscalía y el Tribunal Constitucional de personas, todos ellos teóricamente independientes, pero en la práctica absolutamente leales a su partido. En Polonia, cuando Ley y Justicia ganó las elecciones de 2015, lo primero que hizo fue violar la Constitución al nombrar a nuevos jueces para el Tribunal Constitucional, sin respetar el poder establecido. Más tarde utilizó una estrategia igualmente inconstitucional en un intento de influir en el Tribunal Supremo: redactó una ley que castigaba a los jueces, cuyas resoluciones contradijesen las políticas del Gobierno. De ahí que los jueces polacos estén en estos últimos tiempos animando a sus homólogos españoles a protestar por los abusos e injerencias en la independencia judicial, porque los ataques al Estado de derecho de su país empezaron igual que aquí[245]. Si no se pueden hacer las leyes a medida, siempre queda legislar por Decreto Ley y, si eso tampoco es suficiente, contar con jueces capaces de estirar o encoger el derecho a gusto del que manda. Ya lo decía un ilustre funcionario del régimen anterior: ¡Democracia, la justa!

Los juristas más leídos suelen definir el uso alternativo del derecho como un intento de «reconducir las interpretaciones jurídicas progresistas al desarrollo de las contradicciones sociales. No para la supervivencia de las instituciones, sino para restituir en la clase obrera la capacidad creadora de la historia»[246]. Pedro

---

245 *ABC*, 2/12/2023, "Jueces polacos animan a sus colegas españoles a «no cerrar la boca» ante abusos e injerencias en la independencia judicial".

246 José María Laso Prieto, "Sobre el uso alternativo del Derecho", *El Basilisco*, número 2, mayo-junio 1978.

Sánchez, adalid del progresismo, ha hecho suya esta interpretación con una variante: no pretende restituir a la clase obrera su capacidad creadora, se la reserva para sí. Si su investidura requiere la «desjudicialización de la justicia», se suprime el derecho de sedición, se dulcifica el de malversación y se *convence* a los jueces de que deben interpretar la ley de amnistía de acuerdo con el pacto suscrito en Waterloo entre Junts y el PSOE.

Como hemos repetido una y otra vez, la suerte política de Pedro Sánchez depende de la extrema izquierda, de los *burukides* nacionalistas y de un expresidente de la *Generalitat* reclamado por la justicia española y partidario de la independencia de Cataluña por las buenas o por las malas. Una paradoja difícil de asimilar. Son los partidos separatistas —por cierto, muy mermados en su apoyo electoral— los que tienen en sus manos la suerte de España.

El precio pagado por estos apoyos y el que se va a tener que pagar va a ser muy alto: nada más y nada menos que retorcer las leyes para satisfacer las reivindicaciones de los separatistas. En la legislatura anterior, ya se dieron varios pasos en esta dirección: indultos a los condenados por el *procés*, derogación de la sedición como delito penal y rebaja de la malversación.

Empecemos por el indulto. El 22 de julio de 2021, el Consejo de ministros indultó a los nueve condenados con pena de prisión en el juicio del *procés*. El indulto benefició a Oriol Junqueras, Raul Romeva, Jordi Turull, Dolors Bassa, Carme Forcadell, Joaquim Forn, Josep Rull, Jordi Sánchez y Jordi Cuixart; los máximos responsables de un golpe de Estado perpetrado por las instituciones catalanas en octubre de 2017 en contra de la Constitución. La entonces portavoz del Gobierno, María Jesús Montero, aclaró que el indulto ni valida ni cuestiona ni discute las sentencias judiciales: «La justicia terminó su trabajo y ahora es el momento de la política». Según la portavoz, el indulto se justifica por «razones de utilidad pública». Son razones que no se desarrollaban en el decreto, como es habitual en estas medidas de gracia. El decreto se aprobó sin una previa petición formal de los procesados, que tampoco manifestaron señal alguna de arrepentimiento o compromiso de no reincidir, y en contra del informe del tribunal sentenciador.

Ni petición de gracia, ni contrición de corazón, ni propósito de enmienda, como enseñaba el catecismo del padre Ripalda.

Curiosamente, años antes, el propio Sánchez declaraba que sentía «vergüenza» porque políticos indultaran a políticos. Su partido, entonces en la oposición, llegó a apoyar una proposición de ley de Izquierda Plural, defendida por Gaspar Llamazares, entonces líder de Izquierda Unida, para reformar radicalmente o derogar la Ley de Indulto. El portavoz del grupo político hoy integrado en Sumar denunciaba que «parece mentira después de dos siglos, pero todavía el indulto, la prerrogativa de gracia, sigue en nuestro sistema político al margen de la división de poderes y por encima de la división de poderes. Pero no solamente es una herencia anacrónica del pasado, se ha convertido en un escándalo. Se ha convertido en un escándalo porque da la impresión de que el indulto, junto con un Código Penal para pobres y junto también con un procedimiento penal realmente difícil para los delitos complejos y contundente con los delitos patrimoniales, esta especialidad del indulto se ha convertido en una suerte de cuarta instancia de ricos».

Más interesante es saber que, en la toma en consideración de aquella proposición de ley, el representante de Esquerra Republicana de Cataluña, Joan Tardà, señaló que el indulto «es una figura obsoleta y debería abolirse. Esta es la opinión de los republicanos catalanes. Se trata de una intromisión del poder político en el Poder Judicial inadmisible [...] El indulto es el sumidero de los errores judiciales y la coartada para poder indultar a chorizos; léase banqueros y políticos corruptos». Por ello, proponía: «Si hay que conceder indultos, mientras tanto que sea el Parlamento el que los conceda; solo el Parlamento y por una mayoría de tres quintas partes. [...] determinados delitos en los que existe un claro conflicto de intereses tienen que quedar excluidos. Es evidente que conviene evitar que el hecho de pertenecer a un partido político, a una institución pública o a poderes económicos relacionados con el delito sea motivo para que el reo pueda ser excluido de la condena»[247]. Por fortuna para su grupo, no se derogó ni se modificó la ley de indulto.

Si la concesión de indultos fue una bajada de pantalones, más grave fue la derogación del delito de sedición, reducido al de desórdenes públicos. Esta decisión privó retroactivamente de legitimidad a la Sentencia del Tribunal Supremo que condenó los hechos ocurridos en octubre del 2017 en Cataluña y, lo que es peor, despojó al Estado de las armas necesarias para reprimir conductas como las que entonces ocurrieron. Como dice el tantas veces citado ensayo *España. Democracia Menguante,* el legislador, al mutar la sedición por un delito contra el orden público, además de desvirtuar la realidad, está invitando a que estas cosas puedan fácilmente repetirse. No es cierto que los hechos producidos en Cataluña, y juzgados en su día por la sentencia del Tribunal Supremo, tengan en otros países europeos una calificación penal menos grave que la del delito de sedición por el que fueron condenados. Ese argumento aducido por el Gobierno para limitar en España tal delito carece de verosimilitud, de manera que la única causa de la reforma para ser la del pago por los apoyos parlamentarios que recibe el mismo Gobierno por parte de los partidos independentistas. A partir de ahora, la insurrección contra las instituciones democráticas no podrá ser calificada de rebelión ni de sedición. A lo sumo, podrá ser tildado de un delito de desórdenes públicos, como una pelea callejera entre aficionados de fútbol.

El tercer regalo a los separatistas fue la *dulcificación* del delito de malversación cuando se trata de la desviación de fondos a otros intereses públicos y no a usos privados. La ley se justifica argumentando que los recursos que el funcionario tiene a su cargo se siguen destinando a fines o usos públicos, aunque no sean los que la ley determine. Es evidente que esta reforma se hizo con un solo objetivo: rebajar las penas que por la comisión de los delitos de malversación fueron impuestos a los condenados por el *procés*. Son muchos los comentaristas que argumentan que tanto si el cargo público se apropia del patrimonio para su uso privativo

247 *Diario de Sesiones del Congreso de los Diputados,* 11/3/2014, número 185, páginas 18 a 22.

como si lo usa para fines diferentes a los previstos por la ley, el daño al patrimonio público es el mismo y, por lo tanto, merecería idéntica sanción.

Gianni Vattimo recuerda cómo «hasta en los casos cada vez más numerosos de corrupción administrativa (aquí pienso en la Italia de "Manos limpias"), los políticos han reivindicado, en los tribunales, el derecho a mentir (y robar, corromper, etc.) en nombre del interés "general". Robaban no para ellos mismos sino para el partido y, por lo tanto, para el funcionamiento de la democracia, que cada vez cuesta más»[248].

Uno de los beneficiados con estas medidas, el exvicepresidente de la *Generalitat* Oriol Junqueras, resumió mucho mejor que cualquier sesudo analista o ensayo lo que significaban estas reformas legales, arrancadas a cambio del apoyo a los Presupuestos de aquel año: «Logramos resultados concretos para hoy y bajamos el precio cuando lo volvamos a intentar». Añadía: «El objetivo sigue siendo la independencia, pero ahora se trata de ir dando pequeños pasos»[249].

Con ser graves las anteriores cesiones, la más grave hasta ahora es lo que púdicamente se llama «la decisión de desjudicializar el *procés*». Y eso nos lleva a hablar de la amnistía, algo que claramente no se puede realizar sin hacer añicos la Constitución. El razonamiento es muy sencillo: si el ordenamiento prohíbe los indultos generales que perdonan la pena, pero mantienen incólume el delito, no tiene sentido que las Cortes puedan ir mucho más lejos y borrar el delito mismo, convertir en lícito lo que era ilícito. Como dice Guadalupe Sánchez, «la amnistía es mucho más que un indulto anticipado, y constituye la forma más efectiva de impunidad, ya que permite eludir la acción de la justicia y evita que el amnistiado tenga que responder penalmente o civilmente por sus actos. Dicho en román paladino, la amnistía determina que el delincuente deje de serlo, y que no tenga que responder por su conducta. Tanto es así que, incluso los beneficiarios de la misma

248 VATTIMO, Gianni, *Adiós a la verdad*, Gedisa, Barcelona, 2010. Páginas 29 y 30.
249 *El Español*, 20/11/2022, "Junqueras ante la ejecutiva de ERC tras pactar la sedición: «Bajará el precio al volver a intentarlo»".

que no hayan resultado condenados en firme, podrían reclamar una indemnización o restitución con causa en las resoluciones judiciales o administrativas afectadas por la amnistía (como ya analizó la sentencia del Tribunal supremo de 27 de septiembre de 1978, relativa al decreto ley de amnistía de 30 de julio de 1976)»[250].

La amnistía pugna además con el principio de separación de poderes básico en el Estado de Derecho: corresponde a los jueces juzgar y hacer cumplir lo juzgado y ningún otro poder puede invadir o ignorar esta competencia. La amnistía supone, en otras palabras, una flagrante intromisión en la labor de los jueces, que quedarían relegados a meros ejecutores de una decisión política químicamente pura. Finalmente, la amnistía contradice el principio de igualdad porque otorgaría un privilegio a unos ciudadanos, políticos por más señas, que no se conceden a otro. La amnistía de 1977, la de la Concordia, amparaba a todos los actos de intencionalidad política, cualquiera que fuese la ideología política esgrimida para delinquir durante una dictadura. La amnistía actual solo se aplica a los delitos cometidos con el objetivo de conseguir la independencia de Cataluña; nada más. Cuando se aprobaba la amnistía de 1977, Santiago Carrillo decía que, de ahí en adelante, viviendo como se viviría en democracia, había que atenerse escrupulosamente a la ley pues esta nunca es arbitraria en democracia: «La amnistía confirmada hoy dará todo el poder moral necesario para aplicar la ley a cuantos en lo sucesivo, y a condición de que las libertades democráticas sean garantizadas para todos, maten, secuestren o roben en nombre de actitudes a las que ya no podrá atribuirse legítimamente una intencionalidad política»[251].

Los argumentos jurídico-constitucionales que acabamos de exponer son concluyentes, pero, por si hay alguna duda, es bueno recordar que la cuestión de la amnistía sí se discutió en el debate constitucional: se rechazaron dos enmiendas (números 504 y 744) para incluirla en la Carta Magna. La primera, presentada por Raúl Morodo, catedrático de Derecho político y dirigente del Partido

250 *The Objective,* 19/8/2023, "Amnistía".
251 *Diario de sesiones del Congresos de los Diputados,* 27/7/1977, página 73.

Socialista Popular, literalmente decía: «Las Cortes Generales, que representan al pueblo español, ejercen la potestad legislativa [...] otorgan amnistías [...]» La segunda, firmada por el diputado de UCD César Llorens, también jurista, era igualmente clara: «Se prohíben los indultos generales [. . .] Las amnistías sólo podrán ser acordadas por el Parlamento». Las dos fueron rechazadas, lo que deja meridianamente clara la voluntad del constituyente.

Si incuestionables son los argumentos constitucionales, más lo son los argumentos políticos. La amnistía solo tiene sentido cuando se produce un cambio de régimen o se termina una guerra civil. Ambas condiciones concurrieron en la amnistía dictada en España en 1977, que pretendió acabar con la dicotomía entre amigo y enemigo; en superar y eliminar el enfrentamiento existencial que supusieron la guerra civil y el franquismo creando un sistema social y político fundado en una convivencia pacífica y en el que los conflictos políticos se resuelven mediante la integración y no por la anulación del otro. Una integración pacífica que supone en sí misma la esencia de la convivencia democrática.

Como explicó muy bien Julio Jáuregui, diputado en Cortes en 1936, la amnistía de 1977 fue sobre todo «un gran acto solemne que perdonara y olvidara todos los crímenes y barbaridades cometidos por los dos bandos de la Guerra Civil, antes de ella, en ella y después de ella hasta nuestros días». Sobre esta idea, los miembros del PNV presentaron en las Cortes una proposición de Ley de Amnistía General aplicable a todos los delitos de intencionalidad política, sea cual fuere su naturaleza, cometidos con anterioridad al 1 de junio de 1977. A la propuesta del PNV le siguieron las de PCE, PSOE, y UCD, hasta llegar a una transaccional acordada por todos los grupos, a excepción de Alianza Popular, que cubría todos los delitos citados, cualquiera que fuera su resultado, incluido lesiones o muerte. A iniciativa de UCD se incluyen los delitos cometidos por autoridades, funcionarios y agentes del orden público contra el ejercicio de los derechos de las personas. La amnistía de Pedro Sánchez solo tiene un propósito: garantizar los votos de los secesionistas catalanes a su investidura. Es investidura por impunidad. El triunfo incuestionable de los secesionistas y la rendición incondicional de la democracia española. Y peor aún es que sean los mismos que aspiran a la amnistía los que tengan capacidad de amnistiarse a ellos mismo. Todo un desatino.

Pero en toda la discusión sobre la amnistía hay algo mucho más grave, porque afecta a la esencia misma de la democracia liberal. Lo que más nos preocupa es que los que defienden la constitucionalidad de la amnistía se basan en el principio más letal para la democracia: según ellos, lo que no está prohibido está permitido. Y eso es exactamente lo contrario de lo que postula la democracia liberal, que se basa en un principio aún más nítido: cuando se trata de los ciudadanos lo que no está prohibido está permitido. Es el principio del *«negative Bindung»*, proveniente del derecho alemán. Cuando se trata de los poderes públicos, el principio es el contrario. Solo está permitido lo que está expresamente autorizado *(«positive Bindung»)*. Para las personas naturales, la Ley actúa solo como límite, y, en cambio, las personas jurídicas, las instituciones y el resto de las entidades creadas por la ley solo pueden hacer lo que las leyes que las crean les autorizan. La Administración, el Gobierno, las Cortes y demás órganos constitucionales sólo pueden hacer lo que está previsto en las normas que las crean y regulan. Si la amnistía no está prevista en la Constitución, no cabe en nuestro ordenamiento.

Los independentistas no han ocultado que su lista de exigencias no termina con la aprobación de la amnistía. Su meta es, por más concesiones que haya entre tanto, la independencia de sus territorios. Siempre han atizado un conflicto que ellos mismos han creado para quedar siempre en posición de víctimas insaciables. En una democracia liberal se busca que todos los ciudadanos vivan pacíficamente, disfrutando libremente de la igualdad de derechos. «De ahí la difícil aceptación por los nacionalistas de un Estado federal racionalizado. Este será siempre (por principio) un Estado unitario —aunque políticamente descentralizado—, pues una es la soberanía; una, en consecuencia, es la Constitución que rige para la totalidad de las instituciones públicas del Estado global; y una ha de ser necesariamente la nación española, dado que solo así estará compuesta por ciudadanos libres e iguales en sus derechos»[252].

Hay un ideólogo de cabecera de la ultraizquierda, que ya hemos mencionado con anterioridad, del que, poco a poco, se han ido apropiando sus alrededores, el argentino Ernesto Laclau, quien, según su compatriota el escritor Jorge Fernández Díaz, «viene del nacionalismo de izquierdas de la Argentina, asesor de Cristina Kirchner e ídolo del chavismo, introduce en la cabeza de algunos que la democracia ya no es lo que era, y que lo importante es cómo hacer una revolución dentro de una democracia. Una revolución en paz. En paz relativa. Y eso es el sueño húmedo de muchos en España». Añade que «el objetivo es que parezca de lejos una democracia, pero que no lo sea. ¿Qué quiere decir? Que el poder judicial lo tengas colonizado. Por tanto, la independencia de los poderes no existe. Que el Congreso lo tengas, prácticamente, dominado, que sean notarios que, simplemente, firmen lo que al Ejecutivo se le antoja. Que haya elecciones, pero con una reforma electoral y una reforma constitucional que haga de la oposición no una verdadera alternativa, sino un mero *sparring*. Se busca la eternización en el poder»[253].

252 *España: Democracia menguante,* páginas 183 y 184.

253 *Zenda*, 21/4/2023, "Jorge Fernández Díaz: «Argentina es un Estado completamente fallido»".

CAPÍTULO 8. ¿Y, AHORA, QUÉ HACEMOS?

A lo largo de las páginas anteriores hemos venido analizando cómo sin golpes de Estado clásicos, sin violencia y sin episodios explícitos de subversión, es posible degradar una democracia hasta convertirla en algo distinto, una democracia iliberal que de democrática solo tiene el nombre. En definitiva, en un sistema autocrático de facto. Y cómo esta deriva se ha ido produciendo en nuestro país de forma persistente, a pequeños pasos, dados en la confianza de que los ciudadanos no se perciban de lo que sucede: la estrategia del salchichón, que dice Alfonso Guerra, o la de la rana que señalamos en la introducción a este libro.

Esta estrategia de demolición del orden constitucional y del Estado de Derecho, ya se siga como designio expreso o como procedimiento para detentar indefinidamente el poder, tanto da, se basa en la capacidad de contar con la mayoría absoluta en el Congreso de los Diputados. Se parte de la idea, implícita o explícita, de que la soberanía popular reside en el Congreso, y, por tanto, éste dispone del poder absoluto que tal soberanía le confiere. Por tanto, la mayoría parlamentaria de la mitad más uno tendría una soberanía ilimitada no sujeta a contrapeso alguno. El *expresident* de la *Generalitat* Quim Torra lo afirmó sin reparos, al decir que la democracia está por encima de la ley: en su caso se traducía en que el Parlamento de Cataluña, en quien reside la soberanía del pueblo catalán, está por encima de las leyes españolas.

Nada más contrario a la verdad. El artículo 1.2 de la Constitución dice que «la soberanía nacional reside en el pueblo español, del que emanan los poderes del Estado». En el pueblo español, no en el Congreso. Y del pueblo español emanan los poderes del Estado, los tres, Legislativo, Judicial y Ejecutivo, no solo el primero.

Y en cuanto al Poder Legislativo, reside en la Cortes Generales, no en el Congreso. Y las Cortes Generales constan de dos Cámaras. Artículo 66.1 de la Constitución: «Las Cortes Generales representan al pueblo español y están formadas por el Congreso de los Diputados y el Senado». Tal artículo dice dos cosas muy claras:1) las Cortes las forman las dos Cámaras, no una sola; y, 2) las Cortes «representan» al pueblo español, no lo sustituyen.

De esto se deduce que el Congreso no es soberano: está sometido a la Constitución y a las leyes. Y un Gobierno cuyo partido, solo o en compañía de otros, disfrute de mayoría absoluta en el Congreso no por ello tiene legitimidad para invadir y colonizar las instituciones ni para someter a todas las estructuras del Estado.

Esto se entendió así hasta hace poco, y los partidos que en el pasado dispusieron de mayoría absoluta en el Congreso entendieron que, además de las limitaciones impuestas por las leyes, existían otras dictadas por las normas no escritas en que se basa el juego democrático: respeto a las minorías, neutralidad de las instituciones y respeto a la separación de poderes. Es la citada «contención institucional» a la que se refieren Levitsky y Ziblatt como uno de los dos elementos que deben darse para que una democracia sobreviva, junto a la «tolerancia mutua».

Desgraciadamente, en los últimos tiempos se ha pasado del «haré todo lo que no impida la ley ni las líneas rojas de la democracia» al «haré todo lo que no impida la ley», y, luego, al «haré todo lo que no impida la ley, y si la ley lo impide, cambio la ley». En este tercer estadio es en el que, desgraciadamente, nos encontramos hoy. El último obstáculo es la ley de leyes, la Constitución, aunque también en esta última línea de defensa estamos ya en riesgo de que se venga abajo, en la medida en que el texto constitucional pueda ser retorcido hasta el límite, que se aplique la flexibilidad interpretativa del «constructivismo jurídico» para que leyes contrarias a la letra y al espíritu de la Constitución puedan pasar el filtro.

Esta deriva es extremadamente difícil de combatir. La mayoría absoluta con la que el Gobierno cuenta en el Congreso, sumados la coalición gubernamental y los partidos independentistas, permite, en uso del rodillo parlamentario, aprobar cualquier proyecto o proposición de ley que presente. Frente a ello, la capacidad de reacción del Senado, en la que no cuentan con la mayoría, es limitada. Y, en cuanto a un eventual recurso de inconstitucionalidad, puede tener dificultades de ser estimado si se aplica una «interpretación constructivista» de la Carta Magna. Así se entiende el enorme interés del sanchismo de ahormar una mayoría determinada en la composición del Tribunal Constitucional.

A esta deriva que, paso a paso, se ha venido produciendo en los últimos años, y que continúa, se ha venido a sumar el órdago independentista propiciado por los resultados de las últimas elecciones generales y la necesidad de Pedro Sánchez de contar con los votos de unos partidos cuyo propósito declarado es romper la integridad nacional. La aceptación de todas sus exigencias implica, por una parte, como consecuencia de la ley de amnistía, destruir principios constitucionales como la igualdad ante la ley y los fundamentos del Poder Judicial, y por otra, como consecuencia de la negociación para articular un referéndum en Cataluña, abrir la puerta para la secesión de ese territorio.

El desafío al que nos enfrentamos es de una gravedad difícil de exagerar: está en riesgo el Estado de Derecho, esto es, la separación de poderes, la independencia del Poder Judicial, la igualdad de los españoles ante la ley e, incluso, la integridad territorial. La respuesta de quienes pretenden quitar importancia al problema es de una inanidad intelectual inaceptable: «No pasa nada, España no se rompe a pesar de los agoreros, llevan tiempo denunciando que se rompe y no ha sucedido». Oyendo tan fútil respuesta viene a la mente lo que debieron decir tantos pueblos antes de que fuera tarde, Venezuela el último caso.

Esta deriva antidemocrática se debe combatir desde dos frentes, el ciudadano y el institucional. El primero puede parecer estéril. No se detiene la determinación de violentar la democracia, ni el rodillo parlamentario, ni la presión de los partidos independentistas y antisistema por muchas manifestaciones que se convoquen. Pero sí es necesario para que los ciudadanos no caigan en la trampa de la rana. Que sean conscientes de que el Estado de Derecho está en peligro y que es ilusorio pensar «eso no va conmigo». Que la demolición de nuestra convivencia no nos puede sorprender tomando copas.

La defensa en el frente institucional puede ser algo más efectivo. Dentro de la ley, con respeto institucional, quienes defienden el orden constitucional y el Estado de derecho deben utilizar los recursos que las leyes les conceden. El Poder Judicial, ante todo, pero también el Senado, y las comunidades autónomas.

Una estrategia de oposición debería, por tanto, en nuestra opinión, articularse en ambos frentes, manteniendo una interlocución permanente con la sociedad y haciendo uso, con escrupuloso respeto a la ley, de los recursos institucionales a su alcance. Pero creemos que eso, aun siendo imprescindible, no es suficiente. En esta campaña electoral permanente que desde hace tiempo se ha asentado en nuestro país, nos parece necesario ofrecer a los futuros votantes un proyecto de país alternativo. Desalojar al sanchismo y a sus socios es imprescindible, si queremos revertir la demolición del Estado de derecho, pero haría falta algo más: un programa de Gobierno y un proyecto de país para el día de después, para reconstruir el edificio dañado de nuestra democracia y orientar el rumbo futuro de la nación.

Escapa de nuestra capacidad y propósito sugerir cuál debiera ser la estrategia de resistencia durante el tiempo en que el sanchismo y sus socios estén al frente del Ejecutivo y controlen el Congreso, pero sí tenemos una idea de cuáles debieran ser las líneas maestras del programa para el día en que, a través de las elecciones, se produzca una alternancia en el poder. Pensamos que tal programa, ofrecer a los españoles una alternativa al sanchismo, una oferta de país, debe formar parte de la estrategia para descabalgar a un Gobierno cuya deriva amenaza tanto el Estado de derecho como la propia integridad del Estado.

El programa debiera en nuestra opinión articularse en tres frentes: la recuperación del espíritu de la Transición, la regeneración de las instituciones y el cierre del modelo autonómico.

Entendemos por «espíritu de la Transición» el principio que no solo inspira la Constitución de 1978, sino que supone toda una forma de entender la política y las relaciones sociales: el abandono del frentismo, la consideración de que el adversario político es tan solo un rival al que vencer en las elecciones, y no un enemigo al que excluir de la alternancia democrática, la consideración de que el patriotismo de partido y el legítimo deseo de gobernar no están por encima de los intereses del país. Todo ello implica obviamente, el principio de la alternancia pacífica: el reconocimiento de que, si así lo deciden las urnas, el partido en el Gobierno deba dar paso a la oposición en la tarea de gobernar.

Todo partido aspira obviamente a alcanzar el poder, y si lo detenta, a conservarlo. La cuestión es qué está dispuesto a hacer para conseguirlo. O, por decirlo de otro modo, hasta qué punto acepta sinceramente la posibilidad de su relevo. En eso consiste, precisamente la democracia, más allá del hecho de que se celebren regularmente elecciones. Considerar que el bien supremo es impedir a toda costa que la oposición pueda gobernar significa rechazar la posibilidad de la alternancia. Si cualquier cosa es deseable antes de que la odiada oposición pueda llegar al Gobierno, si el bien supremo es ese, no importa cuál sea el precio, tendríamos por fuerza que concluir que la solución más eficaz sería obviamente la dictadura.

Las nuevas generaciones carecen de la vivencia de la Transición. No la conocieron, tal vez no la han estudiado, y tal vez ni siquiera la valoren debidamente. Quizás anide en ellos la idea subliminal de que un país en libertad es algo natural, que viene dado, que está garantizado y que es inalterable. Es posible que ni siquiera sepan cabalmente cómo es la Constitución, y, de seguro, muy pocos la habrán leído. Pero lo que evidencian las encuestas es que el pueblo español está mayoritariamente instalado en la tolerancia y la moderación. Que el frentismo y la polarización no surgen de abajo hacia arriba, sino al revés. Y que, para muchísimos españoles, lo deseable sería que los partidos buscaran cauces de entendimiento y se pusieran a trabajar de una vez por el bien del país.

De ser así las cosas, y nosotros así lo creemos, una tarea primordial de un Gobierno que sustituyera al del actual sanchismo debería consistir en buscar un marco de entendimiento entre el partido del Gobierno y el principal partido de la oposición. No sabemos cuál vaya a ser el resultado de las próximas elecciones ni, caso de que el sanchismo sea desalojado del poder, cuál sería la deriva de un PSOE en la oposición. Puede que ese PSOE perdedor se desintegre hasta la irrelevancia, como ha sucedido al socialismo francés. Puede que se radicalice aún más (cosa cada vez más difícil) hasta hacerse indistinguible de la extrema izquierda *podemita*. Puede que entre en un período convulso de duración y resultado desconocidos. O puede que, libre del virus populista de extrema izquierda, retorne a lo que antes fue, una izquierda moderada homologable con otros partidos similares del ámbito europeo.

Nosotros pensamos que se debiera apostar por esta última alternativa. Que se debiera hacer, a ese futuro PSOE de izquierda moderada, si reaparece, y a sus votantes potenciales, una oferta de entendimiento. Que se debiera adoptar, como propuesta de Gobierno para el futuro postelectoral, la recuperación del espíritu de la Transición, la búsqueda de consensos, el entendimiento con la oposición como forma normal de convivencia. Abominar de los muros y elegir como alternativa los puentes.

Estamos convencidos de que, en el electorado español, hay un amplio espacio para una izquierda moderada, de aliento socialdemócrata, que en el pasado nutrió sustancialmente las filas de los votantes del PSOE, y que ese nicho sociológico está actualmente huérfano. Pero existe, y sería necesario reincorporarlo a la normalidad democrática, si el PSOE del futuro vuelve a ser un partido de lealtad constitucional de convicción y no de boquilla.

En *España en su laberinto,* abundamos en la idea de que los proyectos políticos que en la España contemporánea tuvieron éxito y abrieron al país un largo período de estabilidad y crecimiento fueron aquellos que nacieron del acuerdo entre las principales fuerzas políticas, y en cambio fracasaron aquellos en que una parte se impuso a la otra. Fueron fructíferas la Restauración y la Transición, y no lo fueron ni la Primera ni la Segunda República, ni mucho menos la dictadura de Primo de Rivera o la de Franco, salvando las distancias.

En una democracia, de la que la alternancia de poder es consustancial, ningún partido puede soñar con gobernar eternamente. En consecuencia, toda la obra de gobierno de quien detente el poder durante un período puede ser revertido por quien le suceda. En muchas áreas eso será normal y aceptable (los partidos tienen criterios y principios distintos en muchas materias como el sistema fiscal, las pensiones o la política hidráulica), pero debe haber principios sobre los que se mantenga un consenso permanente. No son muchos, pero son esenciales: la lealtad constitucional, la independencia del Poder Judicial, la neutralidad de las instituciones, el estricto cumplimiento de las leyes y la integridad territorial. Si no existe firme consenso entre los principales partidos acerca de estos principios, los que Cánovas llamaba las «verdades madre», el país carecerá de estabilidad política e institucional. La Restauración duró mientras los partidos respetaron estos principios, y declinó cuando se rompió el pacto implícito entre ellos. La Transición ha dado a España los años de mayor estabilidad, paz, libertad y progreso de nuestra historia moderna por la misma razón. Y, si acudimos al Derecho comparado, veremos que los Estados Unidos han disfrutado de estabilidad política e institucional desde 1865, y Holanda desde 1648. En cuanto al Reino Unido, la viene disfrutando desde la Restauración, en 1660. Nada menos que tres siglos y medio, tiempo en que hubo gobiernos de todo tipo, *tories*, *whigs* y laboristas, con todo tipo de políticas económicas, pero en que los partidos tuvieron consenso en esas «verdades madre». No es licencia poética ni ironía que en el lenguaje político británico se hable de la «leal oposición». Es, en cambio, la forma de expresar que hay principios a los que ningún partido se opone, que ni el partido en el Gobierno, ni tampoco el que aspira a sustituirle, pretenden cambiar.

No hay ninguna razón para que los españoles no podamos aspirar a lo que norteamericanos, holandeses e ingleses consiguieron. Por eso, recomponer la relación, sustituir por puentes los muros que irresponsablemente ha declarado erigir el sanchismo, es necesario. Primero, porque eso es lo que reclaman los ciudadanos, que reiteradamente manifiestan en las encuestas su deseo de un entendimiento entre los partidos, y, segundo, porque es la única forma de asegurar la estabilidad a largo plazo. Recordando que sin estabilidad tampoco habrá prosperidad económica.

Un entendimiento entre los principales partidos no implica en absoluto que estos renuncien a sus programas. Precisamente, en la diferente forma de enfocar los problemas y buscar las soluciones está la razón de ser de los partidos. Pero estas discrepancias deben producirse dentro de un marco, de unas líneas rojas que no se pueden traspasar, las «verdades madre» antes enumeradas.

Echando una carta a los Reyes Magos, también sería deseable un entendimiento en aquellas políticas de largo plazo cuyo desarrollo requiere más de una legislatura y que, por consiguiente, aconsejan no incurrir en continuos bandazos. Materias de especial importancia y sobre las que en los países antes mencionados también se ha mantenido un razonable consenso a lo largo del tiempo: la política educativa y la política exterior y de defensa. Añadiríamos la política energética en la carta al Rey Baltasar.

No sabemos si esta estrategia de recuperar el espíritu de la Transición y buscar el entendimiento entre los principales partidos será posible. No parece que, desgraciadamente, lo sea con un Gobierno como el actual, instalado en la confrontación y la erección de muros. Tampoco sabemos si con un PSOE futuro será posible, porque el consenso, como el tango, es cosa de dos. Pero sí creemos que un proyecto de gobierno a ofrecer a los españoles en unas futuras elecciones debiera incluir no solo el propósito de desalojar del poder al sanchismo y su proyecto excluyente, sino la propuesta alternativa de una España que recupere el pacto y el consenso como normas de convivencia.

Para cerrar este epígrafe añadiremos que la recuperación del espíritu de la Transición exige, asimismo, eliminar todo atisbo de revanchismo y de volver sobre episodios tristes del pasado para mantener abiertas las heridas. Aludimos evidentemente a la llamada Ley de Memoria Democrática y su predecesora, la Ley de Memoria Histórica. Bajo el pretexto de dar reconocimiento a las víctimas del franquismo y facilitar la búsqueda, exhumación y digna sepultura de quienes fueron injustamente inmolados, se ha pretendido imponer, incluso coercitivamente, una versión oficial de la Historia, alargando incluso artificialmente la etapa histórica del franquismo para incluir los primeros años de andadura de la nueva democracia y de la Constitución. Ni es de recibo que el franquismo se pretenda extender hasta 1983, ni se puede imponer una interpretación maniquea de la República y la guerra civil, ni se pueden dividir los españoles de entonces en buenos y malos, ni establecer sanciones que suponen la aceptación de la existencia de delitos de opinión que un Tribunal Constitucional ecuánime debería tumbar. Y mucho menos bajo el aliento de partidos como Bildu, que pocas lecciones pueden dar sobre derechos humanos.

La generación que hizo la Transición dejó claro que no quería que el pasado siguiese lastrando la convivencia. Que sin olvidar nada, debíamos dejar la Historia para los historiadores, reconciliarnos con ese pasado y no dejar que los enfrentamientos de antaño siguiesen afectando a la convivencia. Como bien dijo Felipe González, ser hijos de la democracia y no nietos de la guerra civil.

La Ley de Memoria Democrática debe ser derogada y sustituida por una ley que, simplemente, ampare y facilite, con los medios necesarios, la localización de las fosas comunes, y la exhumación y digna sepultura de las víctimas. Es de justicia y así debe hacerse, pero sin aprovechar descaradamente la oportunidad para ajustar cuentas con el pasado en busca de rentabilidad política para el presente.

LA REGENERACIÓN INSTITUCIONAL

El daño causado a las instituciones en estos últimos años, el grado de deterioro al que han sido sometidas y la pérdida de prestigio que, en consecuencia, han sufrido, requiere, no solo devolverlas a la senda de la neutralidad, sino adoptar medidas para restaurar su imagen y devolver a los ciudadanos su confianza en ellas.

Una democracia plena no puede soportar que entre los ciudadanos se establezca la impresión de que las instituciones constituyen un botín para el ganador de las elecciones, que sus miembros puedan ser nombrados en función de su fidelidad al partido de Gobierno (incluso que sean conspicuos militantes de éste), ni que su conducta y decisiones futuras estén subordinadas a las instrucciones de quienes les han nombrado o a la orientación política de los nombrados.

Esto afecta al ámbito de la Justicia -al Consejo General del Poder Judicial y a la Fiscalía- pero también al propio Parlamento y, muy especialmente al Tribunal Constitucional. E igualmente al Tribunal de Cuentas, a la Comisión Nacional del Mercado de Valores y a la Comisión Nacional de la Competencia. Afecta también a muchas otras instituciones y organismos, que ya hemos comentado, porque la colonización de todo cuanto le rodea se ha convertido en seña de identidad del sanchismo. Es muy de temer, mejor dicho, es de esperar que, desgraciadamente, la lista se amplíe con otras piezas de caza mayor como la Autoridad Independiente de Responsabilidad Fiscal AIReF («independiente» se llama, recordémoslo), o el Banco de España.

Incluso las embajadas. La Ley de Acción Exterior reserva los nombramientos de embajador para los miembros de la carrera diplomática, y es lógico que sea así, porque son los funcionarios profesionalmente capacitados para tales puestos, aunque admite excepciones. Haciendo uso de esta última posibilidad, ha sido tradicional, y admitido sin reservas, que determinadas embajadas, tales como Washington o Londres, dada su especial sensibilidad política, fueran ocupadas por personas no diplomáticas, de especial confianza para el Gobierno. Pero eran pocos los casos, porque la Ley los consideraba excepcionales, y se elegía a personas con una determinada trayectoria. Ya en tiempos de Rodríguez Zapatero, pero ahora con mayor desahogo, parece que los cargos de embajador se están convirtiendo, no ya en un puesto de servicio al Estado, sino en un premio con el que recompensar a antiguos ministros o a personas de reconocida fidelidad o de destacados servicios al partido en el Gobierno. Y ya no son pocos, sino muchos, y creciente su número, lo que la Ley dice que solo debieran ser excepciones. Ocupadas por personas no pertenecientes a la carrera diplomática, y de cualificaciones no conocidas en materia de relaciones exteriores, están actualmente las embajadas ante la

ONU, la UNESCO, la OEA y la OCDE, así como otras embajadas bilaterales como la de la Santa Sede.

Ante esta colonización sin límites de todas las instituciones y órganos del Estado, la regeneración institucional no solo exigirá que los nuevos nombramientos se ajusten a un perfil de razonable neutralidad, sino que será preciso algo más.

Desde los comienzos de nuestra democracia, es cierto que los nombramientos efectuados por el Gobierno, o los propuestos por los partidos en los casos de designación por las Cámaras, han recaído en personas de sensibilidad política cercana, y esto puede parecer razonable o, al menos, inevitable. Nadie va a nombrar a sus rivales. Pero hasta ahora se había procurado no nombrar a militantes conspicuos ni a personas que hubieran ocupado cargos en el Gobierno. Ni a personas cuya trayectoria no permitiera una mínima apariencia de neutralidad, cuyo prestigio profesional hiciera confiar razonablemente en que no se plegarían incondicionalmente a sus simpatías políticas. Dicho claramente, se respetaban las formas. Eso ha cambiado. En los nombramientos efectuados en los últimos tiempos la designación ha recaído con enorme frecuencia en personas de pública y notoria militancia política, lo que, sin duda, ha mermado gravemente la apariencia de independencia de las instituciones. Por desgracia, las decisiones adoptadas en muchas ocasiones por los así nombrados han parecido confirmar, a los ojos de muchos ciudadanos, la influencia en las mismas de esa militancia.

No se puede pedir a los ciudadanos confianza en las instituciones, y ni siquiera respeto hacia ellas, si piensan que sus decisiones vienen dictadas o inspiradas desde el Gobierno, o si se basan en los intereses del partido al que deben su nombramiento. Si piensan que las instituciones son susceptibles de ser colonizadas por los partidos. Si dan por sentado que cuando un partido político llega a formar Gobierno, no perderá un minuto en nombrar a personas de estricta obediencia. Si piensan, en suma, que las instituciones están al servicio del Gobierno, y no al servicio del Estado y de los ciudadanos. Y la reiteración desprejuiciada e indisimulada de estos casos puede incluso llevar a los ciudadanos a la creencia de que eso es lo normal, e incluso lo lógico.

Esto es sumamente grave. La existencia de instituciones neutrales, atentas al interés general y no al de un partido, son parte sustancial de un sistema de democracia liberal. Forman parte del delicado sistema de contrapesos consustancial en un Estado de derecho. En el caso del Poder Judicial, su independencia, como parte de la separación de poderes que todas las Constituciones democráticas proclaman, es esencial. Sin ella, no existe tal Estado de derecho. La nuestra lo dice bien claro: «La justicia emana del pueblo y se administra en nombre del Rey por Jueces y Magistrados integrantes del poder judicial, independientes, inamovibles, responsables y sometidos únicamente al imperio de la ley» (art.117.1).

Lo sucedido en los últimos cinco años, en los que hemos asistido a un indisimulado intento de politizar la justicia por la vía de determinar la composición de órganos colegiados como el CGPJ y, a su través, del Tribunal Supremo, la Audiencia Nacional y los Tribunales Superiores de Justicia, hace preciso, no solo cambiar el criterio partidista a la hora de efectuar los nombramientos, sino adoptar las reformas legales necesarias para impedir, o dificultar al máximo, tales prácticas en el futuro. Por eso, aparte de realizar los futuros nombramientos con un criterio más respetuoso con la neutralidad institucional, sería preciso «blindar» tales instituciones para hacer que su politización sea más difícil.

Permítanos aquí el lector una digresión que entendemos pertinente: lo que ha sucedido en los últimos años, lo que está sucediendo hoy mismo y lo que es de temer que vaya a suceder en un próximo futuro, nos demuestran cuán frágil es la democracia. Los padres de la Constitución propusieron una Carta Magna sustentada en la confianza en la lealtad constitucional de los partidos. En que todos los políticos y partidos serían, en entrañable expresión de la Constitución de 1812, «justos y benéficos». No ha sido así. Desde el primer día, la Constitución española se hubo de enfrentar a la deslealtad de los partidos nacionalistas que, de forma solapada al principio y sin careta al final (declarados ya como independentistas), trabajaron para quebrar la unidad del país. No ya por vías legales (la Constitución tiene cauces), sino por la vía de la desobediencia y, finalmente, la subversión. Pero a estos enemigos de la Constitución se han venido a añadir después los nuevos partidos antisistema aparecidos en los últimos tiempos y, finalmente, la deriva de uno de los partidos que en su día fueron puntales de la Constitución, del propio Partido Socialista, hoy transmutado en el sanchismo.

La amarga experiencia de los años recientes nos demuestra que no se puede confiar ya en la lealtad constitucional. Incluso, aunque las aguas vuelvan a su cauce y la actual deriva rupturista se conjure, nada nos garantiza que en un futuro más o menos próximo o lejano, tal situación no vuelva a producirse, que no vuelvan a aparecer gobernantes que antepongan su permanencia en el poder a los intereses de los españoles e, incluso, a la estabilidad del sistema. En suma, que no se vuelva a repetir esta deriva de deconstrucción del Estado de derecho. Por ello, pensamos que se deben efectuar reformas legales que eliminen, o al menos reduzcan en lo posible, tal riesgo. Y la protección sería máxima si se pudiera reformular el texto constitucional para hacerlo menos dependiente de una lealtad que por desgracia no puede ya darse por garantizada.

Es cierto que no hay texto constitucional, por minucioso que sea, capaz de poner el Estado de derecho absolutamente a salvo de conductas desleales como las que estamos hoy viviendo. Pero, al menos, sí es posible modificar la Carta Magna para hacer tales comportamientos más difíciles, para hacer, en definitiva, menos angustiosa la defensa del orden constitucional por quienes desean preservarlo.

Por eso pensamos que una reforma constitucional sería necesaria para blindar al máximo las instituciones. Actualmente, la Carta Magna encomienda a leyes orgánicas la tarea de desarrollar los artículos correspondientes. Sin embargo, las leyes orgánicas se pueden modificar por mayoría absoluta del Congreso, lo que es lo mismo que decir que pueden ser modificadas por el partido que, solo o en compañía de otros, cuente con tal mayoría y aplique el rodillo parlamentario sin complejos y sin siquiera molestarse en negociarlo con la oposición.

Para evitarlo solo se nos ocurren dos alternativas: una sería elevar el tiro ampliando el grado de regulación dentro del propio texto constitucional, en cuyo articulado se incluyeran cautelas que ahora están encomendadas a leyes orgánicas. La segunda consistiría en modificar la mayoría necesaria para la aprobación de las leyes orgánicas, elevándola de la actual exigencia de mayoría absoluta a una mayoría cualificada de tres quintos de los votos en las Cámaras, la misma que se exige para, por ejemplo, la designación de miembros del CGPJ. Ambas alternativas, de similar eficacia, requieren necesariamente una reforma de la Constitución, aunque la segunda sería de menor alcance.

Retomando ahora el hilo de la defensa de la independencia de la Justicia, pensamos que se debiera actuar en tres frentes:

1) En el caso del CGPJ, es de toda necesidad un cambio legislativo que determine que los doce miembros elegidos entre jueces y magistrados lo sean por los propios jueces y magistrados. Lo reclama la Unión Europea, lo defiende la oposición, lo exige un amplio sector de la ciudadanía que desea una Justicia independiente de los políticos y responde, incluso, al espíritu del texto constitucional (aunque el actual sistema fuese declarado constitucional en su día). Es más, ese fue el sistema vigente hasta el año 1985, en que fue reformado para darle la configuración que actualmente tiene. Para ello, para que «sean los jueces los que elijan a los jueces», es preciso modificar en tal sentido la Ley Orgánica del Poder Judicial, aunque la forma más segura de afianzar esta norma consistiría en reformar en tal sentido el propio artículo 123.3 de la Constitución.

2) En lo que respecta al fiscal general del Estado, el deterioro de su imagen ha sido en estos tiempos especialmente severo. Ya el presidente del Gobierno Pedro Sánchez dejó caer en una entrevista televisiva su opinión de que el fiscal general depende del Gobierno. Pero luego, el nombramiento para dicho cargo recayó en una persona que, sin solución de continuidad, había ocupado una cartera ministerial (aparte de haber hecho campaña activa por el partido de Gobierno en tiempo de elecciones), y cuya política de nombramientos parece dejar clara su parcialidad: recuérdese que, de las diecisiete promociones a primera categoría de la carrera fiscal efectuadas en estos tiempos, catorce lo fueron a miembros o exmiembros de su asociación profesional, que solo representa al 8% de dicha carrera.

Devolver al fiscal general su prestigio y la confianza de los ciudadanos exige de forma incontestable, en nuestra opinión, que su nombramiento no se efectúe a propuesta del Gobierno, sino de las Cortes Generales por una mayoría cualificada de ambas Cámaras, mayoría que podría ser de tres quintos, al igual que en el caso de los vocales del CGPJ de nombramiento parlamentario. Ello requeriría modificar en dicho sentido el artículo 124.4 de la Constitución.

3) Aunque no forme parte del Poder Judicial, debemos fijarnos también, y de forma especialísima, en el Tribunal Constitucional, pieza esencial de nuestro ordenamiento por cuanto le corresponde interpretar la Carta Magna y declarar la adecuación a la misma de leyes y decisiones de gobierno. Un Tribunal Constitucional imparcial y apolítico es vital para la salud de la democracia. Y parece, desgraciadamente, que no es esa la impresión que se ha transmitido a los ciudadanos en los últimos tiempos. Hace no mucho tiempo, el país vivió un indisimulado forcejeo de los partidos por asegurar una composición del Tribunal que fuera adecuada a sus intereses, y parece claro quién ganó ese forcejeo, si contemplamos un Tribunal cuya composición actual arroja un total de siete miembros de «sensibilidad progresista» (incluidos presidente y vicepresidente) frente a solo cuatro de «sensibilidad conservadora».

La pérdida de credibilidad y prestigio del Tribunal Constitucional no es nueva. Se viene produciendo desde hace tiempo, aunque en época reciente este proceso se haya acentuado hasta tocar fondo. Es inaceptable que cuando un asunto arriba al Tribunal sea fácil para la ciudadanía anticipar cuál será en sentido del voto de cada miembro en función de cuál sea su «sensibilidad», lo que es lo mismo que decir cuál sea el partido al que debe su nombramiento. Algunas veces, por fortuna, la ciudadanía se ha equivocado al hacer tal ejercicio de adivinación, pero forzoso es reconocer que esas veces han sido muy pocas.

Un Tribunal Constitucional politizado y desprestigiado es lo último que un país debiera desear. Un Tribunal sospechoso de sesgar sus decisiones hacia la postura más favorable a los intereses del Gobierno, mucho menos. Por esta razón, y dada la experiencia, creemos que sería necesario modificar el procedimiento de elección de los miembros del Tribunal. Actualmente, según el art.

159.1 de la Constitución, cuatro miembros se eligen a propuesta del Congreso por mayoría de tres quintos, cuatro a propuesta del Senado por igual mayoría, dos a propuesta del Gobierno y dos a propuesta del CGPJ. La despolitización del Tribunal avanzaría muchos puntos eliminando la facultad del Gobierno de proponer a dos de ellos. En nuestra opinión, esos dos miembros deberían ser elegidos a propuesta del CGPJ, elevando por tanto a cuatro los correspondientes a tal institución. De esa forma, y por decirlo de forma coloquial, se debilitaría el ámbito de influencia de la política para dar más peso al mundo de la Justicia y de los profesionales de la Justicia. Evidentemente, tal cambio requiere la modificación en tal sentido del artículo 159.1 de la Constitución antes citado.

4) Para completar las cautelas hasta aquí propuestas, se debería poner punto final a la política de «puertas giratorias» que permite que personas procedentes del Poder Ejecutivo desembarquen en el Judicial. Tales saltos de un puesto a otro rompen la apariencia de neutralidad y abonan la sospecha de politización de la Justicia, sospecha que por desgracia se ha visto reforzada por el desempeño de los nombrados, evidenciando lo perverso de este sistema de nombramientos. Para evitar la reiteración en el futuro de estos episodios no basta con nombrar en lo sucesivo a candidatos irreprochables. Es preciso evitar que estas conductas perversas o virtuosas en materia de nombramientos dependan en exclusiva del pudor político del Gobierno de turno. Es necesario hacer las puertas giratorias legalmente imposibles. Debiera establecerse un período mínimo, de dos a cinco años, para que aquellos que han ejercido cargos de determinado nivel en el Ejecutivo sean elegibles para ocupar puestos como miembros del Tribunal Constitucional o del CGPJ, o para acceder al cargo de fiscal general, o para recuperar antiguas plazas en la carrera judicial o en la fiscal.

Todas estas son tareas urgentes. Es evidente que una reforma del texto constitucional es todo menos rápido. No solo los procedimientos son lentos, aun en el caso en que no se trate de partes de la Carta Magna sujetas a procedimiento de reforma agravado, sino que es preciso ahormar un cierto nivel de consenso. La reforma de la Constitución es una cosa muy seria, y no se puede abordar con espíritu de rodillo parlamentario. Sería preciso construir una mayoría suficiente, y por suficiente entendemos no solo una determinada mayoría de votos en las Cámaras, sino una mayoría social y política, un consenso entre partidos que representen una sólida mayoría de los ciudadanos.

Puede parecer tarea ardua, tal vez imposible, pero no lo es. No se trata de hacer reformas constitucionales que den ventaja a un partido o a otro, sino de reforzar la independencia de las instituciones. Y eso es algo a lo que ningún partido constitucionalista tendría razón para oponerse. Tan solo quienes anhelan quebrar el orden constitucional o quienes sueñan con alcanzar el poder para luego colonizar las instituciones tendrían razones para objetarlo.

Decíamos que esta reforma constitucional es tarea urgente. Y advertíamos a continuación que no podría ser rápida. Ambas afirmaciones, aparentemente contradictorias, se compaginan en que es tarea que se debe anunciar como necesidad y se debe iniciar, en forma de debate y negociación entre los principales partidos, sin dejar que los afanes del día a día releguen lo importante en beneficio de lo urgente. Son muchos los frentes que un Gobierno debe afrontar cotidianamente, y no será fácil el escenario en que un futuro gobierno postelectoral se deba desempeñar, pero sería malo dejar el reforzamiento de las instituciones como una tarea de futuro, para cuando las cosas estén más calmadas. Porque, por desgracia, las cosas nunca están calmadas, y aparcar asuntos de tal gravedad conduce a dejarlos dormir el sueño de los justos. Entre tanto, nuestro Estado de derecho seguirá tan vulnerable como lo ha sido hasta ahora.

Se maneje como se maneje, y se formule como se formule, el reforzamiento de las instituciones del Estado, su garantía de neutralidad, debiera ser uno de los objetivos fundamentales de un futuro programa de gobierno, y no parece fácil hacerlo sin acometer algunas reformas en el texto de la Carta Magna.

En este recorrido hemos dejado para el final al Parlamento. Es evidente que disponer de mayoría parlamentaria concede al partido o grupo de partidos que la ostente, la capacidad de sacar adelante sus proyectos e iniciativas, que puede controlar la Mesa y ocupar su Presidencia, y que puede sucumbir fácilmente a la tentación de aplicar el rodillo parlamentario. Pero, con sus más y sus menos, en el pasado las mayorías absolutas se ejercieron con una cierta mesura, guardando las formas y dando margen de diálogo a la oposición en busca, en lo posible, de un cierto consenso. En el momento presente todo eso ha sido superado. No solo se han perdido las formas, siempre importantes, y así hemos visto a la Presidencia del Congreso convertirse en desprejuiciada correa de transmisión de los intereses del Gobierno y confundir su papel institucional con su disciplina partidista, sino que se han utilizado todos los recursos posibles para hurtar el debate y minimizar el propio papel del Parlamento. Instrumentos que estaban concebidos para circunstancias excepcionales se han utilizado con tal profusión que han terminado por convertirse en los habituales. Se ha abusado como nunca de los decretos ley hasta convertir al Gobierno en el principal legislador de facto. Se ha utilizado la figura de la proposición de ley para que el Gobierno colara los que en realidad eran proyectos de ley, de factura gubernamental, para eludir la exigencia de dictamen del Consejo de Estado y de otros órganos consultivos. Se ha abusado del trámite de urgencia para acortar los plazos y dificultar el debate. Con todo ello, el Parlamento ha perdido su esencia como controlador del Gobierno y como auténtico Poder Legislativo. La colonización de las instituciones por el partido del Gobierno que antes denunciábamos se inició, precisamente, por el Parlamento.

Una de las principales tareas pendientes para devolver a las instituciones su independencia y el respeto de los ciudadanos tiene que consistir, por tanto, en devolver al Parlamento su papel en el ejercicio de sus poderes constitucionales. Limpiar su imagen de institución convertida en mera correa de transmisión del Gobierno con una Presidencia de decidida observancia partidista. Asegurar que la oposición dispone efectivamente de los derechos que la ley les confiere en un sistema democrático, sin que sus facultades se vean mermadas por un uso torticero de los procedimientos

Evitar que el Gobierno utilice el camino espurio de las proposiciones de ley para colar sin dictamen alguno los que en realidad son proyectos de ley se puede conseguir exigiendo que también los primeros requieran el dictamen del Consejo de Estado y demás órganos consultivos. Evitar, o al menos dificultar, el abuso del trámite de urgencia se puede perseguir a través de una reforma del reglamento del Congreso. Poner límite a la excesiva utilización de la figura de los reales decretos ley se puede buscar endureciendo las exigencias de tramitación posterior para darle forma de ley, de tal modo que no sea posible al Gobierno de turno sustraerse ni demorar la aplicación, al texto, de todas las cautelas y formalidades exigidas por la ley.

Todas estas reformas encaminadas a la regeneración de las instituciones y al restablecimiento de su neutralidad, tanto las que pudieran requerir una reforma del texto constitucional como las que no la precisen, no tendrían por qué ser objetadas por el partido que estuviera en la oposición. Un PSOE desalojado del poder debiera, en pura lógica, convertirse en un auténtico adalid de la neutralidad institucional, siquiera fuese por evitar que el nuevo Gobierno, de signo contrario al suyo, hiciera lo mismo que él hizo y pusiera a su vez todas las instituciones a su servicio.

EL CIERRE DEL MODELO TERRITORIAL

El tercer frente de actuación que un programa de Gobierno a futuro debiera, en nuestra opinión, incluir, es el referente al modelo territorial.

Hace ya mucho tiempo que se hicieron visibles las carencias de nuestro modelo territorial tal y como está configurado en el Título VIII de la Constitución. En consecuencia, son ya muchos los documentos que circulan con propuestas acerca de cómo debiera «cerrarse» ese modelo. En cuanto al reparto de competencias y a la asignación de recursos financieros.

Si hablamos de «cerrar» el modelo es porque pensamos que está abierto. Efectivamente, lo está, porque el reparto de competencias entre los tres niveles de la Administración, Central, Autonómica y Local, no está suficientemente definido y ello ha dado lugar, a lo largo de estas décadas, a un belicoso forcejeo por el reparto de las mismas, o, más bien, por el traspaso de las estatales al ámbito de las Comunidades Autónomas. Aquellas CCAA que cuentan con partidos con representación parlamentaria han hecho valer sus votos parar arrancar transferencias al Estado de forma persistente e incansable hasta prácticamente descarnarlo, traspasando con frecuencia el límite de lo razonable, rompiendo la unidad de mercado con sus consecuencias en términos de ineficiencia económica, quebrando con no menor frecuencia el principio de igualdad entre los españoles y generando una interminable catarata de recursos al Tribunal Constitucional.

También el modelo está abierto por el lado de la financiación. Es ya un cásico la queja recurrente acerca del maltrato fiscal al que, al parecer, somete el Estado a todas y cada una de las CCAA. Al parecer, todas están infrafinanciadas, todas acumulan una «deuda histórica», todas esgrimen su lista de agravios, alguna incluso (y no de las más desfavorecidas) clama groseramente que «España nos roba». Es cierto que nunca hay dinero suficiente para lo que todos queremos o necesitamos. Pero no es menos cierto que un sistema que genera tal nivel de insatisfacción algún defecto de diseño deberá tener. Y los defectos aconsejan reformas.

Del modelo autonómico español se pueden enumerar aspectos positivos y negativos. En su pasivo se puede inscribir una serie de inconvenientes. Es caro en términos de gobiernos autonómicos, parlamentos autonómicos y administraciones autonómicas. Las CCAA tienden a replicar a nivel autonómico todos y cada uno de los organismos e instituciones del Estado. Genera excesiva burocracia y excesivas regulaciones. Muchas normas autonómicas parecen diseñadas más para afirmar el fuero que por estricta necesidad, rompiendo la unidad de mercado y haciendo difícil la vida de ciudadanos y empresas. Da vida a clases políticas locales reproduciendo en buena medida la vieja España caciquil, y genera sentimientos identitarios no siempre compatibles con el sentido de pertenencia a la patria común de los españoles.

Frente a estos inconvenientes, que nadie o casi nadie niega, el actual Estado de las Autonomías tiene ventajas insuperables. Primero, que los españoles, a tenor de las encuestas, están satisfechos con el modelo autonómico. Podrán estar descontentos con su funcionamiento, pero no con su existencia. Y si el modelo autonómico goza de aceptación generalizada aun cuando se deploren sus defectos, lo procedente será aceptarlo, no proponer su desaparición como en alguna parte se defiende, y buscar la forma de corregir sus ineficiencias. Segundo, que son un contrapeso al poder del Gobierno central. Eso, que en circunstancias normales es útil, y aun conveniente (los contrapesos del poder son siempre saludables en una democracia), en los últimos tiempos se ha revelado como especialmente importante.

Lo hicieron en los tiempos de la pandemia, y lo hacen más aún en los momentos actuales en que, desde el Gobierno de la nación, se ejecutan políticas que ponen en peligro la neutralidad de las instituciones y la independencia del Poder Judicial y dan alas al movimiento independentista de Cataluña. O que llevan a efecto una política económica y fiscal que, a juicio de muchos, afecta negativamente a la inversión y a la actividad empresarial. En estas circunstancias, los poderes autonómicos se erigen como un contrapeso al central, y con ello representan la pluralidad de la sociedad española y sus territorios. Y, tercero, en relación con lo anterior, las CCAA permiten testar distintos modelos en materias tales como la sanidad, la educación o la fiscalidad, por citar solo algunas materias. El *benchmarking* que las CCAA proporcionan permite a las administraciones, y a los votantes, comprobar qué políticas son adecuadas y cuáles no, cuáles son las más eficientes en la administración de los recursos públicos y en la satisfacción de los intereses de los ciudadanos.

En materia fiscal esto se ha visto de manera especial en la pugna entre las CCAA de Madrid y Cataluña a cuenta de los impuestos de patrimonio y sucesiones, y con más contundencia a cuenta del diferente estado de las finanzas autonómicas y de la deuda de cada una, pugna que, salvo prejuicios partidistas arroja un claro resultado favorable a Madrid.

En materia sanitaria, también el modelo de gestión público-privada, el llamado «modelo Alzira» (hoy cancelado) o el criterio alternativo de una sanidad de gestión exclusivamente pública, pueden competir a la vista de los ciudadanos que pueden valorar cuál resulta más eficiente.

En materia educativa, finalmente, los resultados del informe PISA sobre el nivel de los alumnos españoles, las diferencias según

CCAA y los demoledores datos en aquellas en que rige la inmersión lingüística, pueden servir de nuevo para comparar modelos y extraer conclusiones

De la enumeración de los aspectos positivos y negativos de nuestro modelo autonómico se deduce un saldo netamente favorable para el que solo haría falta destacar el primero de los aspectos positivos antes enunciados. Los españoles están, muy mayoritariamente, a favor del modelo autonómico, y, con ello, no hay nada más que hablar. Otra cosa es que los defectos del sistema aconsejen alguna reforma, y a este respecto son dos las cuestiones susceptibles de abordarse: el sistema de financiación y el reparto de competencias.

En cuanto al primero de ellos, el sistema de financiación, ya en libros anteriores hemos dado nuestra opinión acerca de la forma en que se debiera estructurar la distribución de competencias en materia de ingresos y gastos. El objetivo debe ser el avance en la corresponsabilidad fiscal, superando un sistema como el actual basado en tan gran medida en las transferencias del Estado, mecanismo que es fuente de forcejeos, presiones, victimismos y acusaciones de favoritismo partidista. Para superar este modelo se deben respetar los principios de suficiencia y corresponsabilidad.

En virtud del primero, cada nivel de la Administración, Central Autonómica y Local, debe contar con la capacidad para obtener los ingresos necesarios para desarrollar las competencias que tenga asumidas.

En cumplimiento del principio constitucional de igualdad entre los españoles, debe existir un mínimo de servicios en materia de sanidad, educación y servicios sociales al que tengan acceso todos los ciudadanos con independencia de su lugar de residencia. Y es deber del Estado asegurar que las administraciones públicas tengan los recursos necesarios para proveerlos. Una vez definidos cuáles son esos servicios y cuál es su nivel, será facultad de cada Comunidad Autónoma decidir qué otros servicios adicionales o qué cuantía superior de los anteriores quieren ofrecer a sus residentes, en el entendido de que corresponde a esa Comunidad Autónoma allegar por su cuenta los recursos necesarios, haciendo uso de su capacidad fiscal y asumiendo ante los votantes el coste político correspondiente.

Tres: lo anterior se traduce en un reparto de competencias en materia impositiva, correspondiendo al Estado aquellos impuestos que tienen incidencia en la unidad de mercado, como el IRPF que grava el ahorro y los rendimientos empresariales, el de Sociedades, el IVA, y el Impuesto Especial sobre derivados del petróleo. Correspondería a las CCAA el IRPF, con las excepciones indicadas, los impuestos cedidos y los precios impositivos. Evidentemente, esta propuesta de trazo grueso requiere un detenido cálculo en el que se conjuguen los parámetros a tener en cuenta: población de cada CA, costes de los servicios a que tienen derecho todos los ciudadanos en función del principio de igualdad y capacidad recaudatoria de cada impuesto.

Sobre esta materia son ya unos cuantos los estudios que se han hecho en los últimos años, prueba no solo de que la materia ha sido y es motivo de preocupación, sino de que es factible una solución técnica si existe la voluntad política.

Muchísimo más difícil es replanteamiento del reparto de competencias en otras materias como la educación, la sanidad o representación exterior. Son muchos quienes piensan que en algunos ámbitos se ha ido demasiado lejos, y que, tal vez, las cesiones a las CCAA no debieran haber sido tan amplias. Empero, a la vez, replantearlas supondría sin duda provocar tensiones de intensidad difícil de calcular y, en todo caso, intensas. Alborotar el gallinero en una coyuntura tan difícil como la actual, y como la que tendremos previsiblemente en el próximo futuro, es algo que la prudencia aconsejaría evitar. No podemos, sin embargo, cerrar los ojos a la forma en que las competencias educativas se han ejercido en muchos lugares. En unos casos, porque se han devaluado determinadas enseñanzas que son imprescindibles para forjar una ciudadanía consciente de su pertenencia, como es el caso de los estudios de Historia de España. No es asunto baladí, ni obsesiones de facha, entender que un conocimiento de nuestro pasado común, con sus luces y, por supuesto, también con sus sombras, tiene vital importancia como forja de ciudadanos. En otros, como es el caso de la lengua, porque se está vulnerando el derecho de los padres a elegir aquella en que sean escolarizados sus hijos, y se está vulnerando en consecuencia la ley. Y no solo la ley, sino las reiteradas sentencias de los tribunales de justicia.

En el primer caso, el camino puede consistir simplemente en hacer uso adecuado de las competencias del Estado en cuanto al porcentaje que le corresponde decidir sobre las materias a impartir. Se trataría de respetar un cierto margen de autonomía de las CCAA, pero asegurando una base de conocimientos uniforme en todas ellas.

En el segundo, nos tememos que no existe alternativa: las leyes se tienen que cumplir, y las sentencias de los tribunales se tienen que acatar. No es admisible de ninguna forma que autoridades autonómicas puedan impunemente hacer caso omiso de unas y otras de forma ostensible y desafiante. Se debe reforzar la Alta Inspección en materia educativa, se la debe instruir para ejercer sus cometidos detectando los incumplimientos legales, y se deben exigir, con serena firmeza, las responsabilidades administrativas o penales oportunas en caso de incumplimiento. No nos parece que pueda haber alternativa a la exigencia del cumplimiento de las leyes. Un Gobierno no puede, bajo ningún concepto, abdicar de sus responsabilidades en este sentido.

En ambos casos, nos parece también lógico que las pruebas de suficiencia, la reválida, sea una prueba común para todo el territorio nacional, pues esa es la prueba del algodón para asegurar un nivel educativo uniforme en todo el ámbito estatal. Convertir las CCAA en guetos educativos, cuando las titulaciones dan derecho a ejercer en todo el territorio nacional y cuando se están discutiendo en la UE cuestiones tan importantes para la movilidad como la homologación de títulos, es remar en dirección contraria al devenir de los tiempos.

Caben pocas dudas de que un tal programa se va a encontrar con la cerrada oposición de quienes pretenden a toda costa convertir sus CCAA en estados confederados cuando no independientes. La cuestión es decidir si ese desafío se deba afrontar de una vez por todas. Tal vez, si la política de apaciguamiento y de cesión interminable de competencias no hubiera sido la habitual durante tantos años, no nos encontraríamos ahora en esta situación. Todo esto requerirá mucha pedagogía, un acuerdo entre los principales partidos y demandará un amplio apoyo ciudadano. Después de los excesos que hemos vivido, sospechamos que la situación está madura para un cambio de rumbo como el apuntado.

Han pasado cuarenta y cinco años desde aquel luminoso 6 de diciembre de 1978 en que el pueblo español ratificó en referéndum la Constitución. En esos años, España ha disfrutado del más largo y fructífero período de paz social, estabilidad política y progreso económico de su historia moderna. Y lo hizo en condiciones muy difíciles, tras una devastadora guerra civil y un largo período de ausencia de libertades. Ese proceso de Transición, además, se ha convertido en un modelo que se estudia en el mundo. Pero todo pasa. Las Constituciones también envejecen. Sus disfunciones emergen con el paso del tiempo. Ello aconseja su reforma en aquellos puntos en que se requiere actualización o perfeccionamiento. Son unos cuantos, tampoco demasiados, los que los expertos recomiendan (incorporar nuestra pertenencia a la UE, corregir el orden de sucesión a la Jefatura del Estado, actualizar el modelo de las CCAA...), pero aquí hemos apuntado los dos más importantes, el reforzamiento de la neutralidad de las instituciones y la corrección del Título VIII.

Es obvio que a ningún partido le ilusiona especialmente abrir el melón de la reforma constitucional. El esfuerzo es grande, los resultados inciertos y el coste político desconocido. Se requiere buscar consensos nunca fáciles, vencer resistencias numantinas y correr riesgos. Pero la tensión a la que el sistema constitucional se ha visto sometido, y lo sigue estando, el asalto al Estado de derecho es de tal gravedad, que no es ya, desgraciadamente, el tiempo de regresar a las tareas de la administración normal. No basta con calmar las aguas para volver a la dulce rutina. Hemos entrado en un período en el que debemos decidir si queremos que el espíritu de la Transición permanezca, si la Constitución de 1978 sobreviva, si el Estado de derecho de ciudadanos libres e iguales perdure.

No estamos proponiendo que la oposición incluya en su programa la reforma constitucional. Decirlo así son palabras mayores, y es esa una cuestión que, en todo caso, deberán valorar sus responsables. Sin embargo, sí pensamos que el reforzamiento de las instituciones, su regeneración y su defensa ante futuros intentos de politización sí debiera ser explícitamente enunciado. Como también debiera serlo el cierre del modelo autonómico, tarea para la que es indispensable el acuerdo con el principal partido de la oposición y la búsqueda del mayor grado posible de consenso. Apuntamos aquí que ambas cosas hacen necesaria una reforma del texto constitucional y los ciudadanos debemos ser conscientes de ello.

Cada generación debe decidir su destino. Algunas son afortunadas por no necesitar esfuerzos heroicos. Otras, en cambio, deben tener el valor de adoptar decisiones trascendentes. A la actual le corresponde decidir si la Transición mereció la pena y sus frutos merecen ser preservados. Viene a nuestro recuerdo la conmovedora alocución de un parlamentario británico en la última sesión del Europarlamento en la que participaba antes del Brexit: «En 25 años ningún primer ministro les explicó a los ciudadanos ingleses qué hace Europa, cuáles son sus beneficios ni por qué es importante. Nunca se defendieron de las mentiras que se decían, y nunca se hicieron responsables de las decisiones que tomaban en el Consejo. Por eso, la prensa británica llevó a cabo una campaña durante 20 años basada en mentiras populistas. Hoy vemos las consecuencias de esto: un país dividido como nunca antes y una Cámara de los comunes en crisis. Que el Brexit sea un toque de atención para todos los europeos. A los europeos les digo lo siguiente: sois la generación que ha vivido el período de paz más largo y que ha tenido el nivel más alto de prosperidad que nunca se ha visto en este continente. No lo deis por hecho. Valoradlo, luchad por ello todos los días».

LA CREDIBILIDAD EN POLÍTICA EXTERIOR

La política exterior es otro de los terrenos en que la acción disruptiva de Pedro Sánchez se está haciendo sentir con intensidad. Los países serios, los que aspiran a ejercer alguna influencia y tener un cierto peso en el tablero internacional procuran tener una política exterior estable. Cierto que las alternancias de gobierno suponen también cambios en esta política exterior, pero esas modificaciones no afectan a sus fundamentos. Sobre ellos, como sobre las «verdades madre» a las que ya nos hemos referido, se suele producir un cierto entendimiento entre el partido en el Gobierno y el principal partido de la oposición, de forma que las líneas generales de la política exterior, que dependen además de los interese generales del país, se mantengan estables. En el caso de los Estados miembros de la Unión Europea, se espera, además, que, aun sin renunciar a su soberanía y a sus intereses estratégicos en materia de política exterior, procure un cierto alineamiento y procuren, en consecuencia, y hasta donde sea posible, la construcción de una postura común que dé fuerza e influencia a la voz de la UE en la escena internacional.

Un país que da continuos vaivenes en política exterior no es fiable. Y un país que no es fiable no puede aspirar a tener socios estables, ni recurrir a ellos cuando sus intereses exteriores estén en peligro.

Desde la transición, y con gobiernos alternativos de UCD, del PSOE y del PP, las líneas generales de nuestra política exterior fueron estables y predecibles, porque hubo entendimiento en esta materia entre el Gobierno y la oposición: el anclaje atlántico, la integración en Europa, la especial relación con Hispanoamérica y la buena vecindad con Marruecos sin abdicar de nuestro compromiso con el Sahara. Esto nos convirtió en un aliado fiable de nuestros aliados naturales y en un país cuya voz era escuchada y cuyo peso era el que le correspondía, incluso algo superior, en función de su tamaño, de su dimensión económica, de su bagaje histórico y de su «poder blando». Si nos referimos a la Unión Europea, sin tener, por supuesto, el peso e influencia de Alemania o Francia, éramos un país con el que había que contar, cuya voz se escuchaba y que era capaz de maniobrar en el complicadísimo mundo de Bruselas, tejiendo acuerdos y alianzas en defensa de sus intereses.

Hoy cabe decir, lamentablemente, que ese peso e influencia se está dilapidando. La política exterior española ha entrado (entró, en realidad, con Rodríguez Zapatero) en una etapa caracterizada por cambios de rumbo, de forma que cada cambio de Gobierno supone una orientación distinta.

El ejemplo más notorio es nuestra política sobre Hispanoamérica. Desde la Transición, y con los gobiernos sucesivos de la UCD,

PSOE y PP, la postura de España se identificó con una defensa firme de las democracias latinoamericanas, con la autoridad moral que para ello nos daba el ejemplo de la Transición. Con Rodríguez Zapatero, en cambio, esta política basculó a la comprensión, cuando no simpatía, hacia regímenes con serias carencias democráticas (por decir algo) como los de Cuba, Nicaragua, la Venezuela chavista o los populismos de izquierda como el boliviano de Evo Morales. Y, tras la vuelta a la posición inicial en la etapa de Rajoy, actualmente hemos vuelto a retomar el giro de la etapa de Rodríguez Zapatero. Esta vez, acentuada por la influencia de Podemos (que incluso ha llegado a seguir una agenda propia en materia de política exterior) y por tomas de postura poco prudentes que colocan las afinidades ideológicas por encima de los vínculos a largo plazo entre los países.

La presencia de comunistas y podemitas en el Gobierno ha afectado también, como no podía ser de otra forma, a nuestro vínculo trasatlántico. Convertidos en un socio no muy fiable, las relaciones con los Estados Unidos, aunque formalmente buenas, han quedado en evidencia por la marginación de nuestro país en la agenda política norteamericana.

Otro frente en que se muestra lo errático de nuestra política exterior es el que atañe al norte de África. Una política de Estado que se mantenía desde hace cuarenta años sobre el Sahara Occidental se cambió de la noche a la mañana por la sola voluntad del presidente del Gobierno sin contar con la oposición, ni con las Cortes, ni siquiera con la del propio Gobierno, sin tener en cuenta a la opinión pública y sin tener al corriente a nuestros socios y aliados de la UE. Y sin siquiera dar explicaciones, ni al Congreso ni a la opinión pública, sobre las razones de tan radical cambio, razones que a fecha de hoy seguimos sin conocer. Esta forma de actuar es tan asombrosa como inaceptable. Una política exterior al antojo del presidente del Gobierno sin limitaciones, por su mera voluntad y sin dar cuentas, es más propia de una autocracia que de una democracia seria.

El resultado de este viraje ha sido un serio deterioro de nuestras relaciones con Argelia, con grave quebranto de nuestros intereses económicos, y sin que a cambio se hayan percibido contrapartidas sensibles por parte de Marruecos.

Por añadidura a todo lo anterior, una serie de extemporáneas e imprudentes manifestaciones ocasionaron un grave deterioro de nuestras relaciones con Israel. Incluso, hemos sido felicitados por grupos terroristas como Hamás, mientras que sus correligionarios hutíes de Yemen, que secuestran y atacan buques civiles en el Mar Rojo en solidaridad con Hamás, aplaudieron a España por no apoyar la iniciativa de Estados Unidos de crear una fuerza militar internacional para garantizar la libre navegación. Hechos insólitos. Sin entrar en el fondo de la cuestión israelí, no parece acorde con las formas diplomáticas acudir a un país traumatizado por el mayor atentado de su historia, ejecutado, además, con extrema crueldad, para reprender en público a su jefe de Gobierno, ni dar lecciones de ética desde la superioridad moral. No estamos en condiciones en este momento de calibrar cuáles pueden ser las consecuencias de tan grave desencuentro con un país que tiene para nosotros la importancia en el terreno de la inteligencia y la tecnología de Israel (por no hablar del terreno comercial e incluso militar), pero, al menos, sí sabemos de un terreno en que las consecuencias negativas son claras: el de la Unión Europea. En una cuestión tan sensible, sobre la que se intenta construir una postura común nada fácil, que un país que, además, ostentaba en ese momento la presidencia del Consejo, se descuelgue con una posición unilateral no puede verse con buenos ojos, máxime cuando no ha sido ni siquiera comunicada previamente a los socios comunitarios.

No han sido los únicos conflictos. Manifestaciones tan imprudentes como innecesarias, que pueden resultar ofensivas hacia gobiernos de países amigos, nos han costado un rifirrafe con Italia y han complicado las futuras relaciones con Holanda y con Argentina. No se pueden anteponer las afinidades ideológicas ni las simpatías partidistas a las relaciones entre países. No se puede descalificar con palabras gruesas a gobiernos de democracias europeas ni a candidatos electorales que luego pueden ganar las elecciones y con los que luego habrá que convivir por el bien de los interese nacionales.

Cabe la duda sobre si estas peculiares decisiones responden a consideraciones de política interna, para acentuar el color izquierdista del Gobierno, o si responde a una mezcla de desconocimiento de la realidad internacional y de los usos diplomáticos, engreimiento y complejo de superioridad moral que trasciende nuestras fronteras y rasgos de cesarismo que concibe la política exterior como asunto estrictamente personal del que el caudillo no tiene que dar cuentas.

Ser impredecible en política exterior cuesta caro. Desconcierta a amigos y enemigos. Hace imposible tejer alianzas, hace imposible conseguir apoyos cuando puedan ser necesarios y llevan a los profesionales de la diplomacia a la esquizofrenia.

Revertir esa deriva es muy difícil y lleva mucho tiempo. No es cuestión de formar un nuevo Gobierno que vuelva a la ortodoxia exigida por nuestro lugar como democracia occidental y miembros de la UE y la OTAN. La confianza tarda en recuperarse, y volver a ocupar el lugar perdido no se consigue de la noche a la mañana. Quienes esto escriben lo pudieron comprobar: recién formado el Gobierno de Mariano Rajoy, en una reunión con representantes de una gran potencia aliada, les dijimos que la política exterior española había vuelto a su línea tradicional, y que nuestro Gobierno era fiable. Nos respondieron: «No se confundan, de su Gobierno sí nos fiamos, del que no nos fiamos es de su país». La labor pendiente es ardua y necesita, además de tiempo, la ayuda de todas las fuerzas políticas.

Para que nuestros amigos y aliados, en Europa, en Hispanoamérica y en otros lugares recuperen la confianza en nuestro país y nosotros recuperemos el lugar que, hasta hace poco, teníamos en la escena europea e internacional, para que, cuando se discutan cuestiones de importancia general (la guerra de Ucrania, el conflicto palestino…), en las reuniones de las principales potencias se reserve una silla para España, no bastará que un nuevo Gobierno retorne a nuestra política exterior tradicional. Será, además, preciso garantizar que futuros cambios de gobierno no lleven a nuevos bandazos. Para ello, es preciso que las grandes líneas de la política exterior sean objeto de consenso entre los principales partidos. Como antes sucedía, y como debe volver a ser.

Hablábamos antes de vaivenes e impredecibilidad. Nada más apropiado al recordar la forma en que la postura española ante la Unión Europea, sus instituciones y sus Estados miembros ha experimentado un giro de 180 grados en lo concerniente a Cataluña y al prófugo Puigdemont, antes un huido de la justicia y ahora tratado como un «*President* en el exilio» y socio preferente del Gobierno. Poco en serio nos van a tratar después de tan extremo bandazo.

La pugna con el separatismo no es un asunto exclusivamente interno. Se dirime en buena parte en el exterior, y eso los independentistas lo saben muy bien. Saben que sin ganar la batalla en Europa, en sus opiniones públicas, su causa tiene poco recorrido, y por eso se han afanado por difundir su relato por todas las vías posibles. Y por eso abren delegaciones exteriores que, aunque formalmente dedicadas a la acción exterior en asuntos propios de sus competencias autonómicas, en la práctica son «embajadas» dedicadas a publicitar su proyecto independentista. Además, y para nuestra vergüenza, con dinero público, incurriendo en un flagrante delito de malversación que nadie se está molestando en perseguir.

En la actualidad, esta política tiene vía libre. No solo no se cuestiona la apertura de nuevas «embajadas» ni su indisimulada actividad de propaganda y promoción independentista, incluso con un proyecto de creación de un «cuerpo diplomático» propio, sino que, como decíamos, se ha cambiado el discurso del propio Gobierno para desconcierto de nuestros aliados europeos.

Revertir ese desatino es tarea necesaria. No solo habrá que volver a la postura y estrategia anterior de firme defensa de la integridad territorial y del cumplimiento de las leyes, sino que deberá ponerse freno a estas falsas embajadas. Para esto último, tal vez convendría modificar la ley para que las delegaciones autonómicas en el exterior dependieran jerárquicamente de las embajadas españolas, de forma que se pudiese supervisar su actividad impidiendo actividades que no solo no se corresponden con sus competencias autonómicas, sino que violentan el marco constitucional.

UNA CODA DEDICADA A LA ECONOMÍA

La inestabilidad política tiene consecuencias sobre la economía. La inseguridad jurídica también. Los ataques al Estado de Derecho y los proyectos de secesión, más aún. Y todo ello lo estamos experimentando en la España de hoy. En un momento en que la economía global se enfrenta a retos nunca antes conocidos, en que se está redibujando el mapa del futuro, con desafíos como el demográfico, el energético, el climático, el migratorio o el geoestratégico, cuando se están sentando las bases para un futuro orden económico mundial de perfiles aún inciertos, cuando tenemos una guerra dentro de Europa y otra cercana, cuando la Unión Europea está reflexionando sobre su futuro y cuando están en juego decenas, aun centenares, de miles de millones en ayudas europeas, en nuestro país estamos dando la espalda al mundo, ensimismados en independentismos de aldea y zarandeando los cimientos del Estado de Derecho.

Pensar que esto no vaya a tener consecuencias sobre la economía española es soñar despierto. Los empresarios necesitan seguridad y estabilidad para acometer sus proyectos de desarrollo, que son todos a largo plazo. Los inversores necesitan seguridad jurídica para sus inversiones. Si no encuentran nada de esto, los empresarios aplazarán o cancelarán sus proyectos y los inversores irán a invertir sus fondos a otra parte. Y miles de potenciales empleos se perderán, y las tasas de crecimiento del PIB y de la renta per cápita se corregirán a la baja. No hace falta ser economista para entenderlo.

Nuestro país arrastra desde hace mucho tiempo tres problemas de especial importancia: una muy baja productividad, unas tasas de paro anormalmente altas y un persistente déficit público causante de una elevada deuda pública que nos hacen vulnerables. Ninguno de esos problemas es fácil de resolver, y ninguno puede ser resuelto en el corto plazo. Todos ellos requieren reformas estructurales de calado en muchos ámbitos, desde el sistema educativo hasta el mercado laboral o el sistema fiscal. Y el esfuerzo reformador debe ser sostenido en el tiempo, sin vaivenes ni, mucho menos, giros copernicanos.

En unos tiempos igualmente difíciles, la generación de la Transición supo ver que existe una relación estrecha entre los problemas políticos y los económicos. Vio que sin dar salida a la situación política de entonces (la transición de la dictadura a la democracia) sería muy difícil enderezar el rumbo de la economía española, pero vieron también que sin revertir la crisis económica sería también difícil culminar la transición política. Vieron, en suma, que no es posible una economía sana con una situación política convulsa, como tampoco es posible mantener la estabilidad política cuando la economía se hunde.

La solución que aquella generación ideó fue la materializada en los llamados Pactos de la Moncloa. Un amplio acuerdo de todos los partidos políticos y organizaciones sociales, sindicatos y patronal, para hacer las reformas necesarias para afrontar la crisis económica. Son muchos los que hoy recuerdan aquellos Pactos con nostalgia y sugieren que sería conveniente reproducirlos en la actualidad. No sería mala idea, aunque no estamos seguros de que ello fuera posible, y, en todo caso, tampoco resulta imprescindible. De lo que no nos cabe duda es de que el futuro está cargado de incertidumbres como nunca, y nos debemos enfrentar a él lastrados por problemas endémicos cuya solución no se puede seguir demorando.

La imagen aparente de la coyuntura económica española es menos áspera que la que aquí se ha apuntado, y el Gobierno no para de resaltarla. Un crecimiento económico «robusto» (la palabra de moda) del 6,4% en 2021, 5,8% en 2022 y 2,4% en 2023, doble de la media europea y un fuerte crecimiento del empleo y reducción del paro debieran llevar al optimismo. Pero estos resultados (por cierto, menos brillantes previsiblemente en el próximo futuro) no pueden enmascarar los problemas de fondo de nuestra economía, ni tapar el hecho de que el PIB per cápita, que en 2007 era de alrededor del 98% de la media europea, fuera a finales de 2022 de solo el 79%. Hemos agrandado la brecha con la media comunitaria nada menos que en un 19%. En 2007, ocupábamos el puesto 12 del ranking, mientras que ahora estamos en el puesto 15, y a punto de pasar al 18. Entre 2007 y 2022, el PIB per cápita de Alemania creció un 53%, el de Holanda un 44%, el de Francia un 27,5%, el de Portugal un 38,7% (nada digamos de los porcentajes astronómicos de países como Irlanda o los países bálticos), mientras el de España solo creció un 16,5%, el segundo peor, solo por encima de Grecia. Dicho en términos del hombre de la calle, los europeos son cada vez más ricos, mientras nosotros seguimos estancados.

No podemos estar contentos con los datos coyunturales cuando los fundamentos de la economía ofrecen motivos de preocupación. Ni cuando el más claro indicador del bienestar de los ciudadanos, la renta per cápita, no crece y nos va distanciando de la media europea.

Los datos comparativos con Alemania sugieren que el crecimiento del PIB alemán de las dos últimas décadas ha sido debido esencialmente al aumento de la productividad, mientras que el crecimiento del PIB español no se ha sustentado en la productividad (estancada), sino, simplemente, en el aumento de la población, fruto de los flujos inmigratorios. Dicho en términos simples, somos más numerosos, pero no más ricos.

Para ser más ricos, para que la renta per cápita aumente y, con ella, el nivel de bienestar de los españoles, es preciso mejorar la productividad, al menos al nivel europeo, no ya al alemán, aunque ojalá, y reducir las tasas de paro, también, al menos al nivel europeo y no ya al alemán, aunque ojalá. Y evitar la espada de Damocles de la deuda y disciplinar las cuentas públicas, racionalizando y conteniendo el gasto y adoptando un programa riguroso de consolidación fiscal.

La economía española arrastra un serio problema de productividad desde hace mucho tiempo, y algunas cifras pueden ilustrar tal problema. La llamada productividad aparente del trabajo[254] tuvo, entre 2014 y 2022, un crecimiento promedio del 0,3% en términos reales, frente al 0,9% de la media de la Unión Europea. En 2022, año más reciente de estudio, el PIB nominal por hora trabajada en España fue de solo un 76% del de la Zona Euro, y un 63% del de Alemania. Menos estimulante es aún constatar que, a lo largo de este período, la brecha ha permanecido prácticamente igual.

La productividad no es un concepto esotérico para uso de los economistas. De la productividad depende el nivel de la renta per cápita, y, por tanto, el nivel de bienestar de los ciudadanos. Los países más productivos tienen rentas per cápita superiores, como las personas más productivas logran salarios más altos. Si la renta

254 Se denomina así la cantidad de PIB generado por una unidad de factor trabajo expresado en horas trabajadas.

per cápita alemana es muy superior a la española es por su superior productividad.

Las causas de la baja productividad de la economía española están identificadas: la primera es la calidad del capital humano. Los trabajadores con mayor cualificación son más productivos, y en España hay un déficit en el nivel de formación de trabajadores y empresarios en comparación con la media europea. Los demoledores datos del último informe PISA que evidencia un deterioro en la formación de nuestros alumnos en matemáticas, ciencias y comprensión lectora, no invitan al optimismo.

El segundo es el pequeño tamaño medio de la empresa española en comparación con la alemana. En España, las empresas de más de 50 trabajadores absorben el 35% del empleo total mientras que en Alemania absorben el 66%. El tamaño medio de la empresa española es inferior al de Alemania. Tenemos más empresas pequeñas. Y recordemos que, en nuestro país, el nivel de productividad de las grandes empresas es más del doble que el de las microempresas.

El tercero es el relativamente menor gasto en I+D. Solamente dedicamos a este concepto el 1,3% del PIB frente a una media europea del 2%. Esto tiene también bastante que ver con el tamaño medio de las empresas. Las grandes empresas tienen mayores recursos para invertir en I+D y mayor propensión a invertir en activos intangibles (modelos de gestión, marketing, imagen de marca, bases de datos, informatización, formación tecnológica del personal...) y esas inversiones contribuyen a la mejora de la productividad.

Mejorar la productividad no es sencillo. Requiere una política económica de largo plazo, y requiere actuar en muchos frentes, acometiendo reformas estructurales en materia educativa, laboral y fiscal entre otros.

Antes comentábamos como uno de nuestros grandes problemas la inaceptable tasa de paro. Es cierto que, en los últimos años, el mercado laboral ha dado muestras de dinamismo, y esa es una buena noticia. A noviembre de 2023, el número de afiliados a la Seguridad Social era ya de 20,75 millones de personas, y el número de parados, de 2,73 millones.

Sin embargo, el triunfalismo de estas cifras ha de matizarse, por varias razones: primero, porque, a fecha de escribir estas líneas, el empleo da muestras de desaceleración. Segundo, porque la última reforma laboral, con el enorme crecimiento de los contratos fijos discontinuos, hace difícil determinar con la necesaria claridad la cifra real de parados. Se estima que entre tales fijos discontinuos se puede albergar una cifra de parados efectivos de quinientos mil a seiscientos mil, lo que elevaría la cifra de parados efectivos a unos 3,3 millones. Y, tercero porque, aun sin tener en cuenta lo anterior, la tasa de paro española, superior al 11 %, es doble de la media europea y esto está siendo así desde hace tiempo. No es admisible mostrarse satisfecho con las cifras de empleo y paro cuando doblamos la media europea en porcentaje de desempleados. Ni es tampoco admisible insistir en la excelencia de nuestra legislación laboral y afirmar que esa legislación no tiene nada que ver con el problema. Algo está fallando en nuestro mercado laboral. Ni los empleadores españoles son más reacios a contratar que sus colegas europeos, ni la economía española ofrece rasgos estructurales que justifiquen esas enormes diferencias con Europa. Habrá que introducir estímulos a la contratación, y eso exige no recargar los costes laborales con cotizaciones crecientes, exige flexibilizar el mercado, exige mejorar la productividad y la competitividad; exige, en suma, no demonizar la actividad empresarial ni convertir de nuevo las relaciones laborales a la apolillada dialéctica de explotadores y explotados.

El tercero de los problemas enunciados es el crónico déficit público y el creciente volumen de la deuda pública. El déficit público promedio del período 2008-2109 fue del 6,6% del PIB. En los años 2020, 2021 y 2022 ha sido del 10,1%, 6,8% y 4,7%, respectivamente. Las previsiones para 2023 y 2024 están en torno al 4,2% y el 3,6%. En cuanto a la deuda pública, llegó a suponer el 120% del PIB, y, si actualmente se ha reducido al 110%, ha sido por el crecimiento del denominador, el PIB, porque su cifra en términos absolutos es de 1,578 billones de euros.

Lo preocupante de esa cifra es que continúa aumentando dada la incapacidad de las cuentas públicas de salir de los números rojos, a pesar del espectacular aumento de la recaudación fiscal de estos últimos años.

Una tan abultada deuda pública es fuente de problemas. Primero, porque reduce el margen fiscal ante posibles crisis futuras que requieran ayudas públicas a familias y empresas como sucediera en tiempos de la pandemia. En segundo lugar, porque el servicio de la deuda resta recursos presupuestarios para otros fines. Es cierto que las recientes subidas de la prima de riesgo, aunque encarecen las nuevas emisiones, afectan poco al coste medio de la deuda, pero la carga de intereses va creciendo: en 2024, será del orden de los 40.000 millones de euros. Y, tercero, porque es una fuente de vulnerabilidad en caso de que en el futuro se produjeran tensiones en los mercados financieros. Por el momento, la prima de riesgo se ha mantenido a niveles razonables y no existen problemas para la colocación de las nuevas emisiones, pero la inestabilidad política, la persistencia de tasas elevadas de déficit público y el rumbo heterodoxo de la política económica están poniendo a nuestro país bajo la mirada atenta de los analistas, y cualquier posible convulsión en los mercados puede convertirnos en uno de los países en riesgo.

Todos estos problemas requerirían una política económica bien distinta de la que se está siguiendo en la actualidad. Las medidas que se anuncian en materia laboral (reducción de la jornada laboral, enésima elevación del SMI, aumento de las cotizaciones sociales...) no van precisamente en beneficio de la creación de empleo ni de la mejora de la productividad, sino más bien en la dirección contraria. La inestabilidad jurídica con anuncios continuos de endurecimiento de las medidas fiscales, y la indisimulada animadversión de parte del Gobierno hacia las empresas no contribuye a animar los proyectos empresariales ni la inversión extranjera (ni la nacional, que amenaza buscar otras latitudes menos hostiles). En los últimos tiempos, algunos episodios como el caso de Indra o la eventual entrada de las SEPI en el accionariado de Telefónica han despertado la alarma acerca de un eventual desembarco gubernamental en el Ibex. Sean o no fundados estos temores, su existencia es indicativa de la profunda desconfianza que se ha creado en el mundo empresarial hacia el actual presidente del Gobierno.

La impresión de que la política económica se está orientando peligrosamente hacia los viejos postulados de la extrema izquierda (sea cierta o no, está calando) terminará por afectar a la actividad económica, al crecimiento y, en consecuencia, a la creación de empleo.

Concluimos con otro asunto que es motivo de preocupación. Los fondos europeos del programa NGEU constituyen un aporte de notable importancia para la economía española que, bien utilizados, darían algunos puntos al PIB. Constituyen una oportunidad que no se presenta con frecuencia, y que cuando se produce es menester aprovechar. Da, sin embargo, la impresión de que no se están aprovechando. De los casi 36.000 millones de euros de fondos NGEU incluidos en los Presupuestos Generales del Estado para 2023, a noviembre de dicho año tan solo habían sido comprometidos el 45%, 16.200 millones, y tan solo había sido efectivamente asignado el 34%, 12.000 millones. De ellos, tan solo 7.311 habían llegado finalmente a los beneficiarios. Lo triste del caso es que este mediocre comportamiento no puede atribuirse sino al mal diseño de los procedimientos de gestión, al afán del Gobierno de controlar férreamente la asignación de los fondos y al mal funcionamiento de la maquinaria administrativa, probablemente consecuencia de lo anterior.

Personalmente, no damos a estos fondos sino una importancia relativa. La espectacular recuperación de la economía europea después de la Segunda Guerra Mundial debió mucho más a la liberalización económica y al esfuerzo de los europeos que a los fondos del Plan Marshall, y lo mismo puede decirse del desarrollo de la economía española de los años sesenta y de los años finales del pasado siglo, prácticamente ayunos de ayuda exterior. Con gusto renunciaríamos a los fondos NGEU a cambio de un programa de reformas estructurales, consolidación fiscal y política económica orientada a la mejora de la productividad la creación de empleo y el crecimiento económico. Pero, desgraciadamente, la mala utilización de los fondos europeos, aparte de costarnos unos ciertos porcentajes de crecimiento, siempre deseables, son además un síntoma, nada halagüeño, de la forma en que se gestiona la economía desde el ámbito gubernamental.

COLOFÓN

Finalmente, permítannos otra reflexión al margen del asunto económico, para no acabar con una sensación de pesimismo. Hay futuro. La situación que atraviesa España no preocupa solo a quienes no votaron a Pedro Sánchez. Muchos de sus votantes fueron sorprendidos en su buena fe, pese a todo. El escritor Javier Cercas es buena muestra de ello, según ha confesado públicamente. En vísperas de las elecciones generales, explicó por qué iba a votar al PSOE como lo venía haciendo desde hacía décadas[255], aunque «es verdad que hay razones para no votarlo». Su razón principal para votarle, señalaba, «es que es el candidato del PSOE y el PSOE es el principal representante en España de la socialdemocracia, y la socialdemocracia ha creado las sociedades más prósperas, libres e igualitarias». Confesaba que «nunca he votado a la derecha y tengo el pálpito de que, de hacerlo, me brotaría un sarpullido atroz por todo el cuerpo y un doloroso forúnculo en el ano», aunque decía creer en la alternancia democrática. Residente en Cataluña desde hace más de medio siglo, consideraba que «soy incapaz de vislumbrar el horizonte de apocalipsis nacional augurado por los sanchófobos si Sánchez gobierna de nuevo». Se negaba a creer que la nuestra «es una "democracia menguante"». E, igualmente, apuntaba: «Pienso votar a Pedro Sánchez para que, si puede formar Gobierno, tenga que depender lo mínimo

255 *El País,* 20/7/2023, "Por qué pienso votar a Pedro Sánchez".

posible de ERC o Bildu, partidos, como Podemos, pertenecientes a la izquierda populista o reaccionaria». En el mismo sentido, criticaba a Sumar y Yolanda Díaz, por no entender «que el secesionismo catalán es un movimiento esencialmente reaccionario, profundamente insolidario y, como mínimo en 2017, palmariamente antidemocrático».

Tras los resultados electorales, poco después, Cercas se escandalizaba por el runrún de que el PSOE iba a plegarse a la exigencia secesionista de una amnistía, sin dar crédito a lo que estaba en marcha: «Una medida de gracia como la de 1977, que borre los delitos del '*procés*', deslegitimaría la democracia entera y contribuiría a enquistar el problema catalán dando la razón a los delincuentes. Me niego a creer que el presidente cometerá semejante desatino»[256].

Sin embargo, ante la realidad de los hechos, posteriormente, absolutamente desencantado, afirmaba: «Hemos tocado fondo». Entre otras cosas, por el cinismo imperante, por una clase política «irresponsable y envenenada por el poder, que no trabaja para unirnos sino para separarnos, que considera el engaño un instrumento legítimo, y pueril la mínima exigencia ética». Espetaba a su partido que «ha hecho justo después de unas elecciones lo que siempre dijo que nunca haría». Define los pactos con el secesionismo para la investidura como «ese engaño colosal [que] suprimía a millones de personas, que políticamente ya no existimos o sólo existimos como papel higiénico: la prueba es que, en el acuerdo firmado por el PSOE y JxCat, Cataluña se identifica sólo con los secesionistas, lo que quiere decir que los no secesionistas, que ya sobrábamos en Cataluña, también sobramos ahora en España». Además de que el Gobierno «pactaba su continuidad con un prófugo de la justicia a cambio de la impunidad de éste», se quejaba de que políticos amnistiasen «a políticos acusados de delitos gravísimos (de los que ahora se enorgullecen más que nunca), por una parte ínfima de los cuales usted y yo estaríamos en la cárcel. He visto cómo se intentaba disfrazar de concordia

256 *El País,* 13/9/2023, "No habrá amnistía".

el aumento exponencial de la discordia [...] si el delito se borra, nunca fue delito: fue un invento. He visto cómo el PSOE acataba en un pacto las trolas completas acuñadas por un partido reaccionario, supremacista y xenófobo».

Estimaba, en ese sentido, que el Gobierno de Sánchez está haciendo «lo peor que puede hacerse en política: en vez de intentar resolver un problema, legárselo multiplicado a tus descendientes. He visto que, en privado, todos los políticos progresistas con quienes me cruzo están contra la amnistía, aunque en público todos estén a favor».

Así las cosas, concluía el escritor, «llegados aquí, yo sólo veo dos opciones: una es fingir que la realidad no es la que es y que no sabemos lo que sabemos —"disonancia cognitiva" llaman los psicólogos a este fenómeno apasionante—; la otra es la insumisión. No tengo nada que reprochar a quienes opten por lo primero, siempre y cuando sean indigentes, sin papeles o analfabetos; yo opto por lo segundo»[257].

257 *El País*, 23/12/2023, "Un llamamiento a la rebelión".

CONCLUYÓ LA IMPRESIÓN DE ESTE LIBRO, EN SU PRIMERA EDICIÓN, A CARGO DE ALMUZARA, EL 5 DE FEBRERO DE 2024. TAL DÍA DE 1912 SE BOTA EL ACORAZADO *ESPAÑA*, PRIMERO DE LOS BARCOS DE GUERRA CONSTRUIDOS TRAS LA DESTRUCCIÓN DE LA MARINA ESPAÑOLA EN LAS GUERRAS DE CUBA Y FILIPINAS.